파이썬으로 구현하는 고급 머신 러닝

파이썬으로 구현하는 고급 머신 러닝

딥러닝을 포함한 최신 고급 머신 러닝 기술과
파이썬 활용

존 하티 지음
남궁영환 옮김

Packt>

감사드릴 분들이 너무 많지만, 그중에서도 특히 부모님의 인내와 사랑에 깊이 감사드립니다. 나의 둘도 없는 친구인 타일러 로우이(Tyler Lowe), 꼼꼼함을 강조했던 마크 헌틀리(Mark Huntley),라이언헤드 스튜디오의 옛 팀원들에게도 고마움을 전합니다. 제어드 허프만(Jared Huffman)과 팩트출판사의 편집 팀이 보여준 작업 결과는 진정 경탄을 금할 수 없을 만큼 좋았습니다. 이 책을 완성할 수 있었던 건 이들의 크나큰 긍정적 마인드와 끈기 있는 지원이 있었기에 가능했습니다.

끝으로 이 책을 독자 여러분에게 바치고자 합니다. 이 책의 주제를 이해하기에 이보다 더 좋은 기회가 있을까 싶습니다. 세상은 창의성과 적절한 분석 모델을 통해 잡을 수 있는 새로운 기회들이 넘쳐납니다. 이에 대한 솔루션을 찾는 데 있어 여러분이 성공적인 결과를 얻기를 진심으로 바랍니다.

| 지은이 소개 |

존 하티 John Hearty

디지털 회사의 컨설턴트로, 데이터 과학과 인프라스트럭처 엔지니어링 분야의 전문가다. 모바일 게임에서부터 미국 자동차 보험회사인 AAA 콘솔 분석에 관련된 고난도의 문제까지 다뤄왔다.

고급 머신 러닝 기술을 실제 문제에 적용하기 시작하면서 XBox 플랫폼에서 플레이어 모델링 기능과 대규모 데이터 인프라스트럭처를 개발하기 위해 마이크로소프트와 계약을 체결했다. 그가 속한 팀은 엔지니어링, 데이터 과학 분야에서 획기적인 진전을 이루며, 결과물을 Microsoft Studio에서 복제해가기도 했다. 그가 리드하는 의미 있는 이니셔티브 중에는 비대칭 게임에서 플레이어 기술에 대한 모델링과 개인화된 게임 경험을 위한 플레이어 세분화 모델 생성 등이 포함돼 있다.

이러한 경험을 통해 결국 새로운 통찰력이나 데이터에 기반을 둔 역량을 추구하는 국내외 고객을 위한 포괄적인 인프라 및 분석 솔루션을 제공하는 컨설턴트가 됐다. 현재 가장 의욕적으로 수행 중인 계약 프로젝트는 주요 소셜 네트워크에 대한 예측 분석 모델을 만들고 사용자들 간의 연결 관계에 대한 중요성을 정량화하는 것이다. 수년간 데이터 작업에 몰두한 결과 끊임없는 질문을 통해 궁금증을 해결하려고 한다. 개인적인 관심사를 충족시키기 위해 파이썬으로 매일매일 ML 솔루션을 개발하고 있다. 여기에는 StyleNet computational creativity 알고리즘의 파생 버전과 algo-trading 및 geolocation 기반의 추천 등을 위한 솔루션이 포함돼 있다. 존은 현재 영국에 살고 있다.

| 기술 감수자 소개 |

제어드 허프만^{Jared Huffman}

자신의 삶에서 게임이 없어서는 안 된다는 삶의 신조를 지니고 있으며, 동시에 데이터에 관한 한 마니아 수준의 긱^{geek}이다. 대학교에서 컴퓨터 과학 전공 학사 학위를 마친 후 고향인 플로리다 주 멜버른^{Melbourne}에서 경력을 쌓기 시작했다. 신용카드 처리 시스템 및 다양한 웹 도구 작업을 비롯해 소프트웨어 개발 기술을 연마했다. NASA의 케네디 우주 센터^{Kennedy Space Center}에서 즐거웠던 근무를 마무리하고, 현재 살고 있는 시애틀 지역으로 이사했다

데이터의 세계로 처음 뛰어들 당시 마이크로소프트의 사내 재무 처리 툴과 리포트 시스템에 관련된 업무를 수행했다. 비디오 게임에 대한 열정과 사랑을 더 이상 감출 수 없어 관련 사업을 위해 Xbox 사업부에 합류했다. 현재까지 12개의 게임을 출시하고 지원하는 데 많은 역할을 했으며, 다양한 머신 러닝 및 기타 데이터 주제에 대한 여러 이벤트에서 세션 발표를 했다. 최근 마인크래프트 ^{Minecraft}의 데이터 과학 연구를 이끌면서 소프트웨어 기술과 분석 전문 지식을 모두 활용하기 위해 많은 노력을 기울였다. 머신 러닝 기술을 적용해 고객 세분화 분석 모델, 고객 이탈 예측 및 추천 시스템과 같은 재미있고 효과적인 프로젝트를 수행하고 있다.

일을 하지 않을 때에는 가족이나 친구들과 함께 보드 게임과 비디오 게임을 하기도 한다. 또한 여가 시간에는 많은 시간을 들여 게임 개발에 몰두하기도 한다.

먼저 이 책을 검토할 수 있는 기회를 마련해준 존에게 깊이 감사드립니다. 정말 유익한 학습 기회였던 것 같아요. 또한 사랑하고 존경하는 아내 캘런(Kalen)의 배려 덕분에 집안일에 신경 쓰지 않고 이 작업에만 전념할 수 있었습니다. 끝으로 사랑하는 일을 할 수 있는 기회를 주시고 삶의 보람을 찾게 해주시는 하나님께 감사드리고 싶습니다. 매일 게임 제작 일을 할 수 있다는 것 역시 수백만 명의 플레이어에게 기쁨을 가져다준다고 생각하면 이만한 즐거움이 또 있을까 싶네요.

아슈윈 파잔카르 Ashwin Pajankar

소프트웨어 설계, 개발, 테스팅, 자동화 등에서 8년 이상의 경력을 지닌 소프트웨어 전문가며, IoT에도 큰 열정을 지니고 있다.

인도 IIIT Hyderabad 대학교 컴퓨터학과를 졸업(M. Tech)했다. 소프트웨어 개발, 데이터베이스, 테스팅 분야에 대해 오라클Oracle, IBM, 테라데이타Teradata, ISTQB의 전문 자격증을 여러 개 보유하고 있다. 수상 경력도 상당하며, 주요 수상 내역으로는 기술과 관련한 높은 성취도 및 봉사활동에 의해 대학에서 받은 상도 있고, 기업의 사회적 책임 프로그램을 통해 커뮤니티 서비스에 기여한 것 등도 있다.

직장에서 해커톤을 조직하면서 라즈베리 파이Rasberry Pi를 처음 접했고, 그 후 여기에 완전히 매료됐다. Pis 클러스터에서 C, Bash, Python, Java로 많은 소스코드를 작성하고 있다. 라즈베리 파이에 관한 책을 2권 출간했으며, 팩트출판사에서 파이썬 관련 3권의 서적에 대한 기술 감수를 했다.

링크드인 https://in.linkedin.com/in/ashwinpajankar에서 프로필을 확인할 수 있다.

내가 하는 모든 일에 있어 큰 영감과 힘을 실어주는 아내 카비타에게 고마움을 전합니다.

| 옮긴이 소개 |

남궁영환 [youngnk@gmail.com]

고려대학교 컴퓨터학과(학사/석사)와 서던캘리포니아 대학교^{Univ. of Southern California}(석사)를 졸업하고, 플로리다 대학교^{Univ. of Florida}에서 데이터 마이닝을 주제로 컴퓨터공학 박사 학위를 취득했다. 삼성SDS 연구소에서 클라우드 컴퓨팅, 빅데이터 인프라 플랫폼, 데이터 과학/분석에 관한 다양한 최신 기술의 연구/개발 과제를 수행했다. 현재 아마존 웹 서비스^{Amazon Web Services}에서 프로페셔널 서비스 빅데이터 컨설턴트^{Professional Services Big Data Consultant}로 활동 중이다.

| 옮긴이의 말 |

최근 10년은 머신 러닝 분야에 있어 가히 르네상스라 할 만하겠습니다. 특히 여기에 가장 큰 기여를 한 기술을 꼽는다면 단연 딥러닝이겠죠. 아울러 GAN Generative Adversarial Networks, RN Relational Networks 등은 향후 다양한 분야에서 큰 영향력을 발휘할 것으로 예상됩니다. 하지만 지금의 머신 러닝, 인공 지능의 대중화와 눈부신 발전은 오랜 기간 폭넓고, 꾸준한 연구가 이뤄지지 않았다면 불가능했을 것입니다.

이 책은 딥러닝의 대표 알고리즘들을 자세하게 설명하며, 파이썬으로 직접 실습해볼 수 있도록 코드를 제공하고 있습니다. 특히 풍부한 최신 지식을 참고 자료로 제공하는 점이 무척 의미가 있습니다. 독자들이 이 책으로 꾸준히 학습해서 머신 러닝을 좀 더 잘 이해하고 다양하게 활용할 수 있기를 기대합니다.

이 책이 나오기까지 많은 도움을 주신 에이콘출판사에 감사드립니다. 끝으로 항상 곁에서 힘을 주시고 응원을 아끼지 않으시는 소중한 우리 가족께 깊이 감사드립니다.

| 차례 |

이 책을 여러분과 함께하게 돼 무척 기쁘다. 아마도 약간의 관심 내지는 호기심에 이 책을 선택했겠지만, 실제로 무엇을 기대하면 좋을지에 대해서는 별로 확신이 없을 것이다. 하지만 한 마디로 말하자면 머신 러닝 기술을 배우고 사용하기에 지금보다 더 좋은 기회는 없다고 말하고 싶다. 현장에서 일하면서 더 많은 보람을 얻는 것도 포함해서 말이다. 좀 더 진보한 데이터 모델링 기술의 최신 정보를 얻고, 도전적인 난제를 해결하기 위해 이를 사용해 경험을 얻고자 한다면 이 책이 안성맞춤이라고 할 수 있다!

고급 머신 러닝이란

(무어의 법칙에 따른) 컴퓨팅 파워의 지속적인 발전은 한때 연구 분야에 그쳤던 머신 러닝을 상업적인 관점에서 좀 더 실용적으로 변화시켰다. 이를 통해 새로운 애플리케이션과 새로운 기술 또는 (과거에는 별 관심이 없었지만) 새롭게 재발견된 기술들이 폭발적으로 나타났다. 또한 그 결과로 데이터 과학, 인공 지능 및 머신 러닝에 대한 과거 모호한 개념이 전 세계적으로 수많은 회사들 사이에서 전략 수립과 대중화 방안 등에 반영됐다.

머신 러닝 애플리케이션의 급속한 발전은 많은 연구 기관을 통해 지속적으로 혁신을 이루고자 노력한 결과라고 볼 수 있다. 이들을 통해 개발된 기술은 새로운 응용 분야에 적용되고 여기저기서 실제로 경험해볼 수 있는 중요한 역할을 한다. 인공지능^{AI} 분야에서 추구하는, 그리고 머신 러닝을 응용하는 혁신은 여전히 쉽게 접하기 어려운 신기루 같은 느낌이다. 하지만 일부는 실제로 이미 우리

곁에 다가와 있는 것도 있다. 자율주행 자동차, 높은 수준의 이미지 인식과 변환 기능, 유전자 관련 연구의 괄목할 만한 발전, 그리고 이미 보편화된 (디지털 스토어, 이메일 수신함, 온라인 방송 등에서 경험할 수 있는) 맞춤형 콘텐츠 등을 생각해보라.

데이터 과학자의 헌신적인 노력을 통해 수많은 분야에서 자동화에 대한 가능성 이 발견됨에 따라 전문성이 요구됐던 직업들이 마치 유성처럼 점점 사라지고 있다. 2년 전인 2014년 초와 비교해서 엄청나게 많은 데이터 과학자와 인공지능 실무자가 생겼을 뿐만 아니라, 머신 러닝의 첨단 솔루션 등이 훨씬 더 많이 개방 되고, 쉽게 접할 수 있게 됐다.

구글Google, 페이스북Facebook의 연구 팀은 자체 연구, 개발해온 아키텍처, 프로그래 밍 언어, 분석 모델, 관련 툴 등을 가능한 한 더 많이 개방하고 공유하기 시작했 다. 점점 증가하고 있는 데이터 과학자들을 통해 이러한 것들이 다양한 곳에 적용되고 더욱 개선되기를 기대해서일 것이다.

머신 러닝 커뮤니티는 인기 있는 알고리즘이 정의되고 재발견되면서 트렌드를 파악하기 시작할 정도로 충분히 성숙했다. 이를 좀 더 정확하게 표현하자면 주요 리서치 커뮤니티의 기존 트렌드가 산업계에서 큰 주목을 받기 시작했다는 얘기 다. 산업계 및 학계를 아우르는 머신 러닝 전문가 그룹이 되면서 말이다. 또 다른 결과(이 절의 주제라고 할 수도 있겠다)로는 고급 알고리즘에 대한 인식 수준 이 점점 높아지고 있다는 점이다. 이를 통해 오늘날 가장 최신의 문제를 해결하 는 데 이러한 알고리즘이 사용되기도 한다. 매달 새로운 발전이 이뤄지고, 스코 어가 올라가며, 문제 해결 영역을 훨씬 더 넓혀가고 있다.

이것이 과연 무엇을 의미하는 걸까? 데이터 과학 분야로 진출하고 머신 러닝 스킬셋을 개발하는 데 있어 지금이 가장 좋은 시점이라는 것이다. (클러스터링, 회귀 분석 모델, 신경망 아키텍처 같은) 기본 알고리즘과 툴은 웹 기반 온라인 강의 와 각종 블로그 등을 통해 수많은 참고 자료들이 제공되고 있다. 데이터 과학의

첨단 기술(예를 들어 딥러닝, 준지도 학습 알고리즘, 앙상블 기법)은 여전히 접근이 쉽지 않지만, 기술 자체는 소프트웨어 라이브러리를 통해 여러 종류의 언어로 제공되고 있다. 필요한 것은 모델을 제대로 구현하기 위한 이론적 지식과 실질적인 지침을 잘 결합하는 것이다. 이것이 바로 이 책을 통해 다루고자 하는 목표라고 하겠다.

▌ 이 책을 통해 얻을 수 있는 것

최근 몇 년 사이 급부상한 고급 모델링 기술에 초점을 맞춰 이 책을 읽기 바란다. 이 책은 많은 경험을 보유한 데이터 과학자이든, 기존 기술을 새로운 환경에 적용하려는 개발자이든 간에 고급 분석 알고리즘을 공부하고자 하는 독자를 대상한다.

우선 문제에 대한 알고리즘을 이해하는 것을 최우선 목표로 삼았다. 이것은 상당히 까다로우며, 통계학 내지는 머신 러닝의 여러 개념과 연계시켜야 하는 것들도 있다.

머신 러닝 분야에 익숙하지 않다면 다음과 같은 주요 개념을 먼저 이해해두는 편이 좋다.

- 멀티레이어 퍼셉트론^{MLP} 아키텍처를 비롯한 신경망 아키텍처
- 그래디언트 하강$^{Gradient\ Descent}$과 역전파 알고리즘을 비롯한 학습 기법의 주요 구성 요소
- 신경망 성능 측정 기준(예를 들면 평균 제곱 오차^{RMSE})
- K-평균 클러스터링

물론 모든 내용이 전부 주목할 만한 것은 아니다. 이 책에서는 기본 개념을 많이

다루고 그에 맞는 수준을 유지하려고 한다! 각 장의 맨 끝에는 심화 학습을 위한 추가 참고 문헌을 정리했다. 여기에는 온라인상의 기술 문서도 포함돼 있다. 이를 통해 여러분 스스로 관련 지식을 폭넓게 얻을 수 있을 것이다. 또한 이 책을 통해 직접 작업해보면서 낯설었던 개념에 대해 많은 것을 추가로 읽고 이해할 수 있는 기회를 얻기 바란다. 마치 머신 러닝 지식이 시너지를 일으키는 것처럼 말이다. 여러분이 더 많은 것을 얻고 이해할수록 새로운 개념을 더 쉽게 이해할 수 있고, 다룰 수 있는 툴킷의 폭도 넓혀 나갈 수 있다.

이러한 툴킷 관련 개념은 이 책을 통해 갖춰야 하는 기본 역량이라 하겠다. 각 장에서 하나 이상의 알고리즘을 소개하고, 다양한 목표를 성취할 수 있도록 안내할 것이다.

- 알고리즘이 무엇을 하는지, 어떤 문제를 해결하는지, 이를 통해 어디에 어떻게 적용하면 되는지를 개념 수준으로 설명한다.
- 알고리즘의 핵심 구성 요소를 살펴본다. 토폴로지, 학습 기법, 성능 측정 기준 등이 여기에 해당된다.
- 분석 모델 결과를 검토해서 성능을 어떻게 향상시킬 수 있는지 알아낸다.

지식과 실무 기술을 전달하는 것 외에도 이 책은 한 가지 더 중요한 목표를 지니고 있다. 즉, 숙련된 머신 러닝 실무자들 사이에서 통용되는 높은 퀄리티의 노하우를 함께 생각하고 수용하는 것이다. 이는 창의성까지도 포함한다고 볼 수 있다. 세련된 아키텍처를 정의하는 것뿐만 아니라 특정 문제에 맞는 데이터 정제 기술에 대한 확인을 바탕으로 말이다. 깐깐하고 엄격한 자세 역시 중요하다. 이 책 전반에 걸쳐 강조하는 것 중 하나인데, 의미 있는 대상에 대해 성능을 측정하고 공을 들여서 까다롭게 평가하는 작업에 집중하고자 한다.

끝으로 이 책은 어려운 데이터 문제를 해결하기 위해 실제로 작업이 어떻게 이뤄지는지 최대한 구체적으로 다루려고 한다. 초기 단계의 시도, 여러 차례 반복 수행, 많은 심사숙고 등을 통해서 말이다. 동시에 (1) 간단한 예제, (2) 전문가의 문제 해결 접근 방식, 그리고 (3) 이 책의 끝부분에서 소개하는 좀 더 실제에서 접할 수 있는 어려운 문제들을 다룬다. 이를 바탕으로 이러한 장벽을 어떻게 극복하는지, 또한 어떻게 의미 있는 결과를 제공할 수 있는지에 대한 문제 해결 방법을 알아본다.

이 책을 학습하는 내내 행운이 가득하기를 기원한다. 여기서 준비한 콘텐츠를 다루고 배운 내용을 새 도메인이나 데이터에 적용하는 등 즐겁게 작업하기 바란다.

자, 시작해보자!

▌ 이 책의 구성

1장, 비지도 머신 러닝에서는 데이터셋에 담긴 패턴과 구조를 파악하기 위해 비지도 학습을 어떻게 적용하는지 알아본다.

2장, DBN(Deep Belief Networks)에서는 RBM과 DBN 알고리즘이 어떻게 동작하는지 자세히 설명한다. 이를 어떻게 사용하는지 알게 될 것이다. 그리고 결과에 대한 퀄리티를 향상시킬 수 있는 능력도 확실히 얻을 수 있을 것이다.

3장, SdA에서는 (많은 피처로 구성된) 고차원 입력 데이터의 피처 모델 학습에 SdA를 적용하는 방법을 통해 딥 아키텍처 형태로 모델을 만드는 방법을 계속 살펴본다.

4장, 컨볼루션 신경망(CNN)에서는 컨볼루션 신경망^{Convnet}를 어떻게 적용하는지 소개한다.

5장, 준지도 학습에서는 다양한 준지도 학습을 어떻게 적용하는지 설명한다. 주요 기법으로는 CPLE, 자가 학습[self-learning], S3VM 등이 있다.

6장, 텍스트 피처 엔지니어링에서는 앞에서 다룬 모델에 대한 효과를 더욱 높일 수 있도록 데이터를 잘 준비하는 기술에 대해 알아본다.

7장, 피처 엔지니어링 II에서는 (1) 데이터 퀄리티 문제를 완화하거나, (2) 머신 러닝에 도움이 되는 형식으로 데이터를 변환하든지, 또는 (3) 해당 데이터를 창의적으로 향상시키기 위해 데이터를 자세히 조사하고 정보를 얻는 방법 등을 소개한다.

8장, 앙상블 기법에서는 세련된 모델 앙상블을 구현하는 방법과 분석 모델 솔루션에 대한 로버스트니스를 갖게 하는 기법 등을 살펴본다.

9장, 파이썬 머신 러닝 관련 추가 툴에서는 우선 데이터 과학자가 사용할 수 있는 최신 툴 중 어떤 것들이 있는지 자세히 알아본다. 또한 이러한 툴이 어떤 장점이 있는지도 확인한다. 이 외에도 이 책의 앞부분에서 소개하는 툴과 기술을 일관된 작업 프로세스에 어떻게 적용하는지에 대해서도 살펴본다.

부록, 장별 코드 준비 사항에서는 각 장별로 준비해야 하는 라이브러리들과 이 책을 학습하는 데 필요한 툴을 요약 정리한다.

▌ 준비 사항

이 책 전반에 걸쳐 오픈소스 파이썬 라이브러리 및 프레임워크를 비롯해 공개적으로 사용 가능한 데이터와 코드를 활용한다. 각 장의 예제 코드에는 README 파일이 포함돼 있는데, 여기에는 각 장에서 소개하고 있는 스크립트와 코드를 실행하는 데 필요한 모든 라이브러리에 관련된 내용이 담겨 있다. 또한 각 파일의 내용도 편의를 돕는 차원에서 정리돼 있다.

나중에 각 장의 코드로 작업할 때 앞 장에서 필요했던 일부 라이브러리를 사용하면 여러모로 좋을 것이다. 여기에 해당되는 사항들은 굵은 글씨로 표시됐다. 특히 뒤에서 살펴볼 모든 내용을 잘 학습할 수 있게 1장에서 설명하는 라이브러리들을 반드시 설치하고 잘 준비하기 바란다.

▌ 이 책의 대상 독자

파이썬 개발자와 분석가, 데이터 과학자 등을 위한 책으로, 데이터 과학 분야의 최신 트렌드에 맞춰 가장 영향력 있는 기술을 현재 보유한 기술에 더하고자 하는 데 적합하다. 이미지 태깅^{tagging} 또는 텍스트 태깅을 위한 솔루션의 자체 제작 외에도 캐글^{Kaggle} 경진대회 등에 참가하기 위한 솔루션 개발을 고려하고 있다면 딱 맞는 책을 찾았다고 보면 된다!

파이썬에 대한 경험을 갖고 있거나 머신 러닝의 기본 개념이 잡혀 있다면 이 책을 학습하기가 다소 수월할 것이다.

▌ 편집 규약

이 책에서는 독자의 이해를 돕고자 다루는 정보에 따라 글꼴 스타일을 다르게 적용했다. 이러한 스타일의 예제와 의미는 다음과 같다.

텍스트에서 코드 단어와 데이터베이스 테이블 이름, 폴더 이름, 파일 이름, 파일 확장자, 경로, 더미 URL, 사용자 입력, 트위터 핸들은 다음과 같이 표시한다.

"손으로 쓴 숫자인 digits 데이터셋에 대해 다음 코드를 갖고 PCA 알고리즘을 적용해보자."

코드 블록은 다음과 같이 표기한다.

```python
import numpy as np
from sklearn.datasets import load_digits
import matplotlib.pyplot as plt
from sklearn.decomposition import PCA
from sklearn.preprocessing import scale
from sklearn.lda import LDA
import matplotlib.cm as 츠

digits = load_digits()
data = digits.data

n_samples, n_features = data.shape
n_digits = len(np.unique(digits.target))
labels = digits.target
```

커맨드라인 입출력은 다음과 같이 표기한다.

```
[ 0.39276606  0.49571292  0.43933243  0.53573558  0.42459285
  0.55686854  0.4573401   0.49876358  0.50281585  0.4689295 ]

0.4772857426
```

커맨드라인 입력이나 출력은 다음과 같이 표기한다.

```
$ java -jar fakeSMTP-2.0.jar
```

 경고나 중요한 내용은 이와 같이 나타낸다.

팁이나 요령은 이와 같이 나타낸다.

▌ 독자 의견

독자로부터의 피드백은 항상 환영한다. 이 책에 대해 무엇이 좋았는지 또는 좋지 않았는지 소감을 알려주길 바란다. 독자 피드백은 앞으로 더 좋은 책을 발행하는 데 매우 중요하다.

일반적인 피드백을 우리에게 보낼 때는 간단하게 feedback@packtpub.com으로 이메일을 보내면 되고, 메시지의 제목에 책 이름을 적으면 된다.

여러분이 전문 지식을 가진 주제가 있고, 책을 내거나 책을 만드는 데 기여하고 싶다면 www.packtpub.com/authors에서 저자 가이드를 참고하길 바란다.

▌ 고객 지원

팩트출판사의 구매자가 된 독자에게 도움이 되는 몇 가지를 제공하고자 한다.

예제 코드 다운로드

이 책에 사용된 예제 코드는 http://www.packtpub.com의 계정을 통해 다운로드할 수 있다. 다른 곳에서 구매한 경우에는 http://www.packtpub.com/support를 방문해 등록하면 파일을 이메일로 직접 받을 수 있다.

코드를 다운로드하려면 다음과 같이 한다.

1. 팩트출판사 웹사이트(http://www.packtpub.com)에서 이메일 주소와 암호를 이용해 로그인하거나 계정을 등록한다.
2. 맨 위에 있는 SUPPORT 탭으로 마우스 포인터를 이동한다.
3. Code Downloads & Errata 항목을 클릭한다.
4. Search 입력란에 책 이름을 입력한다.
5. 코드 파일을 다운로드하려는 책을 선택한다.
6. 드롭다운 메뉴에서 이 책을 구매한 위치를 선택한다.
7. Code Download 항목을 클릭한다.

파일을 다운로드한 후에는 다음과 같은 압축 프로그램의 최신 버전을 이용해 파일의 압축을 해제한다.

- **윈도우** WinRAR, 7-Zip
- **맥** Zipeg, iZip, UnRarX
- **리눅스** 7-Zip, PeaZip

이 책을 위한 코드 번들은 깃허브 https://github.com/PacktPublishing/Advanced-Machine-Learning-with-Python에서도 제공된다.

다음 주소에서 팩트출판사의 다른 책과 동영상 강좌의 코드도 다운로드할 수 있다.

https://github.com/PacktPublishing/

또한 에이콘출판사의 도서정보 페이지인 http://www.acornpub.co.kr/book/advanced-machine-learning-python에서도 예제 코드를 다운로드할 수 있다.

컬러 이미지 다운로드

이 책에서 사용된 스크린샷과 다이어그램의 컬러 이미지를 PDF 파일로 제공한다. 컬러 이미지는 결과물의 변화를 이해하는 데 도움이 될 것이다. https://www.packtpub.com/sites/default/files/downloads/AdvancedMachineLearningwithPython_ColorImages.pdf에서 PDF 파일을 다운로드할 수 있다. 또한 에이콘출판사의 도서정보 페이지인 http://www.acornpub.co.kr/book/advanced-machine-learning-python에서도 컬러 이미지를 다운로드할 수 있다.

정오표

내용을 정확하게 전달하기 위해 최선을 다했지만, 실수가 있을 수 있다. 팩트출판사의 도서에서 문장이든 코드든 간에 문제를 발견해서 알려준다면 매우 감사하게 생각할 것이다. 그런 참여를 통해 그 밖의 독자에게 도움을 주고, 다음 버전의 도서를 더 완성도 높게 만들 수 있다. 오탈자를 발견한다면 http://www.packtpub.com/submiterrata를 방문해 책을 선택하고, 구체적인 내용을 입력해주길 바란다. 보내준 오류 내용이 확인되면 웹사이트에 그 내용이 올라가거나 해당 서적의 정오표 부분에 그 내용이 추가될 것이다. http://www.packtpub.com/support에서 해당 도서명을 선택하면 기존 정오표를 확인할 수 있다.

한국어판은 에이콘출판사 도서정보 페이지 http://www.acornpub.co.kr/book/advanced-machine-learning-python에서 찾아볼 수 있다.

저작권 침해

인터넷에서의 저작권 침해는 모든 매체에서 벌어지고 있는 심각한 문제다. 팩트출판사에서는 저작권과 사용권 문제를 매우 심각하게 인식한다. 어떤 형태로든 팩트출판사 서적의 불법 복제물을 인터넷에서 발견한다면 적절한 조치를 취할 수 있도록 해당주소나 사이트명을 알려주길 부탁한다.

의심되는 불법 복제물의 링크는 copyright@packtpub.com으로 보내주길 바란다. 저자와 더 좋은 책을 위한 팩트출판사의 노력을 배려하는 마음에 깊은 감사의 뜻을 전한다.

질문

이 책과 관련해 질문이 있다면 questions@packtpub.com으로 문의하길 바란다. 최선을 다해 질문에 답하겠다. 한국어판에 관한 질문은 이 책의 옮긴이나 에이콘 출판사 편집 팀(editor@acornpub.co.kr)으로 문의해주길 바란다.

1

비지도 머신 러닝

1장에서는 데이터셋에 담겨 있는 패턴과 특정 구조를 알아내는 데 비지도 학습 Unsupervised Learning을 적용하는 방법을 알아본다.

비지도 학습은 탐색적 분석Exploratory analysis에 매우 유용하다. 이는 데이터셋에 숨겨진 패턴이나 구조를 찾아내는 역할을 하는데, 이를 통해 그 자체로도 의미 있는 정보로 다룰 수 있을 뿐만 아니라, 깊이 있는 분석도 가능하게 할 수 있다. 사전지식이 부족한 데이터, 대단히 복잡한 데이터셋 등에서 의미 있는 정보를 발췌 하려 할 때 비지도 학습은 매우 중요하게 사용될 수 있다.

우선 다양한 차원 축소화 애플리케이션의 밑바탕이 되는 데이터 조작/처리 기술인 주성분 분석PCA, Principal Component Analysis 기법부터 살펴보기로 한다. 다음으로 여러 영역에서 폭넓게 사용되고 있는 비지도 학습 기법 중 하나인 K-평균 클러스터링 기법에 대해 학습한다. 그런 다음, 복잡한 형태의 데이터를 2차원상에 매핑시키는 토폴로지 클러스터링topological clustering 중 하나인 코호넨 SOMKohonen's Self-

Organizing Map 기법에 대해 알아본다.

1장 전반에 걸쳐 (많은 피처들로 구성된) 고차원 데이터셋에 쉽게 액세스하기 위해 이러한 기술들을 어떻게 하면 효과적으로 적용할 수 있는지 자세히 다룬다. UCI Handwritten Digits 데이터셋을 이용해 각 알고리즘이 어떻게 동작하는지도 확인한다. 이들 알고리즘을 학습하고 데이터셋에 적용하는 과정에서 실질적인 응용 사례와 방법론적 관점에서 생길 수 있는 궁금한 사항들도 다룬다. 특히 각 알고리즘을 다듬고 검증하는 방법 외에도 적절한 성능 측정 방법은 어떤 것들이 있는지도 함께 알아본다. 1장에서 다루는 주제를 다시 한 번 정리하면 다음과 같다.

- 주성분 분석PCA
- K-평균 클러스터링
- SOMSelf-organizing maps

▌주성분 분석(PCA)

고차원 데이터셋을 효과적으로 처리, 분석하려면 차원dimensionality을 우리가 다룰 수 있는 적정 수준까지 줄일 수 있는 기술이 있어야 한다. 이러한 차원 축소화 기법이 지닌 장점은 (1) 다변량 데이터multivariate data를 2차원상에 점으로 표시할 수도 있고, (2) 데이터를 표현하는 여러 가지 피처feature 중 최소한의 것만 갖고도 데이터셋에 내포된 의미 있는 정보의 대부분을 얻을 수 있으며, (3) 모델 구성 요소들 간에 강한 상관관계, 즉 공선성Collinearity(또는 공통 선형성)을 파악할 수도 있다.

앞 내용에 대한 설명을 짧게 덧붙이자면 머신 러닝에서 말하는 '공선성'이란 모델 내에서 선형 관계(linear relationship)를 공유하는 피처들이 있음을 의미하는 것이다(즉, 거의 동일한 선형 관계를 보이는 피처들이 있다는 얘기다). 이러한 성질이 더 확연히 나타날수록 이들 피처는 데이터 분석에 도움이 안 될 가능성이 높다. 여기에 관련된 피처들이 서로 무관하게 정보를 제공한다고 보기엔 무리가 있기 때문이다. 뿐만 아니라 이러한 공선성은 국소 최소치 문제(local minima, 주어진 문제에서 계산할 수 있는 값 중 일부만을 놓고 봤을 때 나타나는 가장 작은 값을 마치 '전체에서 가장 작은 값'이라고 간주해버리는 현상)를 더 악화시킬 수도 있고, 잘못된 결과를 만들어내기도 한다.

요즘 들어 가장 많이 사용되고 있는 차원 축소화 기법 중 하나를 든다면 단연 PCA일 것이다. 이 책 전반에 걸쳐 여러 곳에서 PCA를 다룰 계획이다. 이를 통해 PCA의 기본 아이디어와 이론적 배경뿐만 아니라, 파이썬을 통해 어떻게 효과적으로 활용할 수 있는지 등을 익힐 수 있을 것이다.

PCA: 기초

PCA는 강력한 데이터 세분화 기술 중 하나다. 변수가 대단히 많은 데이터셋을 서로 직교하는orthogonal 성질을 갖는 여러 개의 컴포넌트로 잘게 분화시킨다. 이렇게 분화된 컴포넌트의 개수가 충분할 경우 이를 통해 데이터셋의 거의 모든 분산의 특징을 설명할 수 있게 된다. 말하자면 이들 컴포넌트는 주어진 데이터셋의 함축된 정보를 의미한다. PCA는 여러 분야에서 활용되고 있으며, 광범위한 유틸리티를 통해 충분히 가치있는 결과를 만들어내고 있다.

여기서 한 가지 꼭 짚고 넘어갈 것이 있다. 데이터셋 원본의 변수 개수보다 컴포넌트 세트의 개수가 작으면 원본 데이터셋에 담긴 정보의 일부에 손실이 발생한다. 컴포넌트가 충분할 경우 정보의 손실 정도는 보통 그렇게 크지는 않다. 하지만 차원이 대단히 큰 데이터셋(즉, 데이터를 표현하는 변수가 아주 많을 경우)에 대해 몇 개의 컴포넌트만으로 분화된 결과를 얻을 수도 있다. 이 경우 정보의 손실이 많이 일어날 수 있다. 이처럼 PCA를 실행시킬 때는 데이터셋을 효과적으로 모델 링하기 위해 적절한 컴포넌트의 개수에 대해 늘 고민해야 한다.

PCA는 다음 순서에 따라 주어진 데이터셋에서 가장 큰 분산을 지닌 좌표축을 순차적으로 파악해나간다.

1. 데이터셋의 중심점을 계산한다.
2. 데이터의 공분산 행렬Covariance matrix을 계산한다.
3. 공분산 행렬의 아이겐벡터Eigenvectors를 계산한다.
4. 아이겐벡터에 대해 직교 정규화Orthonormalization 계산 작업을 수행한다.
5. 각 아이겐벡터별로 표현되는 분산의 비율을 계산한다.

이 알고리즘의 계산 과정이 무엇을 의미하는지 간략히 알아보자.

- 공분산Covariance은 다중 차원에 효과적으로 적용되는 분산인데, 2개 이상 의 변수들에 대한 분산이기 때문이다. 1차원 또는 단일 변수에 대한 분산 은 하나의 값으로 나타나지만, 변수가 2개일 경우 공분산을 표현하려면 2×2 행렬을 이용해야 한다. 마찬가지로 변수가 3개인 데이터에 대한 공 분산은 3×3 행렬을 통해 표현된다. 말하자면 PCA의 첫 단계는 공분산 행렬 계산이라고 할 수 있다.
- 아이겐벡터Eigenvector는 데이터셋에 특화된 벡터로, 일종의 선형 변환linearly transformed 결과라고 할 수 있다. 즉, 아이겐벡터는 데이터에 변환 작업이 이뤄지더라도 변환 작업을 수행하기 전과 비교했을 때 벡터의 방향

direction이 달라지지 않는다. 어떻게 이게 가능한지를 좀 더 쉽게 이해할 수 있도록 똑바로 편 양손에 고무줄을 걸고 있다고 가정한다. 그런 후 고무줄이 팽팽해질 때까지 양손을 서로 반대 방향으로 잡아당긴다고 하자. 여기서 아이겐벡터란 고무줄을 당기기 전이나 당기고 나서나 방향의 변화가 전혀 없는 벡터를 말한다. 즉, 이 경우 아이겐벡터는 한쪽 손의 고무줄 중심에서 반대쪽 손의 고무줄 중심을 향하는 벡터라고 할 수 있다.

- 직교화Orthogonalization는 서로 직교하는orthogonal 성질을 보이는 두 벡터를 찾아내는 작업이다. n-차원의 데이터 공간에서 직교화 작업을 통해 여러 개의 벡터로 구성된 벡터 집합을 구할 수 있다. 물론 이 집합에 속해 있는 벡터들은 모두 서로 직교하는 속성을 지닌 직교 벡터orthogonal vector다.

- 직교 정규화Orthonormalization는 벡터의 곱product(또는 외적)을 정규화하는 직교화 작업이라고 할 수 있다.

- 아이겐밸류Eigenvalue는 (보통 아이겐벡터의 길이length와 관련이 있다) 각 아이겐벡터를 나타내는 분산의 비율을 계산하는 데 사용된다. 이 값은 각 아이겐벡터의 아이겐밸류를 모든 아이겐벡터가 갖는 아이겐밸류의 총합으로 나누면 구할 수 있다.

요약하면 공분산 행렬은 아이겐벡터를 계산하는 데 사용된다. 직교 정규화 작업은 아이겐벡터에서 정규화된 직교 벡터를 만들어내기 위한 것이다. 가장 큰 아이겐밸류를 갖는 아이겐벡터가 첫 번째 주성분principal component이며, 아이겐밸류가 작은 순으로 두 번째, 세 번째 주성분이 된다. 이런 식으로 PCA 알고리즘은 주어진 데이터셋을 새로운 형태의 저차원 직교 좌표 시스템lower-dimensional coordinate system으로 변환시켜 준다.

PCA 활용

이제까지 PCA 알고리즘의 개념을 살펴봤다. 이를 바탕으로 PCA 알고리즘을 UCI handwritten digits 데이터셋에 적용시켜 보자(파이썬 scikit-learn 라이브러리에 포함돼 있다).

이 데이터셋은 44명이 손으로 직접 쓴 1,797개의 숫자로 구성돼 있다. 각 숫자 데이터는 8×8 그리드상에 사람들이 두 번씩 입력한 값(압력과 위치)을 샘플링해 수집했다. 이를 통해 만들어진 이미지는 다음 그림과 같은 맵^{map} 형태의 모습을 띤다.

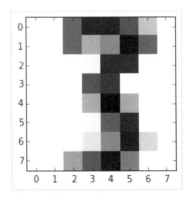

이 맵은 길이가 64인 피처 벡터^{feature vector}로 변환할 수 있는데, 이렇게 하면 분석용 입력 데이터로 읽어 들이기가 쉬워진다. 64개의 피처로 구성된 입력 데이터에 대해 변수 집합을 가능한 규모로 줄이기 위해 PCA 같은 기술을 이용하는 것이 효율적이다. 현재 상태로는 데이터 분석 관련 시각화 기법을 통해 데이터셋을 효과적으로 탐색하기엔 무리가 있다.

다음 소스코드를 이용해 Handwritten digits 데이터셋을 대상으로 PCA 알고리즘을 실행시켜보자.

```
import numpy as np
from sklearn.datasets import load_digits
```

```
import matplotlib.pyplot as plt
from sklearn.decomposition import PCA
from sklearn.preprocessing import scale
from sklearn.lda import LDA

import matplotlib.cm as cm
digits = load_digits()
data = digits.data

n_samples, n_features = data.shape
n_digits = len(np.unique(digits.target))
labels = digits.target
```

이 코드를 통해 다음과 같은 작업이 이뤄진다.

1. 우선 numpy를 포함해서 필요한 라이브러리들을 불러들인다. 또한 scikit-learn에서 digits 데이터셋, PCA, 데이터 스케일링 함수 같은 컴포넌트도 임포트한다. 결과를 화면에 뿌려주기 위해 matplotlib도 임포트한다.

2. 코드 시작 부분에서 digits 데이터셋을 준비한다. 다음 순서에 따라 이뤄진다.

   - 먼저 분석에 필요한 변수를 만들기 전에 데이터셋을 로딩한다
   - 데이터 변수를 순서대로 생성한다. 타겟 벡터에 구분할 숫자의 개수를 변수로 저장한다(0부터 9까지, 즉 n_digits = 10이다). 이렇게 하면 이후 분석 수행 시 쉽게 액세스할 수 있게 된다.
   - 나중에 사용할 수 있게 타겟 벡터를 레이블로 저장한다.
   - 이렇게 변수를 생성하는 것은 뒤에서 분석을 쉽게 할 수 있게 하기 위해서다.

3. 데이터셋이 준비되면 이제 PCA 알고리즘을 초기화하고, 이를 데이터셋에 적용시킬 수 있다.

```
pca = PCA(n_components=10)
data_r = pca.fit(data).transform(data)

print('explained variance ratio (first two components): %s' %
str(pca.explained_variance_ratio_))
print('sum of explained variance (first two components): %s' %
str(sum(pca.explained_variance_ratio_)))
```

4. 이 코드를 실행시키면 설명력^{explanatory power}의 순서에 따라 첫 10개의 주
   성분 각각이 의미하는 분산을 리턴하게 된다.

10개의 주성분을 대상으로 했을 때 전체 데이터셋 분산의 약 58.9%를 설명할
수 있다고 나온다. 이는 전체 64개의 변수를 10개의 주성분으로 줄였다는 것을
감안하면 사실 그리 나쁜 결과는 아니다. 하지만 PCA를 수행하면 잠재적으로
정보의 손실이 발생함을 보여준다. 요점은 이렇게 줄어든 주성분 집합이 이후의
분석 내지는 분류^{classification}를 더 쉽게 할 수 있는지에 달려 있다. 즉, 나머지 성분
들 중 분류에 적합하지 않은 것들이 얼마나 될지 여부가 중요하다.

digits 데이터셋에 대해 pca를 수행한 결과가 저장되는 data_r 객체를 생성하면
결과를 그림 또는 그래프로 만들 수 있다. 먼저 각 클래스를 색으로 표현할 수
있게 colors라는 벡터를 생성한다. 그런 다음에는 색으로 표시된 클래스를 이용
해 데이터 분포도를 화면상에 표시하면 된다.

```
x = np.arange(10)
ys = [i+x+(i*x)**2 for i in range(10)]

plt.figure()
colors = cm.rainbow(np.linspace(0, 1, len(ys)))

for c, i, target_name in zip(colors, [1,2,3,4,5,6,7,8,9,10], labels):
```

```
    plt.scatter(data_r[labels == i, 0], data_r[labels == i, 1],
        c=c, alpha = 0.4)

plt.legend()
plt.title('Scatterplot of Points plotted in first \n'
      '10 Principal Components')
plt.show()
```

이 프로그램을 실행시키면 다음 그림과 같이 2차원상에 점으로 표시된 결과를
얻는다.

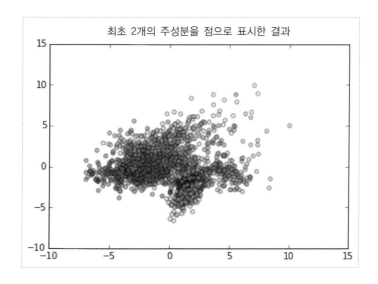

이 그림을 보면 처음 2개의 주성분으로는 클래스들이 약간은 구분될 수 있겠지
만, 데이터셋을 대단히 정확하게 분류하기엔 어려울 수 있다는 사실을 알 수
있다. 하지만 클래스들을 보면 클러스터 결과처럼 보인다, 따라서 클러스터링을
통해 나름 좋은 결과를 얻을 수도 있을 것이다. 이런 방법을 통해 PCA는 데이터
셋이 어떤 구조로 표현되는지에 대한 통찰력을 제공하며, 이후 이뤄질 분석에
대한 정보도 얻을 수 있게 해준다.

이제 K-평균 클러스터링 알고리즘을 바탕으로 클러스터링에 대해 알아보자.

▌ K-평균 클러스터링

앞 절을 통해 비지도 머신 러닝 알고리즘이 구조화된 키 내지는 정보 콘텐츠를 대규모의 복잡한 데이터에서 추출하는 데 사용되는 것을 알았다. 이 알고리즘은 수동으로 입력하는 값이 (거의) 없어도 이러한 작업을 수행할 수 있고, 학습 데이터셋 없이 바로 동작한다(여기서 말하는 학습 데이터셋이란 특정 레이블이 붙어 있는 응답 변수를 말하며, 이는 원하는 기준에 맞게 데이터가 분류될 수 있게 알고리즘을 학습시키기 위해 필요한 것이다). 이는 신규 데이터나 불분명한 데이터의 콘텐츠와 구조에 대한 정보를 생성하는 데 비지도 학습 알고리즘이 매우 효과적인 도구가 될 수 있음을 의미한다. 이를 통해 분석가는 짧은 시간 내에 데이터를 아주 잘 이해할 수 있게 된다.

클러스터링: 기초

클러스터링은 여러 가지 이유에서 전형적인 비지도 학습법이라고 볼 수 있다.

클러스터링 알고리즘을 최적화하기 위해 많은 시간이 소요됐으며, 파이썬을 비롯한 다양한 데이터 과학 프로그래밍 언어에서 효율적으로 구현돼 있다.

클러스터링 알고리즘은 실행 속도가 매우 빠른 편으로, 다항식 수준의 계산 복잡도Polynomial time로 구현돼 있다. 이는 여러 종류의 클러스터링 설정 조건도 어렵지 않게 실행시킬 수 있음을 의미한다. 심지어 대규모 데이터셋에 대해서도 가능하다. 확장성 측면에서 장점을 지닌 클러스터링 알고리즘의 경우 테라바이트급 데이터셋을 병렬 방식으로 처리할 수 있다.

클러스터링 알고리즘은 대개 이해하기 쉽고, 따라서 어떻게 동작하는지 필요할 경우 설명하기도 쉽다.

가장 많이 사용되는 클러스터링 알고리즘은 K-평균 알고리즘인데, 이 알고리즘은 우선 데이터 좌표 공간 내에서 K-개의 포인트를 통해 클러스터를 임의로 초기화하는 형태로, K-개의 클러스터를 만든다. 이 포인트 각각은 클러스터의 평균을 의미한다. 그런 다음에 다음과 같은 순서로 실행되는 프로세스가 반복된다.

- 각 데이터 포인트는 (클러스터 내부의) 클러스터 평균과의 거리^{distance} 제곱의 합이 최소가 되는 클러스터에 할당되는데, 이는 직관적으로 가장 가까운 평균값에 해당된다.
- 각 클러스터의 중심, 즉 센트로이드^{centroid}가 새로운 평균값이 된다. 이 과정에서 평균값의 변화가 일어날 수 있다.

충분히 반복 작업이 이뤄지고 나면 클러스터 센트로이드는 성능 메트릭을 최소화시키도록 위치하게 된다(여기서 사용되는 성능 메트릭은 보통 '클러스터 내부의 최소 제곱의 합이다). 이 측정값이 가장 작아지면 데이터 포인트(관측 값이라고도 함)는 반복 실행 과정에서 더 이상 다른 클러스터로 할당되지 않는다. 이때 알고리즘이 최종 목표로 한 결과에 수렴했다고 할 수 있다.

클러스터링 분석

지금까지 클러스터링 알고리즘을 살펴봤다. 이제 코드를 실행시켜 클러스터링이 어떤 작업을 하는지 알아보기로 하자.

```
from time import time
import numpy as np
import matplotlib.pyplot as plt
```

```
np.random.seed()

digits = load_digits()
data = scale(digits.data)

n_samples, n_features = data.shape
n_digits = len(np.unique(digits.target))
labels = digits.target

sample_size = 300

print("n_digits: %d, \t n_samples %d, \t n_features %d"
      % (n_digits, n_samples, n_features))

print(79 * '_')
print('% 9s' % 'init''        time   inertia   homo   compl   v-meas
      ARI     AMI  silhouette')

def bench_k_means(estimator, name, data):
    t0 = time()
    estimator.fit(data)
    print('% 9s %.2fs %i %.3f %.3f %.3f %.3f %.3f %.3f'
          % (name, (time() - t0), estimator.inertia_,
             metrics.homogeneity_score(labels, estimator.labels_),
             metrics.completeness_score(labels, estimator.labels_),
             metrics.v_measure_score(labels, estimator.labels_),
             metrics.adjusted_rand_score(labels, estimator.labels_),
             metrics.silhouette_score(data, estimator.labels_,
                 metric='euclidean',
                 sample_size=sample_size)))
```

앞서 살펴본 PCA 코드와 이 소스코드 간에 중요한 차이점 중 하나는 이 코드가 digits 데이터셋에 스케일 함수(scale)를 적용했다는 점이다. 이 함수는 데이터셋의 값들을 0과 1 사이의 값으로 조정한다. 필요할 경우 로그 스케일(log scale) 또는 바운드 스케일(bound scale)로 데이터를 스케일링하는 것이 매우 중요하다. 이유는 피처 각각이 갖는 값의 크기가 다를 수 있고, 이로 인해 특정 피처가 데이터셋에서 불균형적으로 큰 영향을 미칠 수 있기 때문이다. 데이터에 스케일링이 필요한지(또 어떤 종류의 스케일링이 필요한지, 어느 정도 범위 내에서 스케일링이 필요한지 등등) 여부를 결정하는 것은 전적으로 데이터가 지닌 모양과 특성에 달려 있다. 데이터 분포상에서 이상치(outlier)가 나타나거나 분포 범위가 매우 클 경우 로그 스케일링을 적용하는 것이 적절할 수 있다. 시각화 및 탐색적 분석 기술을 통해 수작업으로 하든, 통계 요약 기법을 사용하든, 어떤 스케일링을 적용할지는 분석 대상 데이터와 사용할 분석 기술에 따라 결정된다. 스케일링 결정과 관련 고려 사항에 대한 자세한 내용은 7장에서 확인할 수 있다.

scikit-learn은 기본적으로 k-means++ 알고리즘을 사용하는데, 이는 불량 클러스터링 결과가 나오지 않게 해서 실행 시간과 성공률 측면에서 기존의 K-평균 알고리즘보다 좋은 성능을 나타낸다.

알고리즘은 초기화 프로시저 실행을 통해 각 클래스별로 클래스 내의 분산이 최소에 가까운 클러스터 센트로이드를 찾아낸다.

앞의 코드를 자세히 보면 K-평균 애플리케이션이 얼마나 잘 동작하는지 알아내기 위해 성능 평가용 추정기(estimator)를 사용하고 있음을 알 수 있다. 클러스터링 알고리즘의 성능을 측정할 때, (1) 정확도를 백분율로 측정하거나, (2) 다른 알고리즘에서 일반적으로 사용되는 것과 동일한 성능 측정 방법을 사용하는 것은 그리 좋은 방법은 아니다. 클러스터링 알고리즘이 좋은 클러스터 결과를 만들어낸다는 것은 (클래스를 어떻게 나누는지, 각 그룹 내의 유사도, 그룹 간 차이를 비롯한) 여러 가지 요소들 간의 영향 관계를 고려해 입력 데이터를 어떻게 그룹화할지에 대해 합리적인 해석을 제공한다는 것을 의미한다.

동질성 스코어^{Homogeneity score}는 클러스터가 주어진 클래스에만 할당된 정도를 나타내는 측정치로, 0에서 1사이의 값을 갖는다. 이 값이 1이면 모든 클러스터가 단일 클래스의 측정치를 갖는다는 것을 의미한다. 이 측정치는 **완전성 스코어** completeness score로 보완할 수 있는데, 이 스코어는 주어진 클래스에 속한 모든 데이터가 동일한 클러스터에 할당되는 범위를 측정한다. 따라서 완전성 스코어와 동질성 스코어가 1이라면 이는 클러스터링 결과가 완벽하다는 것을 의미한다.

유효성 측정치^{Validity measure}(V-측정치)는 동질성 스코어와 완전성 스코어의 조화평균^{harmonic mean}으로, 이진 분류^{Binary classification}에 대한 F-통계^{statistics}와 유사하다. 즉, 동질성과 완전성 모두를 계산해서 0과 1 사이의 값으로 스케일링한 결과를 제공한다.

ARI^{Adjusted Rand Index}는 할당된 클러스터 세트 간에 공통된 정도를 파악하는 유사도 측정 방법이다. 클러스터링에 적용할 때 기존 데이터에 포함된 클래스 레이블과 클러스터링 알고리즘의 결과로 예측된 클래스 레이블 사이에 일치하는 정도를 측정한다. RI^{Rand index}는 0과 1 사이의 값으로 클래스 레이블 유사도를 측정하는데, 이 값이 1일 경우 예측한 클래스 레이블의 결과가 완벽하다는 것을 의미한다.

앞에서 살펴본 성능 측정치뿐만 아니라 유사한 측정치(예를 들면 아카이케 정보 척도^{AIC, Akaike's mutual information criterion}라고도 함) 모두 유의할 점이 있는데, 바로 기본이 되는 진리를 이해해야 한다는 점이다. 즉, 분석 대상 데이터의 일부 또는 데이터 전체에 클래스 레이블이 필요하다는 뜻이다. 실제로 이는 클래스 레이블이 붙어 있는 데이터가 적을 경우 심각한 단점이 되며, 클래스 레이블을 붙이는 작업 자체가 매우 많은 시간이 소요될 수 있다.

클래스 레이블이 없는 데이터에 대해 K-평균 클러스터링 결과의 성능을 측정하는 방법 중 하나로 실루엣 계수^{Silhouette Coefficient}가 있다. 이는 모델 내의 클러스터가 얼마나 잘 정의돼 있는지를 나타내는 측정치라고 보면 된다. 데이터셋이 주어졌을 때 실루엣 계수는 각 샘플 데이터에 대한 계수의 평균값으로, 계수는 다음 식을 통해 계산된다.

$$s = \frac{b-a}{\max(a,b)}$$

각 변수에 대한 정의는 다음과 같다.

- **a** 하나의 샘플 데이터와 (이 샘플 데이터가 포함된) 클러스터 내에 있는 모든 데이터 포인트 간의 거리 평균
- **b** 하나의 샘플 데이터와 (이 샘플 데이터가 포함된 클러스터를 제외했을 때) 가장 가까운 클러스터 내에 있는 모든 데이터 포인트와의 거리 평균

이 스코어는 –1과 1 사이의 값을 나타내며, –1은 클러스터링 결과가 틀렸음을 의미하고, 1은 대단히 밀도가 높은 클러스터링 결과가 나왔음을 의미한다. 또 값이 0이면 오버랩된 클래스터 결과를 의미한다(즉, 2개의 클러스터가 겹쳤다는 뜻이다). 이는 결국 생성된 클러스터링 결과의 수준이 얼마나 좋은지에 대한 기대치를 나타낸다고 볼 수 있다.

digits 데이터셋의 경우 여기에서 설명한 모든 성능 측정 방법을 활용할 수 있다. 따라서 digits 데이터셋에 bench_k_means 함수를 초기화해 앞에서 다룬 예제를 완성하기로 한다.

```
bench_k_means(KMeans(init='k-means++', n_clusters=n_digits, n_
init=10), name="k-means++", data=data)
print(79 * '_')
```

이 코드를 실행시키면 다음과 같은 결과가 나온다(앞의 코드에 있는 랜덤 시드, 즉 np.random.seed()로 인해 결과가 다르게 나올 수 있다!).

```
n_digits: 10,     n_samples 1797,         n_features 64

init        time   inertia   homo   compl   v-meas   ARI     AMI   silhouette
k-means++   0.25s    69517   0.596   0.643    0.619   0.465   0.592    0.123
```

이 결과에 대해 좀 더 자세히 살펴보자.

실루엣 스코어가 0.123으로 나왔는데, 이는 꽤 낮은 수치지만 그리 놀랄 만한 결과는 아니다. 데이터로 제공된 손으로 쓴 숫자 데이터에는 노이즈가 많으며, 이로 인해 오버랩이 일어날 가능성이 있기 때문이다. 하지만 다른 스코어들 중 몇 가지는 그리 마음에 드는 수준은 아니다. V-측정치는 0.619로 나왔는데, 이는 꽤 괜찮다고 볼 수 있다. 하지만 이 경우 낮은 동질성 측정치에 영향을 받고 있다. 이는 클러스터 센트로이드가 완벽하게 계산되지는 않았다는 것을 나타낸다. 심지어 ARI 스코어는 0.465로 매우 좋지 않다

 이를 문맥상으로 파악해보자. 최악의 분류, 랜덤 할당 등은 최악의 경우 약 10% 정도의 분류 정확도를 나타낸다. 따라서 성능 측정 결과는 매우 낮을 것이다. 현재는 확실히 잘 하고 있지만, 가장 좋은 성능을 나타내는 분류 결과를 생각하면 아직 한참 멀었다. 4장에서 볼 수 있듯이 컨볼루션 신경망은 손으로 쓴 숫자 데이터셋에서 매우 낮은 분류 에러율을 나타내는 결과를 보인다. 전통적인 K-평균 클러스터링으로는 이 정도 수준의 정확도를 얻기는 매우 어려울 수 있다!

말하자면 현재 더 잘할 수 있다고 생각하는 것이 합리적이다.

또 다른 방안을 고려해서, 처리 과정에 한 단계를 더 적용하려고 한다. 즉 (앞에서 다룬) 입력 데이터셋의 차원을 줄이는 PCA 기법을 적용한다. 이를 위한 코드는 다음과 같이 매우 간단하다.

```
pca = PCA(n_components=n_digits).fit(data)
bench_k_means(KMeans(init=pca.components_, n_clusters=10),
```

```
name="PCA-based",
data=data)
```

이 코드는 단순히 숫자 데이터셋에 PCA를 적용한 것으로, 클래스 개수만큼(이 경우는 숫자의 종류, 즉 10개) 주성분을 만들어낸다. 작은 주성분이 존재한다는 점이 데이터셋에 공선성이 포함돼 있거나, 또 다른 검사가 필요할 수 있음을 암시하기 때문에 계산 작업을 진행하기 전에 PCA의 결과를 검토하는 것이 적절할 수 있다.

앞의 코드를 실행시켜 얻은 클러스터링 결과는 놀라울 정도의 성능 향상을 보여준다.

```
n_digits: 10,      n_samples 1797,              n_features 64

init       time    inertia   homo    compl   v-meas   ARI    silhouette
PCA-based  0.02s   71820     0.673   0.715   0.693    0.567  0.121
```

V-측정치와 ARI는 약 0.08 포인트 증가했으며, V-측정치는 0.693으로 상당히 높다. 실루엣 계수에서는 큰 변화는 없다. 숫자 데이터셋 내에서 복잡성과 클래스 간 오버랩을 감안한다면 코드 몇 줄만 추가했음에도 상당히 좋은 결과를 얻었다고 볼 수 있다!

겹친 부분이 있는 클러스터가 있는 숫자 데이터셋을 살펴보면 일부 의미 있는 클러스터가 형성돼 있음을 보여준다. 또한 다음 그림을 보면 입력 피처 벡터에서 숫자를 검출하는 것이 실제로는 상당히 어려울 수 있다는 것을 명확히 알 수 있다.

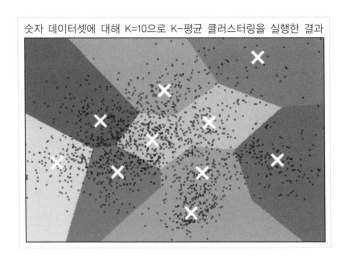

숫자 데이터셋에 대해 K=10으로 K-평균 클러스터링을 실행한 결과

클러스터링 환경 변수 튜닝

앞의 예제를 통해 K-평균 알고리즘을 적용하고, 관련 코드를 살펴봤다. 또한 클러스터링 분석의 결과를 플로팅하는 방법과 적절한 성능 메트릭에 대해 알아봤다. 그러나 K-평균 클러스터링 알고리즘을 실제 데이터셋에 적용할 때 몇 가지 추가 예방 조치가 필요한데, 하나씩 살펴보기로 한다.

또한 중요하게 짚고 넘어갈 점 중 하나는 적절한 k 값을 선택하는 방법이다. 특정한 k 값을 선정해서 K-평균 클러스터링을 초기화하는 것도 나름 괜찮을 수도 있지만, 대부분의 경우 적절한 클러스터가 몇 개일지 또는 어떤 k 값이 의미가 있을지는 초기 단계에서는 명확하지 않을 수 있다.

우리는 배치 작업에서 k의 여러 값에 대해 앞에서 다룬 코드를 다시 실행해 성능 메트릭을 확인할 수 있다. 하지만 k의 어떤 인스턴스가 데이터 내에 담긴 구조를 가장 효과적으로 파악할 수 있게 해줄지는 알 수 없다. k 값이 증가함에 따라 실루엣 계수 또는 설명되지 않은 분산이 엄청나게 작아질 수 있는 위험이 있다. 의미 있는 클러스터가 만들어지지도 않으면서 말이다. 이에 대한 극단적인 경우 중 하나는 k = o일 때인데, 여기서 o는 표본의 개수다. 이 경우 모든 데이터 포인트가 자체 클러스터를 이루므로 실루엣 계수는 낮지만 (예상한대로) 그 결과는 별로 의미가 없다. 한편 지나치게 높은 k 값으로 인해 오버피팅^{over-fitting}이 발생할 수 있는 극단적인 경우는 별로 없다.

이러한 위험성을 완화시키기 위해 k를 적절히 선택할 수 있게 유도하는 기술을 지원하는 것이 좋다. 이러한 맥락에서 유용한 기술 중 하나로 엘보우 기법^{elbow method}이 있다. 엘보우 기법은 k개의 각 인스턴스를 대상으로 k를 설명할 수 있는 분산의 비율을 플롯으로 표현한 매우 간단한 기술이다. 이렇게 표시된 플롯은 일반적으로 팔을 구부린 것 같은 모양을 나타낸다.

PCA를 통해 차원이 축소화된 데이터셋에 대해 이와 관련된 코드는 다음 코드 조각과 같은 형태를 띤다.

```python
import numpy as np
from sklearn.cluster import KMeans
from sklearn.datasets import load_digits
from scipy.spatial.distance import cdist
import matplotlib.pyplot as plt
from sklearn.decomposition import PCA
from sklearn.preprocessing import scale

digits = load_digits()
data = scale(digits.data)

n_samples, n_features = data.shape
n_digits = len(np.unique(digits.target))
labels = digits.target

K = range(1,20)
explainedvariance= []
for k in K:
    reduced_data = PCA(n_components=2).fit_transform(data)
```

```
kmeans = KMeans(init = 'k-means++', n_clusters = k, n_init = k)
kmeans.fit(reduced_data)
explainedvariance.append(sum(np.min(cdist(reduced_data,
kmeans.cluster_centers_, 'euclidean'), axis =
     1))/data.shape[0])
plt.plot(K, meandistortions, 'bx-')
plt.show()
```

이와 같은 엘보우 기법 애플리케이션은 앞의 예제 코드를 통한 PCA 차원 축소화 뿐만 아니라 (클러스터 내부의 분산에 대한 테스트인) 설명 분산explained variance의 테스트에 적용된다. 실행 결과는 지정된 값의 범위 내에서 k의 각 값에 대해 설명이 되지 않는 분산의 측정치로 나타난다. 이 경우 (이미 10개의 클래스라는 것을 알고 있는) 숫자 데이터셋을 이용하므로, range는 1에서 20이 된다.

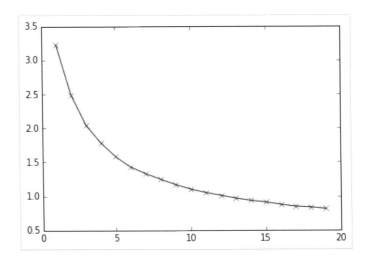

엘보우 기법에는 K 값이 최소치로 업데이트되는 과정에서 설명 분산을 최대화하는 k 값을 선택하는 작업이 포함돼 있다. 즉, 팔꿈치(엘보우elbow)가 굽은 것처럼 k 값이 변하는 모습이다. 여기에 담겨 있는 기술적 측면의 의미는 k가 커질수록 설명 분산의 증가폭이 점점 작아지는데, 이는 오버피팅에 대한 위험 요인의 정도를 나타낸다고 보면 된다.

엘보우 플롯은 대개 좋긴 하지만, 간혹 엘보우가 명확하게 나타나지 않을 수 있다. 이 예제는 다른 데이터셋으로 테스트한 경우와 비교하면 훨씬 좋은 결과를 보여준다. 데이터셋 내에 클래스가 10개라는 것을 알고 있더라도 엘보우 기법이 시작 단계에서부터 k 값이 증가했을 때 결과가 훨씬 더 작아지고 있으며, 엘보우 결과가 5개의 클래스 결과에 도달한다고 해도 이런 결과에 대해 우려할 필요는 없다. 이는 앞에서 본 것처럼 클래스들 간에 중첩이 이뤄지는 것과 관련이 있다. 클래스가 10개이긴 하지만, 5개 내지는 그 이상으로 클래스를 명확하게 구분하기가 점점 어려워진다는 뜻이다.

이러한 점을 고려해 엘보우 기법은 객관적으로 적용 가능한 원리라고 하기보다는 경험적 방법으로 사용하는 것이 좋다. 클러스터링 성능을 향상시키기 위한 데이터 전처리 용도로 PCA 기법을 사용하면 그래프를 좀 더 매끄럽게 만들 수 있으며, 이를 적용하지 않았을 때보다 훨씬 더 좋은 결과를 얻을 수 있다.

엘보우 기법을 사용하는 것 외에 클러스터링 결과 자체를 들여다보는 것 역시 매우 중요할 수 있다. 1장의 앞에서 다룬 데이터 차원 축소화 기법인 PCA 등을 사용해서 말이다. 데이터셋을 화면상에 점으로 나타내고 각 데이터가 어느 클러스터에 할당되는지 표시하면 K-평균 기법이 국소 최소치 문제^{local minima}에 빠졌는지, 혹시 오버피팅된 것은 아닌지 명확히 파악할 수 있다. 다음 그림은 digits 데이터셋에 앞에서 본 K-평균 클러스터링 알고리즘을 K = 150이라는 값을 인위적으로 적용했을 때 극단적인 오버피팅 결과가 나타나는 사례를 보여준다. 이 경우를 보면 데이터 하나로만 이뤄진 클러스터도 있다. 이 결과는 다른 데이터에 일반화시키기엔 무리가 있다.

K=150으로 숫자 데이터를 K-평균 클러스터링을 수행한 결과(오버피팅의 예제)

엘보우 함수 또는 클러스터 할당 결과를 시각화한 결과는 데이터에 대해 빠르게 해석할 수 있게 해준다. 하지만 휴리스틱heuristic 관점에서 이 기술을 적용한 것이다. 데이터셋에 확실한 클래스 개수가 포함돼 있다면 휴리스틱 기법을 이용해 일반화된 결과를 얻지 못할 수도 있다.

또 다른 단점은 시각화한 결과는 엄청난 수작업 기법이라는 것이다. 즉, 프로덕션 환경 내지는 자동화에는 잘 맞지 않는다는 얘기다. 이럴 경우 프로그래밍 코드에 기반을 둔 자동화된 기법을 알아보는 것이 좋다. 한 가지 확실한 방법으로 v-fold 교차 검증cross-validation 기법이 있다(매우 폭넓게 사용되는 교차 검증 기법이다).

교차 검증 기법의 원리는 매우 단순 명료하다. 우선 데이터셋을 v개의 서브데이터셋으로 분할한다. 그중 하나는 테스트 데이터셋으로 사용할 수 있게 따로 보관한다. (나머지 서브데이터셋으로 구성된) 학습 데이터셋을 통해 모델을 학습시킨다. digits 데이터셋을 이용해 어떻게 동작하는지 알아보자.

```
import numpy as np
from sklearn import cross_validation
from sklearn.cluster import KMeans
from sklearn.datasets import load_digits
```

```
from sklearn.preprocessing import scale

digits = load_digits()
data = scale(digits.data)

n_samples, n_features = data.shape
n_digits = len(np.unique(digits.target))
labels = digits.target

kmeans = KMeans(init='k-means++', n_clusters=n_digits, n_init=n_
    digits)
cv = cross_validation.ShuffleSplit(n_samples, n_iter = 10, test_size =
    0.4, random_state = 0)
scores = cross_validation.cross_val_score(kmeans, data, labels, cv =
    cv, scoring = 'adjusted_rand_score')
print(scores)
print(sum(scores)/cv.n_iter)
```

이 코드는 익숙한 데이터 로딩 작업, 준비 작업을 실행시키고, K-평균 클러스터링 알고리즘을 초기화한다. 다음 단계로 교차 검증 파라미터 변수인 cv를 정의한다. 또 반복 실행 횟수인 n_iter 값을 설정하는 것과 각 폴드^{fold}에서 사용될 데이터도 포함돼 있다. 이 예제 코드에서는 전체 데이터셋 중 60%를 학습용으로, 40%를 테스트용으로 사용하게 설정하고 있다.

K-평균 클러스터링 모델과 교차 검증 스코어 함수에 설정된 cv 파라미터 값을 적용하면 다음과 같은 scores의 결과를 얻을 수 있다. 자세히 살펴보자.

```
[ 0.39276606    0.49571292    0.43933243    0.53573558    0.42459285
  0.55686854    0.4573401     0.49876358    0.50281585    0.4689295 ]

0.4772857426
```

이 결과는 순서대로 10개의 폴드 각각에 대해 교차 검증된 k-means++ 클러스터링 결과에 대해 ARI를 나타낸다. 전체적으로 보면 값이 0.4와 0.55 사이에 있음을 알 수 있다. 앞에서 다룬 PCA 기법을 적용하지 않고 k-means++를 실행시켜 얻은 ARI 값(0.465)도 이 범위 내에 있음을 알 수 있다. 즉, 이 코드는 클러스터링 결과의 성능을 지속적으로 확인하는 차원에서 분석 작업에 통합시켜도 좋다.

앞에서 살펴본 것처럼 결과가 얼마나 잘 나왔는지 판단하는 측정치는 이미 확보돼 있는 정보에 달려 있다. 대부분의 경우 데이터셋 내부에 포함돼 있지만 드러나지 않은 클래스 레이블 값에 액세스한다는 건 불가능하므로, 앞에서 알아본 실루엣 계수와 같은 측정치를 사용할 수밖에 없을 것이다.

때때로 교차 검증 기법이나 시각화 기법까지 사용했는데도 만족스러운 결론을 얻기 어려울 수 있다. 특히 주어진 데이터셋에 대해 잘 모를 경우 일부 노이즈 데이터 또는 2차 시그널(secondary signal)이 분석하려는 시그널과 다른 k 값에 대해 더 좋은 답을 낸다는 건 말도 안 된다.

이 책에서 다루는 다른 알고리즘과 마찬가지로 데이터셋에 대해 확실히 이해하는 것이 매우 중요하다. 데이터셋에 대한 깊이 있는 이해와 통찰이 없으면 기술적으로 올바르고 엄격한 분석조차도 부적절한 결과로 이어질 수 있다. 이와 관련해 익숙하지 않은 데이터셋을 어떻게 검사하고 준비하는지에 대한 원리와 기술을 6장에서 자세히 학습할 것이다.

▌ SOM(Self-organizing maps)

SOM은 차원이 축소화된 데이터셋을 토폴로지^{topology} 개념을 통해 효과적으로 표현하는 기술 중 하나다. PCA와 함께 여러 애플리케이션 중 하나로 이해할 수 있다. 하지만 SOM은 차원 축소화 기술 및 시각화 방식에서 나름의 독특한 특징을 지닌다.

SOM 알고리즘의 기초

SOM 알고리즘은 여러 개의 간단한 연산을 반복하는 과정을 포함하고 있다. 데이터 규모가 작은 경우에 적용하면 K-평균 클러스터링과 유사하게 동작한다. 데이터 규모가 커질수록 SOM은 복잡한 데이터셋의 토폴로지를 강력하게 나타낸다.

SOM은 노드의 그리드(일반적으로 직사각형 또는 육각형 모양)로 구성되며, 각 노드에는 입력 데이터셋과 동일한 차원의 가중치 벡터가 포함돼 있다. 노드는 무작위로 초기화될 수도 있지만, 데이터셋의 분포에 대해 대략적인 근사치를 기반으로 초기화할 경우 학습 속도가 더 빠를 수 있다.

관측치가 입력 데이터로 들어오는 데 따라 알고리즘은 반복 수행된다. 반복 횟수는 다음을 따른다.

- 현재의 설정 조건에서 가장 좋은 노드인 BMU[Best Matching Unit]를 찾아낸다. BMU는 모든 가중치 벡터의 데이터 공간상에서 유클리디언 거리를 계산해 얻는다.
- BMU는 입력 벡터 쪽으로 일부 조정(이동)된다.
- 이웃 노드도 일부 조정이 이뤄지는데, 변화폭이 그리 크진 않다. 즉, 이웃 노드의 이동 정도는 네이버후드 함수[neighborhood function]에 의해 결정된다(이와 관련된 네이버후드 함수는 여러 가지가 있다. 1장에서는 가우시안 네이버후드 함수를 사용할 것이다).

이 프로세스는 네트워크가 수렴할 때까지 샘플링을 사용해 여러 차례 반복적으로 이뤄진다(새로운 입력 값에 대해서도 손실을 최소화할 수 있는 위치에 도달할 수 있게).

SOM의 노드는 신경망에서 다루는 노드와 비슷하다고 생각하면 된다. 일반적으로 입력 데이터셋의 차원과 동일한 길이의 가중치 벡터를 지니고 있기 때문에 입력 데이터셋의 토폴로지 역시 낮은 차원에 매핑해도 잘 유지되고 시각화도 가능함을 의미한다.

SOM 클래스를 구현한 코드는 이 책의 소스코드 중 som.py 스크립트를 참고하면 된다. 이제 개괄적인 내용을 바탕으로 SOM 알고리즘을 본격적으로 알아보자.

SOM 알고리즘 활용

앞에서 설명한 것처럼 SOM 알고리즘은 벡터의 유클리디언 거리를 반복적으로 비교하는 과정을 담고 있다.

이렇게 매핑된 결과를 보면 상당히 읽기 쉬운 2D 그리드 형태를 띤다. 일반적으로 사용되는 붓꽃 데이터셋^{iris dataset}의 경우 SOM 알고리즘은 매우 깔끔하게 매핑 결과를 낸다.

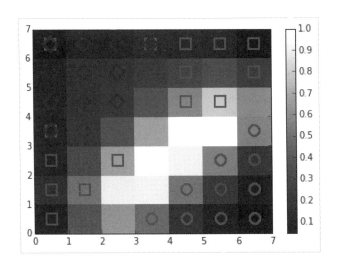

이 그림에서 각 클래스는 분리돼 있고 공간상에서도 순서대로 정리돼 있다. 배경 색은 클러스터의 밀도를 측정한 값이다. SOM 알고리즘이 불완전한 클러스터링

을 수행한 결과, 파란색과 녹색 클래스(컬러 이미지를 다운로드하면 확인할 수 있음
– 옮긴이)에 일부 중복된 부분이 나타났다. 붓꽃 데이터셋에 대해 SOM 알고리즘
을 100회 정도 반복 수행하면 거의 최종 결과에 근접한다고 볼 수 있고, 1,000회
반복 수행 후에는 눈에 띌 만큼의 개선은 거의 나타나지 않는다. 좀 더 명확한
경우들이 포함된 복잡한 데이터셋의 경우 이 프로세스는 약 수만 번의 반복 수행
이 필요할 수 있다.

아무튼 scikit-learn 같은 기존 파이썬 패키지에는 SOM 알고리즘이 구현돼 있지
않다. 따라서 직접 구현해 사용해야 한다.

SOM 알고리즘 소스코드는 깃허브 저장소에 있다. 여기서는 관련 스크립트를
살펴보고, 이 코드가 어떻게 동작하는지를 먼저 이해하기 바란다.

```python
import numpy as np
from sklearn.datasets import load_digits
from som import Som
from pylab import plot,axis,show,pcolor,colorbar,bone

digits = load_digits()
data = digits.data
labels = digits.target
```

여기서는 digits 데이터셋을 읽어 들인 다음, 데이터셋과 레이블을 따로따로 구
분해 놓았다. 이렇게 하면 학습 단계에서 SOM 알고리즘이 클래스를 어떻게 분
리시키는지를 관찰할 수 있다.

```python
som = Som(16,16,64,sigma=1.0,learning_rate=0.5)
som.random_weights_init(data)
print("Initiating SOM.")
som.train_random(data,10000)
```

```
print("\n. SOM Processing Complete")

bone()
pcolor(som.distance_map().T)
colorbar()
```

여기서는 저장소의 Som.py 파일에서 사용 가능한 Som 클래스를 활용하고 있다. 이 클래스는 1장의 앞에서 설명한 SOM 알고리즘을 적용하기 위해 필요한 메소드를 포함하고 있다. 이 함수에 매핑 관련 차원과 입력 데이터에 대한 차원을 입력 인자(아규먼트)로 설정한다(다양한 옵션을 시험해본 후 이 경우에 대해서는 16×16의 크기로 시작하려고 한다. – 이 정도의 크기로 그리드를 잡으면 그룹들 간에 일부 겹치는 부분을 유지하면서 적당히 분포할 수 있는 충분한 공간을 피처 맵에 매핑시킬 수 있을 것이다). 또한 sigma와 learning_rate에 대한 값도 설정한다.

이 경우 sigma는 네이버후드 함수의 분포 정도를 정의하는 값이다. 앞에서 설명한 것처럼 이 책에서는 가우시안 네이버후드 함수를 사용하고 있다. sigma 값 설정은 그리드 크기에 따라 달라진다. 예를 들어 그리드 크기가 8×8일 경우 sigma 값은 1.0 정도면 되고, 16×16일 경우 1.3 정도로 설정한다. 이 값이 너무 작을 경우 눈금의 중심 근처에 집중될 수 있다는 점에 유의하기 바란다. 반면 값이 지나치게 크면 실행 결과로 그리드가 일반적으로 중심을 향해 몇 개의 커다란 빈 공간만 만들게 된다.

learning_rate는 SOM의 초기 학습 속도를 스스로 컨트롤할 수 있는 값이라고 정의할 수 있다. 학습이 반복될수록 학습 속도는 다음 함수에 따라 조정된다.

$$learning\ rate(t) = learning\ rate \big/ \big(1 + t \big/ (0.5 * t)\big)$$

여기서 t는 반복 횟수 인덱스를 의미한다.

가중치를 무작위로 부여해서 SOM 알고리즘을 초기화한다.

K-평균 클러스터링과 마찬가지로 이러한 초기화 기법은 데이터 분포의 근사치를 기반으로 초기화하는 것에 비해 다소 느릴 수 있다. k-means++ 알고리즘에서 사용된 것과 비슷한 데이터 전처리 기법을 쓰면 SOM 알고리즘의 실행 속도가 좀 더 빨라질 것이다. 이 책에서 소개한 SOM 코드는 digits 데이터셋에 대해 충분히 실행 속도가 빠르기 때문에 지금은 이러한 최적화 기법을 굳이 쓸 필요는 없다.

다음으로 각 클래스에 대해 레이블과 색상을 지정해 SOM 알고리즘을 통해 생성된 클래스를 화면상에 뿌려줄 때 쉽게 구분할 수 있게 한다. 그런 다음 각 데이터에 이를 반복 수행한다.

각 반복 실행 단계에서 SOM 알고리즘을 통해 계산된 결과에 따른 BMU에 대한 클래스 마커를 화면에 표시한다.

SOM 알고리즘의 반복 실행이 끝나면 U-Matrix(상대적인 관측 밀도를 색으로 표시한 매트릭스)를 흑백 스케일로 최종 결과에 다른 레이어로 추가한다.

```
labels[labels == '0'] = 0
labels[labels == '1'] = 1
labels[labels == '2'] = 2
labels[labels == '3'] = 3
labels[labels == '4'] = 4
labels[labels == '5'] = 5
labels[labels == '6'] = 6
labels[labels == '7'] = 7
labels[labels == '8'] = 8
labels[labels == '9'] = 9

markers = ['o', 'v', '1', '3', '8', 's', 'p', 'x', 'D', '*']
colors = ["r", "g", "b", "y", "c", (0,0.1,0.8), (1,0.5,0), (1,1,0.3),
      "m", (0.4,0.6,0)]
for cnt,xx in enumerate(data):
  w = som.winner(xx)
```

```
plot(w[0]+.5,w[1]+.5, markers[labels[cnt]],
     markerfacecolor='None', markeredgecolor=colors[labels[cnt]],
     markersize=12, markeredgewidth=2)
axis([0,som.weights.shape[0],0,som.weights.shape[1]])
show()
```

이 코드는 다음과 같은 형태의 플롯을 만들어낸다.

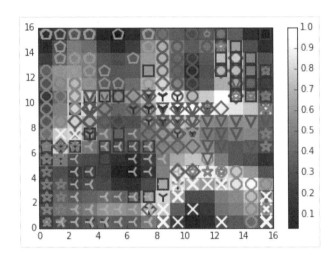

이 코드는 16×16 노드의 SOM 플롯 결과를 보여준다. 보는 것처럼 각 클러스터
를 토폴로지상에서 확실히 구분 가능하게 분리 작업이 상당히 잘돼 있음을 알
수 있다. 일부 클래스(특히 하늘색과 비슷한 '시안cyan' 색상으로 표시된 5개의 원과
녹색 별로 표시된 9개의 데이터)는 SOM의 공간 여러 곳에 걸쳐 있음을 알 수 있다
(컬러 이미지를 다운로드하면 확인할 수 있음 - 옮긴이). 대부분의 경우 각 클래스는
서로 다른 영역에 위치에 있으며, 이를 통해 SOM 알고리즘이 상당히 효과적이
라는 것을 알 수 있다. U-Matrix는 데이터의 밀도가 높은 곳은 여러 클래스의
데이터가 함께 있을 수 있다는 것을 보여준다. 이는 K-평균 알고리즘, PCA의
결과를 플로팅했을 때도 비슷한 결과가 나올 수 있기 때문에 그리 놀랄 만한
것은 아니다.

▌ 참고 문헌

빅터 파웰[Victor Powell]과 루이스 레히[Lewis Lehe]는 PCA에 관해 깜짝 놀랄 만큼 좋은 소개 자료를 제공하고 있다. 자세한 사항은 다음 주소를 참고하기 바란다.

http://setosa.io/ev/principal-component-analysis/

PCA의 핵심 개념을 처음 보거나 전에 본 적이 없는 이들에게 안성맞춤이다.

PCA에 대해 좀 더 자세하고 수학적인 부분이 포함돼 있는 자료를 원한다면(예를 들면 기본 행렬 변환 등) 구글 리서치 연구원인 조너선 쉴렌스[Jonathan Shlens]가 제공하는 자료를 참고하기 바란다.

http://arxiv.org/abs/1404.1100

조너선의 설명을 바탕으로 이를 어떻게 파이썬 코드로 구현하면 되는지 궁금하다면 세바스티안 라슈카[Sebastian Raschka]가 만든 붓꽃 데이터셋을 이용한 데모 페이지를 참고하기 바란다.

http://sebastianraschka.com/Articles/2015_pca_in_3_steps.html

끝으로 PCA 클래스에 대한 입력 인자들에 관한 자세한 사항은 다음의 sk-learn 문서를 참고하기 바란다.

http://scikit-learn.org/stable/modules/generated/sklearn.decomposition.PCA.html

K-평균 알고리즘에 대한 상세한 내용과 함께 전문적인 수준으로 다루고자 한다면 데이비드 로빈슨[David Robinson]의 블로그를 참고하기 바란다.

http://varianceexplained.org/r/kmeans-free-lunch/

엘보우 기법에 관한 자세한 사항은 릭 고브[Rick Gove]가 작성한 다음 자료를 참고하기 바란다.

https://bl.ocks.org/rpgove/0060ff3b656618e9136b

끝으로 K-평균 알고리즘을 포함한 비지도 학습 알고리즘에 대한 다른 견해가 궁금하다면 sk-learn의 문서를 참고하기 바란다.

http://scikit-learn.org/stable/tutorial/statistical_inference/unsupervised_learning.html

코호넨 SOM에 관한 기존 자료 중 상당수는 작성된 지 꽤 오래됐거나, 수준이 지나칠 정도로 높거나, (이해하기 쉽지 않은) 정형화된 표현으로 이뤄져 있다. 이 책에서 설명한 내용에 대해 더 자세한 사항이 궁금하면 존 불리나리아[John Bullinaria]의 다음 자료를 참고하기 바란다.

http://www.cs.bham.ac.uk/~jxb/NN/l16.pdf.

알고리즘과 관련된 수학에 대해 더 깊은 내용이 궁금하다면 튜보 코호넨[Teuvo Kohonen]의 자료를 직접 읽어보는 것도 좋다. Self-Organizing Maps 2012 버전 정도면 충분하다.

1장에서 소개한 다중 공선성 개념을 좀 더 명확히 하고 싶다면 다음 자료를 참고한다.

https://onlinecourses.science.psu.edu/ stat501/node/344.

▌ 요약

1장에서는 데이터 전처리 및 차원 축소화를 위해 여러 종류의 애플리케이션으로 3가지 기술을 살펴봤다. 이를 통해 (이전까지 보던 것과는 많이 다른) 낯선 데이터에 대해 많은 것을 익혔다.

먼저 고차원의 데이터셋을 이해하고 시각화하는 데 있어 폭넓게 사용되는 주성분 분석, 즉 PCA 알고리즘을 적용했다. 다음으로 K-평균 클러스터링 알고리즘을 이용해 데이터를 클러스터링하고 성능 메트릭 엘보우 기법, 교차 검증 기법 등을 통해 K-평균 클러스터링 분석 성능을 향상시키고 측정하는 방법을 확인했다.

digits 데이터셋에 대한 K-평균 클러스터링 알고리즘의 결과가 썩 좋지는 않다는 것을 알 수 있었다. 이는 PCA를 통해 발견한 클래스 오버랩 현상 때문이다. 이에 대한 후속 조치로 PCA를 전처리 단계에 적용해 문제를 극복할 수 있었다.

끝으로 PCA보다 훨씬 더 명확하게 클래스를 구분한 결과를 제공하는 SOM 알고리즘을 개발했다.

1장을 통해 비지도 학습에 대한 기본 사항과 관련 분석 방법론 등을 충분히 학습했다고 생각한다. 이제 좀 더 강력한 비지도 학습 알고리즘에 대해 자세히 알아보기로 하자.

2

심층 신뢰망(DBN)

1장에서는 데이터 과학자가 데이터셋에서 더 큰 통찰력을 얻을 수 있게 해주는 (폭넓게 사용되고 있는) 차원 축소화 기술에 대해 살펴봤다.

이후 여러 장에 걸쳐 딥러닝의 영역에서 좀 더 세련된 기술에 대해 중점적으로 알아본다. 2장에서는 제한된 볼츠만 머신$^{RBM, Restricted Boltzmann Machine}$을 어떻게 적용하는지와 여러 RBM을 서로 연결해 **심층 신뢰망**$^{DBN, Deep Belief Network}$이라는 딥러닝 아키텍처를 어떻게 만들 수 있는지 자세히 학습한다. DBN은 텍스트, 이미지, 음성 인식 같은 복잡한 문제를 효과적으로 해결할 수 있게 학습이 가능하다. 이는 주요 기업에서 객체 인식, 지능형 이미지 검색, 로봇 기반 공간 인식 등에서 사용되고 있다.

우선 DBN에 담겨 있는 알고리즘의 기본 개념에 대해 확실히 학습한다. 클러스터링, PCA와는 달리 여기서 다루는 소스코드는 데이터 과학자에게 잘 알려져 있지 않으며, 확고한 실무 지식을 쌓기 위해 이 코드를 깊이 있게 익혀야 한다.

이론을 통해 학습을 하고 나면 이론에 부합하는 코드를 통해 한걸음 더 나아갈 수 있게 해야 한다. 뿐만 아니라 실제 데이터에 이 기술을 적용시킬 수 있어야 한다. 이러한 기술에 대해서는 까다롭게, 또 엄격하게 살펴봐야 한다. 이를 통해 구현이 성공적으로 이뤄질 수 있게 효과적으로 검토하고 제어할 수 있는 프로세스, 진단 기술 등에 대해서도 자세히 살펴볼 것이다.

2장의 맨 끝에서 RBM과 DBN 알고리즘이 어떻게 동작하는지와 이들을 어떻게 사용하는지에 대해 알아본다. 이를 통해 분석 결과의 수준을 향상시킬 수 있다는 것을 확실히 느낄 수 있을 것이다. 2장에서 다루는 내용을 요약하면 다음과 같다.

- 신경망: 기본 개념
- 제한된 볼츠만 머신^{RBM, Restricted Boltzmann Machine}
- 심층 신뢰망^{DBN, Deep Belief Network}

▌ 신경망: 기본 개념

RBM은 순환 신경망^{RNN, Recurrent Neural Network} 계열의 알고리즘 중 하나다. RBM이 어떻게 동작하는지 알려면 신경망에 대해 좀 더 폭넓은 이해가 먼저 돼 있어야 한다. 인공 신경망^{ANN, Artificial Neural Network}에 대해 어느 정도 알고 있다면 앞으로 설명할 내용이 매우 익숙할 것이다.

신경망의 이론적인 내용을 다루는 많은 소개 자료들이 있지만, 이 책에서는 자세히 다루지는 않을 것이다. 이 책의 목적에 맞게 신경망의 구성 요소, 공통 아키텍처와 함께 널리 사용되고 있는 학습 프로세스 등에 대해서만 자세히 설명한다.

신경망의 구성

신경망이라는 개념은 입력 피처 세트에 대해 함수(또는 확률 분포)를 생성하고 최적화하기 위한 학습을 수행하는 수학적 모델을 의미한다. 신경망을 통해 구하고자 하는 최종 결과는 (보통 비용 함수$^{\text{cost function}}$라고 부르는) 성능 측정 기준을 이용하는 연산 함수를 통해 정의된다. 이를 통해 신경망은 입력 데이터에 대해 분류^{classification}, 예측^{prediction}, 변환^{transformation} 작업 등의 수행이 가능하다.

신경망$^{\text{Neural network}}$에서 '뉴럴^{neural}'이라는 단어가 사용된 건 머신 러닝 연구에 있어 큰 영감이 생기도록 생물학적인 개념을 도입해 얻은 오랜 전통의 산물이라고 하겠다. 즉, 인공 신경망^{ANN} 알고리즘은 생물학 관점에서 뉴런의 구조에서 나온 것이라고 할 수 있다.

신경망의 구성 요소는 다음과 같다.

- **학습 프로세스** 신경망은 노드의 가중치 함수에 대한 파라미터를 조정하는 방식으로 학습을 수행한다. 이는 성능 측정 함수의 결과치를 네트워크의 학습 함수$^{\text{learning function}}$로 내보내는 형태로 이뤄진다(앞에서 설명한 지도 학습이라는 맥락에서 보면 여기서 말하는 성능 측정 함수는 보통 비용 함수$^{\text{cost function}}$라고 하며, 신경망의 최종 결과와 비교해 상대적으로 얼마나 정확도에 오차가 있는지를 나타낸다). 이 학습 함수는 비용 함수를 최소화하기 위해 특정 가중치에 대한 조정 값을 결과로 만들어낸다(기술적 관점에서 보통 편미분 값$^{\text{partial derivatives}}$을 계산해 얻는다).

- **뉴런 세트, 가중치 세트** 노드 각각은 입력 데이터에 대한 변화를 일으키는 가중치 함수$^{\text{weight function}}$(활성화 함수$^{\text{activation function}}$)를 지니고 있다. 활성화 함수는 네트워크 간에 매우 여러 가지 형태로 나타날 수 있다(가장 많이 알려진 것 중 하나로 쌍곡 탄젠트$^{\text{hyperbolic tangent}}$ 함수가 있다). 가장 중요한 사항은, 가중치는 변동성이 있어야 한다는 점이다. 즉, 학습 프로세스

과정에서 최신 값으로 업데이트하는 데 따라 바뀔 수 있어야 한다는 얘기다. 파라미터가 없는 형태로 모델을 만들기 위해서는(즉 확률 분포의 자세한 사항을 정의하지 않고도 모델을 효과적으로 생성하기 위해서는) 가시성 유닛$^{visible\ unit}$과 히든 유닛$^{hidden\ unit}$을 모두 사용해야 한다. 히든 유닛은 계산 과정에서 절대로 나타나지 않는다.

- **연결 함수(Connectivity function)** 이들은 임의의 노드에서 다른 노드로 데이터를 넘길 수 있게 제어한다. 노드는 제약의 유무에 관계없이 상호 간에 입력 값을 자유롭게 넘길 수 있다. 또한 입력 데이터가 특정 방향으로 흘러가게끔 해서 여러 레이어가 좀 더 구조화된 형태를 띠게 할 수도 있다. 매우 다양한 네트워크 속성과 가능성을 만들어내는 패턴을 이용해 수많은 상호 연결 패턴을 생성할 수 있다.

이러한 요소들을 활용하면 우리가 잘 알고 있는 방향성 비선형 그래프^{DAG}(가장 많이 알려진 예로 멀티레이어 퍼셉트론$^{MLP,\ Multi\text{-}Layer\ Perceptron}$가 있다)에서 혁신적인 대안에 이르기까지 광범위한 형태의 신경망을 만들어낼 수 있다. 1장에서 다룬 SOM$^{Self\text{-}Organizing\ Map}$은 독특한 학습 프로세스를 지닌 신경망의 일종이라고 할 수 있다. 2장의 뒤에서 살펴볼 RBM 알고리즘 역시 몇 가지 독특한 속성을 지닌 신경망 알고리즘이다.

네트워크 토폴로지

신경망의 뉴런은 대단히 다양한 형태로 서로 연결돼 있는데, 구조에 따라 네트워크의 학습 능력이 좌우되는 매우 중요한 요소다. 비지도 학습에서 보편적으로 사용되는 토폴로지는 지도 학습에서 사용되는 토폴로지와는 차이가 있다. 예를 들어 1장에서 학습했던 SOM은 많이 쓰이는 익숙한 비지도 학습 토폴로지 중 하나다.

SOM은 앞에서 살펴본 것처럼 각 노드에 속한 가중치 벡터$^{weight vector}$에 각각의 입력 케이스를 프로젝션^{projection}('사영' 또는 '투영')시킨다. 그런 다음 데이터셋의 적절한 매핑이 이뤄질 때까지 노드를 재정렬하는 과정을 거친다. SOM의 실제 구조는 학습 과정, 즉 주어진 학습 사례에 따른 구체적인 결과와 네트워크 구조에 대한 설계에 따라 매우 다양하다. 보편적으로는 사각형 또는 육각형 그리드 구조로 나타난다.

지도 학습의 가장 보편적인 토폴로지는 3 레이어^{layer} 피드포워드 네트워크$^{feedforward network}$며, 고전적인 사례 중 하나로 MLP가 있다. 이 네트워크 토폴로지 모델에서 네트워크 내의 뉴런은 레이어로 분리돼 있고, 각 레이어는 해당 레이어 너머에 있는 다른 레이어와 통신하는 구조를 지니고 있다. 첫 번째 레이어는 히든 레이어로 넘기기 위한 입력 값을 포함하고 있다. 히든 레이어는 가중치 활성화(예를 들면 시그모이드^{sigmoid} 또는 가우스^{gauss} 같은 활성화 함수를 이용해 멀티레이어 퍼셉트론^{MLP}이 전체 함수의 근사치로 동작할 수 있게 하는 식이다)를 이용해 데이터를 어떻게 표현할지 만들고, 활성화 값을 출력 레이어로 전달한다. 출력 레이어$^{output layer}$는 일반적으로 네트워크 결과를 전달한다. 정리하면 이 토폴로지는 다음 그림과 같은 형태를 띤다.

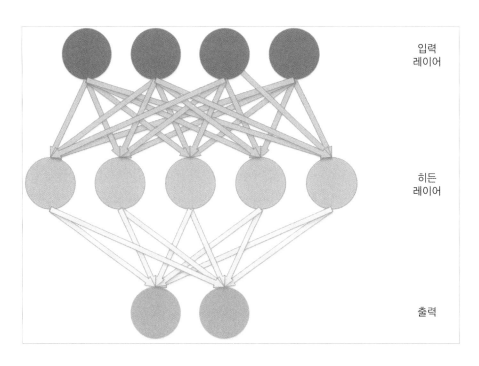

입력
레이어

히든
레이어

출력

다른 네트워크 토폴로지는 다음 기능을 제공한다. 이를테면 볼츠만 머신[Boltzmann Machine]의 토폴로지는 앞에서 설명한 것과는 다르다. 볼츠만 머신은 3 레이어 네트워크처럼 히든 뉴런과 가시성 뉴런을 지니고 있다. 하지만 (3 레이어 피드포워드 네트워크와 달리) 이 뉴런들은 모두 상호 간에 연결돼 사이클 그래프를 형성하고 있다. 다음 그림을 보자.

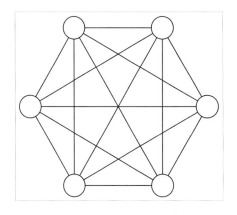

이 토폴로지는 볼츠만 머신을 스토캐스틱^{stochastic}(즉, 결정론적^{deterministic}이라기보다는 확률에 기반^{probabilistic}) 형태로 만들어주며, 복잡한 문제가 주어졌을 때 여러 가지 방법 중 하나의 형태로 생성될 수 있다. 볼츠만 머신은 발생적인 특성^{generative}을 지니고 있어서 타겟 변수를 대상으로 구체적인 모델링을 하는 것이 아니라, 입력 변수 전체를 대상으로 확률에 기반을 두고 모델링할 수 있다.

어떤 네트워크 토폴로지가 적절한지는 해당 문제와 원하는 결과에 따라 매우 다양하다. 각 토폴로지는 특정 영역에서 강점을 지니고 있기 때문이다. 또한 여기서 설명하는 각 토폴로지에는 네트워크가 (이상적으로 보면 최적화된) 솔루션에 반복 작업을 통해 수렴할 수 있는 학습 프로세스가 수반돼 있다.

특정 학습 프로세스와 토폴로지는 어느 정도 상호 호환성이 있어서 여러 종류의 학습 프로세스가 나타날 수 있다. 학습 프로세스의 궁극적인 목적은 입력 데이터를 점진적으로 정확하게 표현하는 형태로, 네트워크의 가중치를 반복 작업을 통해 조정해 나갈 수 있게 하는 것이다.

네트워크 토폴로지와 마찬가지로 고려해야 할 학습 프로세스도 대단히 많다. 일부는 친숙한 것도 있을 것이고, 놀라울 만큼 우수한 학습 프로세스도 엄청나게 많다(좋은 일부 사례를 2장의 끝에서 소개한다). 이 절에서는 학습 프로세스의 일반적인 특징을 설명하는 데 초점을 맞추려고 한다. 2장의 후반부에서는 구체적인 예를 자세히 다룬다.

앞에서도 설명한 것처럼 신경망에서 학습의 궁극적인 목표는 모델 전체를 대상으로 가중치의 확률 분포를 반복 수행을 통해 향상시키는 것이다. 이를 통해 정확도를 높여서 입력 데이터에 대해 함수를 근사화^{approximate}시키는 것이다. 따라서 이 프로세스에는 성능 측정이 필요하다. 이는 지도 학습, 분류^{classification} 맥락에서 많이 사용되는 분류 에러 측정일 수도 있다(즉, 멀티레이어 퍼셉트론 네트워크의 역전파^{backpropagation} 학습 알고리즘을 생각해볼 수 있다). 스토캐스틱 네트워크

stochastic network에서는 (에너지 기반 네트워크에서 에너지 같은) 확률 극대화 방안 등이 있을 수 있다.

두 경우 모두 확률을 높이기 위한 측정 방법이 있으면 네트워크는 최적화 기법을 이용해 해당 측정값을 효과적으로 낮추려 하게 된다. 대부분의 경우 그래디언트 하강gradient descent 기법을 이용해 네트워크 최적화를 수행한다. 그래디언트 하강 알고리즘 기법을 사용한다면 학습 단계에서 성능 측정값의 크기는 그래디언트 정도와 유사하게 나타난다. 따라서 성능 측정값을 최소화한다는 것은 (네트워크 상의) 가중치 세트에 대해 에러 측정값이 최소가 되는 지점으로 그래디언트를 낮춰 가는 문제라고 할 수 있다.

다음번 반복 작업(알고리즘의 학습 비율)에서 네트워크의 업데이트 규모는 성능 측정치의 크기에 영향을 받을 수도 있고, 하드코딩이 필요할 수도 있다.

네트워크를 조정하기 위한 가중치 업데이트는 에러 값을 통해 바로 이뤄질 수도 있다. 이럴 경우 네트워크에는 보통 그래디언트를 계산하는 방법이 있다. 즉, 업데이트된 값을 얻으려면 네트워크의 활성화 가중치 함수에 대한 파라미터를 조정해야 한다. 이를 통해 성능 측정치를 계속 낮출 수 있게 말이다.

네트워크 토폴로지와 학습 기법의 기본 개념을 살펴봤으니 실제 신경망 알고리즘 중 하나인 제한된 볼츠만 머신RBM, Restricted Boltzmann Machine에 대해 알아보자. 예상했겠지만 RBM은 대단히 강력한 딥러닝 알고리즘의 핵심 요소 중 하나다.

▌ 제한된 볼츠만 머신(RBM)

RBM은 2장에서 다루는 딥러닝 아키텍처인 심층 신뢰망DBN의 기본에 해당된다. 다음 절에서 아키텍처 구조 및 학습 프로세스 등 RBM의 이론적인 부분을 소개한다.

다음으로 RBM 클래스 코드를 바로 살펴보자. 이를 통해 이론적인 내용과 실제 소스코드를 함께 익힐 수 있다. RBM 애플리케이션 및 RBM의 구현과 관련된 실질적인 요소들을 다루고 2장을 마무리한다.

RBM의 소개

볼츠만 머신Boltzmann Machine은 스토캐스틱Stochastic 순환 신경망RNN, Recurrent Neural Network의 한 종류라고 볼 수 있다. 에너지 기반 모델 중 하나로 네트워크의 설정 값과 에너지 값을 연관 지을 수 있게 에너지 함수를 사용한다.

앞에서 볼츠만 머신의 구조를 간략히 살펴봤다. 앞서 언급한 대로 볼츠만 머신은 방향성 사이클 그래프의 한 형태며, 모든 노드는 자신을 제외한 다른 모든 노드와 연결돼 있다. 이러한 속성을 통해 순환적인recurrent 특징을 지닌 모델을 만들 수 있다. 이를 통해 모델의 결과가 계속 진화하게 되며, 이에 관한 확인도 지속적으로 할 수 있다.

볼츠만 머신의 학습 과정은 학습 데이터셋 X의 확률을 극대화하는 것이라고 생각할 수 있다. 앞에서 설명한 대로 여기서는 성능 측정 방법으로 '에너지energy'를 사용하는데, 모델 파라미터 벡터 Θ가 주어졌을 때 데이터셋 X에 대한 확률 값에 마이너스 로그negative log를 취한다. 이 측정치를 계산한 다음, 네트워크에서 에너지 여유분을 최소화하는 방법을 통해 네트워크의 가중치를 업데이트하는 데 사용한다.

볼츠만 머신은 (예를 들면 사진 같은) 이미지 데이터 프로세싱, 얼굴 특징 분석, 손으로 쓰거나 그린 개체의 분류 분석 등에서 특히 좋은 결과를 나타낸다.

하지만 볼츠만 머신은 이보다 더 어려운 머신 러닝 문제를 해결하기엔 아직은 무리다. 머신 자체가 확장성 측면에서 한계를 지니고 있기 때문이다. 즉, 노드의 개수가 늘어날수록 컴퓨팅 시간이 기하급수적으로 증가하며, 이로 인해 결국 네트워크의 잔여 에너지를 계산할 수 없는 상태가 돼 버린다.

 왜 그럴까 궁금할 수 있을 텐데, 데이터 x의 확률 p(x; Θ)은 모든 x에 대해 총합이 1이어야 하기 때문에 이런 현상이 발생하는 것이다. 이를 위해서는 정규화 상수로 쓸 분배 함수(partition function) Z를 사용해야 한다(Z는 음수가 아닌 함수에 Z를 곱하면 음수가 아닌 함수가 모든 입력(이 경우는 x값 전체)에 대해 1로 통합되게 하는 상수다).

확률 모델 함수는 정규 분포 함수 중 하나라고 할 수 있다. 모델에 대한 에너지를 계산하려면 모델의 각 파라미터에 대해 미분 값을 계산해야 한다. 하지만 이는 분배 함수를 쓰기 때문에 매우 복잡해진다. 각 모델 파라미터는 다른 모델 파라미터와 연계돼 있는 수식을 통해 계산되며, 이는 결국 네트워크의 규모에 따라 비용이 증가하는 (잠재적으로는) 엄청난 계산 작업이 없이는 에너지의 계산이 불가능하다.

볼츠만 머신의 단점을 극복하기 위해서는 네트워크 토폴로지와 학습 프로세스 모두 조정이 필요하다.

토폴로지

효율성을 높이기 위해 토폴로지에서 크게 달라진 부분이라면 노드 간의 연결에 제약이 추가됐다는 점이다. 먼저 한 레이어 내에 있는 노드들은 연결돼서는 안 된다. 또한 (서로 인접한 레이어가 아닌 경우인) 스킵–레이어$^{skip-layer}$ 간의 연결 역시 금지된다. 이러한 제약이 반영된 아키텍처로 생성된 볼츠만 머신을 '제한된 볼츠만 머신^{RBM}'이라고 하며, 다음 그림과 같은 모습으로 나타난다.

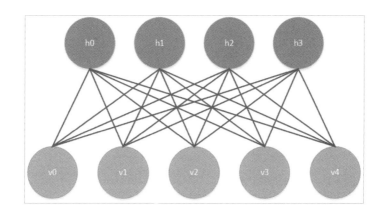

이러한 형태의 토폴로지의 장점은 히든 레이어^{hidden layer}와 가시성 레이어^{visible layer}가 서로 조건부 독립^{conditional independence}이라는 점이다. 따라서 임의의 레이어에서 샘플링을 할 때 다른 레이어의 활성화 함수를 이용할 수 있다.

학습

앞에서 살펴본 것처럼 볼츠만 머신에서 노드 수가 증가할수록 머신의 학습 시간은 극도로 나빠진다. 따라서 학습에 사용할 에너지 함수를 평가하기엔 무리가 있다.

RBM은 대개 자체 알고리즘이 아닌 다른 학습 알고리즘, 즉 PCD^{Permanent Contrastive Divergence} 알고리즘이 적용된 프로시저를 통해 학습이 이뤄진다. PCD 알고리즘을 통해 최대 유사 가능도^{maximum likelihood}의 근사치를 얻을 수 있다. PCD는 에너지 함수 자체를 평가하지는 않지만, 에너지 함수의 그래디언트를 추정할 수 있다. 이 정보를 이용해 원하는 대로 가장 가파른 그래디언트의 방향으로 조정해가면서 국소 최소치에 도달할 수 있게 한다.

PCD 알고리즘은 2단계로 구성돼 있다. 이를 보통 양성 단계^{positive phase}, 음성 단계^{negative phase}라고 하며, 각 단계는 모델의 에너지에 상응하는 효과와 관련이 있다. 양성 단계는 학습 데이터셋 X의 확률을 증가시켜 결과적으로 모델의 에너지를 감소시킨다. 마찬가지로 음성 단계는 모델에서 샘플링 기법을 이용하고, 이를 통해 음성 단계 그래디언트를 추정한다. 음성 단계를 거치면 모델을 통해 생성된 샘플의 확률이 감소하는 효과가 나타난다.

음성 단계와 업데이트 프로세스 전체 과정에서 샘플링 작업은 깁스 샘플링^{Gibbs} sampling을 이용해 이뤄진다.

 깁스 샘플링(Gibbs sampling)은 마르코프 체인 몬테카를로(MCMC, Markov Chain Monte Carlo) 알고리즘의 한 계열로, 다변량 확률 분포(multivariate probability distribution)의 근사치를 통해 샘플을 추출한다. 즉, 모델을 만들어 계산한 결과의 전체 합을 이용하는 대신(예를 들면 동전 던지기에서 전체 시도 횟수 대비 앞면이 나온 횟수의 비율을 계산하는 것처럼) 전체 합에 대한 근사치를 계산한다. 전체 합의 근사치를 통해 확률 기반 모델을 만드는 방법에 관해 이해하려면 이 책에서 제공하는 내용보다 훨씬 더 많은 자료와 시간이 필요할 수 있다. 따라서 2장의 맨 뒤에 있는 유용한 참고 자료 목록을 참고하기 바란다. 한 가지 잊지 말 것은 각 케이스를 정확히 한 번씩만 합산하는 대신, 문제의 데이터에 대한 확률 분포(꼭 균등하지만은 않은)를 토대로 샘플을 추출한다는 점이다. 깁스 샘플링은 모델 내에 있는 모든 파라미터 값을 기반으로, 모델의 각 파라미터에 대한 확률 기반 샘플링 기법이라고 할 수 있다. 새로운 파라미터 값을 얻고 나면 이 결과는 바로 다른 파라미터에 대한 샘플링 계산에 사용된다.

혹시 PCD가 왜 꼭 필요할까 의문이 들 수도 있을 것이다. 라인 검색을 이용한 그래디언트 하강^{gradient descent} 같은 익숙한 방법을 써도 되지 않을까? 간단히 말하면 이 계산 작업은 모든 네트워크의 노드에 걸쳐 통합 작업이 이뤄지므로 네트워크의 남은 에너지를 계산하는 게 그리 쉽지가 않다. 볼츠만 머신의 큰 단점을 생각하면 이 제약 사항이 쉽게 이해가 갈 것이다. 즉, 노드 수가 증가할수록 계산 복잡도가 기하급수적으로 증가하며, 계산이 불가능한 값을 지닌 함수를 최소화하려고 하는 상황에 직면하게 되는 것이다!

PCD를 이용하면 에너지 함수의 그래디언트 추정치를 얻을 수 있다. 이를 통해 네트워크에 남은 에너지의 근사치를 추정할 수 있으며, 애플리케이션에 적용할 수 있을 만큼 충분히 빠르고 대개 정확하다고 알려져 있다(성능 비교에 관해서는 참고 문헌을 보기 바란다).

RBM의 확률 모델 함수는 모델 파라미터의 결합 분포joint distribution이므로 깁스 샘플링이 적절하다!

초기화가 이뤄진 RBM의 학습 과정은 다음과 같은 과정으로 구성돼 있다.

1. 현재 반복 단계에서 활성화된 히든 레이어의 가중치 값을 계산한다.
2. PCD의 양성 단계를 수행한다. 이를 위해 입력 값으로 이전 반복 수행 단계의 깁스 체인Gibbs chain 상태를 이용한다.
3. PCD의 음성 단계를 수행한다. 이를 위해 기존의 깁스 체인 상태를 이용한다. 이를 통해 남은 에너지 값을 얻을 수 있다.
4. 계산된 에너지 값을 사용해 히든 레이어의 활성화된 가중치를 업데이트한다.

이 알고리즘은 RBM이 반복 수행이 계속될수록 남은 에너지 값이 점점 작아지게 한다. RBM은 학습 데이터셋의 확률은 1, 남은 에너지는 0이 될 때까지 학습을 반복한다. 이는 결국 RBM이 수렴했음을 의미한다.

지금까지 RBM의 토폴로지와 학습 프로세스를 전체적으로 살펴봤다. 이제 실제 데이터셋을 갖고 분류 분석 작업에 알고리즘을 적용해보기로 하자.

RBM 애플리케이션

RBM 알고리즘에 대한 기본 지식을 어느 정도 갖췄으니 RBM을 생성하기 위한 코드를 자세히 알아보자. 여기서는 (손으로 쓴 숫자 데이터로 구성된) MNIST 숫자 데이터셋을 분류하는 RBM 클래스를 이용한다. 이 코드는 다음과 같은 사항들을 포함하고 있다.

- RBM 파라미터를 초기화한다. RBM 파라미터는 레이어 규모, (공유 가능한) 바이어스 벡터, (공유 가능한) 가중치 매트릭스 등이다. 이들은 외부 네트워크와의 연결을 위한 것이며, 결국 심층 신뢰망^{DBN} 생성을 가능하게 한다.
- 히든 레이어와 가시성 레이어 간의 통신과 추론 분석을 위한 함수를 정의한다.
- 네트워크 노드의 파라미터에 대해 업데이트를 할 수 있는 함수를 정의한다.
- 학습 프로세스를 위해 효율적인 샘플링을 할 수 있는 함수를 정의한다. 이를 위해 빠르게 샘플링을 할 수 있는(즉, 어느 정도 합당한 시간 내에서 계산이 가능한) PCD-k를 이용한다.
- 모델의 남은 에너지^{free energy}를 계산하는 함수를 정의한다(PCD-k 업데이트를 위한 그래디언트를 계산하는 용도다).
- 의사-유사 가능도^{PL, Pseudo-Likelihood}를 정의한다. 이는 적절한 하이퍼파라미터를 선택하는 데 참고할 수 있게 로그 유사 가능도 프록시로 쓰일 수 있다.

먼저 RBM 클래스부터 살펴보자.

```
class RBM(object):
    def __init__(
        self,
        input=None,
        n_visible=784,
        n_hidden=500,
        w=None,
        hbias=None,
```

```
        vbias=None,
        numpy_rng=None,
        theano_rng=None
    ):
```

가장 먼저 RBM 생성자를 만들어야 한다. 이를 위해 모델의 파라미터를 정의한다. 이를테면 가시성 노드의 개수(n_visible), 히든 노드 개수(n_hidden)뿐만 아니라, RBM 추론 함수와 CD 업데이트를 실행시키는 방법을 조정하는 데 필요한 여러 파라미터 등이 있다.

w 파라미터는 (네트워크에서 공유되는) 가중치 매트릭스에 대한 포인터로 사용될 수 있다. DBN을 구현할 때 많이 사용될 것이다. 여기에 대해서는 2장 후반부에서 살펴본다. 아키텍처상에서도 보듯이 가중치 매트릭스는 네트워크의 서로 다른 부분에서 반드시 공유돼야 한다.

hbias 파라미터와 vbias 파라미터는 공유되는 히든 유닛 바이어스 벡터[hidden unit bias vector]와 가시성 유닛 바이어스 벡터[visible unit bias vector]에서 참조하는 데 사용된다. 즉, DBN에서 사용된다고 보면 된다.

input 파라미터는 RBM이 다른 그래프 요소들과 연결될 수 있게 해준다. 이를 통해 말하자면 RBM 체인을 만들 수 있다.

앞에서 생성자를 만들었으니 다음 단계로 앞에서 본 파라미터 각각을 자세히 살펴보자.

```
self.n_visible = n_visible
self.n_hidden = n_hidden

if numpy_rng is None:
  numpy_rng = numpy.random.RandomState(1234)
```

```
if theano_rng is None:
    theano_rng = RandomStreams(numpy_rng.randint(2 ** 30))
```

특별히 어렵지 않게 이해할 수 있을 것이다; RBM에 대해 가시성 노드와 히든 노드를 생성하고, 난수 생성기를 이용해 초기화했다. theano_rng 파라미터는 RBM 히든 유닛에서 샘플 데이터를 추출하는 데 사용된다.

```
if W is None:
    initial_W = numpy.asarray(
        numpy_rng.uniform(
            low=-4 * numpy.sqrt(6. / (n_hidden + n_visible)),
            high=4 * numpy.sqrt(6. / (n_hidden + n_visible)),
            size=(n_visible, n_hidden)
        ),
        dtype=theano.config.floatX
    )
```

이 코드는 W에 대해 데이터 타입을 변경한다. 이를 통해 GPU에서 실행이 가능해진다. 다음으로 theano.shared를 이용해 공유할 변수를 설정한다. 이렇게 하면 함수들 간에 공유할 수 있는 변수 공간이 생긴다. 이 예제에서 공유 변수는 가중치 벡터(W)와 히든 유닛, 가시성 유닛에 대한 바이어스 변수(hbias, vbias) 등이다. 여러 컴포넌트를 이용해 심층 신경망^{DNN, Deep Neural Network}을 생성할 때 다음 코드를 활용한다. 이를 통해 네트워크상에서 컴포넌트를 공유할 수 있다.

```
W = theano.shared(value=initial_W, name='W', borrow=True)

if hbias is None:
    hbias = theano.shared(
        value=numpy.zeros(
            n_hidden,
```

```
            dtype=theano.config.floatX
        ),
        name='hbias',
        borrow=True
    )

if vbias is None:
    vbias = theano.shared(
        value=numpy.zeros(
            n_visible,
            dtype=theano.config.floatX
        ),
        name='vbias',
        borrow=True
    )
```

이제 다음과 같이 입력에 대한 초기화 준비가 끝났다.

```
self.input = input
if not input:
    self.input = T.matrix('input')

self.W = W
self.hbias = hbias
self.vbias = vbias
self.theano_rng = theano_rng
self.params = [self.W, self.hbias, self.vbias]
```

입력 레이어를 초기화했으니, 다음 단계로 앞에서 설명한 심볼릭 그래프를 생성하기로 하자. 이를 위해 레이어 간의 전파propagation와 네트워크의 활성화 계산 작업을 관리하는 함수를 생성한다.

```
def propup(self, vis):
    pre_sigmoid_activation = T.dot(vis, self.W) + self.hbias
    return [pre_sigmoid_activation, T.nnet.sigmoid(pre_sigmoid_
        activation)]

def propdown(self, hid):
    pre_sigmoid_activation = T.dot(hid, self.W.T) + self.vbias
    return [pre_sigmoid_activation, T.nnet.sigmoid(pre_sigmoid_
        activation)]
```

이 2개의 함수는 임의의 레이어에 있는 유닛의 활성화를 다른 레이어로 전달하는 역할을 한다. 첫 번째 함수는 가시성 유닛의 활성화를 히든 유닛으로 전달하며, 이를 통해 히든 유닛은 가시성 유닛의 샘플 값 조건하에서 활성화를 계산할 수 있다. 두 번째 함수는 반대로 동작한다. 즉, 히든 레이어의 활성화를 가시성 유닛으로(즉 반대 방향으로) 전파한다.

왜 propup과 propdown을 개별 함수로 만들었을까? 앞에서 본 것처럼 PCD는 히든 유닛에서 샘플링 작업을 수행해야 해서 그렇다. 그렇다면 propup은 왜 필요한 걸까?

한 마디로 설명하면 진척 상황을 파악하기 위해 RBM에서 샘플을 추출하려고 할 때 가시성 레이어에서 샘플링 작업을 하는 것이 유용하기 때문이다. RBM을 통해 시각적인 데이터를 처리하는 대부분의 애플리케이션에서는 가시성 레이어에서 샘플링한 결과를 가져다가 화면상에 출력하는 것이 매우 유용할 수 있다. 다음 예를 살펴보자.

보다시피 반복 수행 과정에서 네트워크의 레이블이 점차 바뀌기 시작한다. 맨 앞의 경우는 7이 9로 바뀌고 있으며, 9가 6으로 바뀌는 것도 있다. 점차 3이라는 정의에 도달하는 네트워크도 있다.

앞에서 설명한 것처럼 RBM이 의미 있는 결과를 만들어내는지 확인하려면 가능한 한 RBM이 어떻게 작동하는지를 이해할 필요가 있다. 생성된 결과로부터 샘플링을 하면 가시성을 높일 수 있다.

가시성 레이어의 활성화에 대해 학습한 내용을 바탕으로, 히든 노드의 활성화가 주어지면 히든 레이어에서 유닛 활성화 샘플의 전달이 가능해진다.

```
def sample_h_given_v(self, v0_sample):

pre_sigmoid_h1, h1_mean = self.propup(v0_sample)
    h1_sample = self.theano_rng.binomial(size=h1_mean.shape,
        n=1, p=h1_mean, dtype=theano.config.floatX)

    return [pre_sigmoid_h1, h1_mean, h1_sample]
```

이와 같이 히든 유닛 활성화 정보가 주어졌을 때 가시성 레이어에서 샘플을 추출할 수 있다.

```
def sample_v_given_h(self, h0_sample):
pre_sigmoid_v1, v1_mean = self.propdown(h0_sample)
   v1_sample = self.theano_rng.binomial(size=v1_mean.shape,
        n=1, p=v1_mean, dtype=theano.config.floatX)

   return [pre_sigmoid_v1, v1_mean, v1_sample]
```

이제 앞에서 설명한 깁스 샘플링 단계를 수행하기 위해 필요한 연결[connectivity]과 업데이트를 반복 수행할 수 있게 됐다. 다음으로 샘플링 단계를 정의해보자!

```
def gibbs_hvh(self, h0_sample):

   pre_sigmoid_v1, v1_mean, v1_sample =
        self.sample_v_given_h(h0_sample)
   pre_sigmoid_h1, h1_mean, h1_sample =
        self.sample_h_given_v(v1_sample)
   return [pre_sigmoid_v1, v1_mean, v1_sample,
        pre_sigmoid_h1, h1_mean, h1_sample]
```

앞에서 설명한 대로 가시성 레이어에서 샘플을 추출하는 것과 유사한 함수가 필요하다.

```
def gibbs_vhv(self, v0_sample):

   pre_sigmoid_h1, h1_mean, h1_sample =
        self.sample_h_given_v(v0_sample)
   pre_sigmoid_v1, v1_mean, v1_sample =
        self.sample_v_given_h(h1_sample)
   return [pre_sigmoid_h1, h1_mean, h1_sample,
        pre_sigmoid_v1, v1_mean, v1_sample]
```

이제까지 작성한 코드는 모델을 만들기 위해서였다. 즉, 노드, 레이어, 그리고 레이어 간의 연결을 설정했다. 히든 레이어에서 깁스 샘플링을 이용해 네트워크를 업데이트하기 위해 필요한 코드를 작성해보자.

아직 다루지 않은 것이 있는데, 다음 사항을 수행하기 위해 필요한 코드다.

- 모델의 에너지를 계산한다. 앞에서 설명한 대로 모델은 다음과 같은 것을 하기 위해 에너지를 사용한다.
  - 깁스 샘플링 코드를 이용해 PCD를 구현한다. 그런 다음 깁스 수행 단계를 확인하는 파라미터를 k=1로 설정한다. 이는 그래디언트 하강을 위한 그래디언트 파라미터를 계산하는 데 필요하다.
  - 앞에서 정의한 네트워크 업데이트 코드에 PCD의 결과(즉 계산한 그래디언트)를 전달하는 방법을 생성한다.
- 학습 과정 전반에 걸쳐 RBM이 진척을 보이고 성공적으로 수행을 완료하게 추적하는 방안을 개발한다.

우선 RBM에 남은 에너지를 계산하는 함수를 생성한다. 앞에서 살펴본 히든 레이어의 확률 분포에 대한 로그^{log}에 역수를 결과로 리턴한다.

```
def free_energy(self, v_sample):

    wx_b = T.dot(v_sample, self.W) + self.hbias
    vbias_term = T.dot(v_sample, self.vbias)
    hidden_term = T.sum(T.log(1 + T.exp(wx_b)), axis=1)
    return -hidden_term - vbias_term
```

다음으로 PCD를 만든다. 여기서 몇 가지 주목할 파라미터를 설정한다. 학습률$^{learning rate}$을 줄여서 표현한 lr은 학습이 얼마나 빠른 속도로 진행될지를 조정하는 역할을 한다. 파라미터 k는 PCD의 수행 횟수를 설정한다(앞에서 본 PCD-k

가 생각나는가?).

PCD에 양성 단계^positive phase와 음성 단계^negative phase가 포함돼 있다는 걸 앞에서 설명했다. 다음 코드를 이용하면 PCD의 양성 단계를 계산할 수 있다.

```
def get_cost_updates(self, lr=0.1, persistent = , k=1):

    pre_sigmoid_ph, ph_mean, ph_sample =
            self.sample_h_given_v(self.input)

    chain_start = persistent
```

한편 다음 코드는 PCD의 음성 단계를 구현한 것이다. 이를 위해 gibbs_hvh 함수를 k번만큼 스캔한다. 여기에는 (매번 스캔할 때 깁스 샘플링을 수행하는) 시아노^Theano의 scan 연산이 사용된다. 음성 단계를 완료하고 나면 남은 에너지 값을 얻는다.

```
(
    [
        pre_sigmoid_nvs,
        nv_means,
        nv_samples,
        pre_sigmoid_nhs,
        nh_means,
        nh_samples
    ],
    updates
) = theano.scan(
    self.gibbs_hvh,
    outputs_info=[None, None, None, None, None, chain_start],
    n_steps=k
)
```

```
chain_end = nv_samples[-1]

cost = T.mean(self.free_energy(self.input)) - T.mean(
        self.free_energy(chain_end))

gparams = T.grad(cost, self.params,
consider_constant=[chain_end])
```

PCD 전체 과정을 수행하는 코드를 작성했으니, 이제 네트워크 출력 결과를 전달하는 방법이 필요하다. 앞에서 살펴보면 네트워크 업데이트 코드에 PCD 학습 프로세스를 연동시킬 수 있다. 앞 단계에서는 gibbs_hvh의 theano.scan에 딕셔너리 포인트를 업데이트한다. 앞에서 학습한 내용을 다시 떠올려보면 gibbs_hvh 는 현재 theano_rng의 임의의 상태에 대한 룰을 포함하고 있다. 여기서 (업데이트 변수인) 딕셔너리에 깁스 체인의 상태를 포함하고 있는 변수와 새 파라미터 값을 추가한다.

```
for gparam, param in zip(gparams, self.params):
    updates[param] = param - gparam * T.cast(
        lr,
        dtype=theano.config.floatX
    )

    updates = nh_samples[-1]
    monitoring_cost =
            self.get_pseudo_likelihood_cost(updates)

    return monitoring_cost, updates
```

이제 RBM이 동작하는 데 필요한 모든 것을 갖췄다. 다만 한 가지, RBM이 학습을 통해 데이터를 적절하게 표현하는지 확인하기 위해 학습이 진행되는 중이거나 학습이 완료됐을 때 RBM을 검사할 수 있는 방법을 준비해야 한다.

RBM을 학습시키는 방법을 앞에서 살펴봤다. 특히 파티션 함수에서 제기된 문제에 대해 자세히 다뤘다. 또한 앞의 코드를 통해 학습이 이뤄지는 중에 RBM을 검사할 수 있는 방법을 구현했다. 그리고 모델에서 깁스 샘플링을 수행하는 gibbs_hvh 함수를 구현했다.

RBM의 유효성을 검사하기 위해 RBM이 만든 필터를 화면상에 뿌리는 방법을 앞에서 설명했다. 이를 어떻게 할 수 있는지 간단히 알아볼 것이다.

마지막으로 유사 가능도 자체에 대해 좀 더 다루기 쉽게 의사-유사 가능도에 역로그$^{inverse\ log}$를 적용하는 방법을 생각해볼 수 있다. 기술 관점에서 설명하면 log-PL은 전체 데이터를 대상으로 각 데이터 포인트(즉 x 각각)의 로그^{log}-확률을 모두 합한 값이다. 앞에서 설명한 대로 차원이 높은 데이터셋은 계산을 위해 너무 오랜 시간이 걸리거나 많은 컴퓨팅 자원이 요구되므로, log-PL에 대한 스토캐스틱 근사치$^{stochastic\ approximation}$를 사용한다.

get_cost_updates 함수, 즉 get_pseudo_likelihood_cost 함수를 통해 의사-유사 가능도 비용을 얻을 수 있는 함수를 참조했다. 이제 의사-유사 가능도^{PL,} $^{Pseudo-Likelihood}$를 계산하는 함수를 살펴보자.

```python
def get_pseudo_likelihood_cost(self, updates):

    bit_i_idx = theano.shared(value=0, name='bit_i_idx')
    xi = T.round(self.input)

    fe_xi = self.free_energy(xi)

    xi_flip = T.set_subtensor(xi[:, bit_i_idx], 1 - xi[:,
            bit_i_idx])

    fe_xi_flip = self.free_energy(xi_flip)

    cost = T.mean(self.n_visible *
```

```
    T.log(T.nnet.sigmoid(fe_xi_flip - fe_xi)))

    updates[bit_i_idx] = (bit_i_idx + 1) % self.n_visible

    return cost
```

이렇게 해서 남은 목록에 대한 내용을 보완하고 RBM 클래스를 전체적으로 완벽하게 살펴봤다. RBM의 이론적 배경과 각 코드가 어떻게 연결되는지 알아봤으니 RBM 알고리즘이 어떻게 동작하는지 완벽하게 알고 있어야 한다. RBM의 결과가 무엇인지 이해하고, 이를 검토 평가할 것이다. 즉, 이제 RBM을 학습시킬 수 있는 준비가 됐다. RBM 학습은 train_set_x 함수를 트리거하는 다음 코드를 실행시키면 시작할 수 있다. 이에 대해서는 2장 후반부에서 더 자세히 살펴본다.

```
train_rbm = theano.function(
    [index],
    cost,
    updates=updates,
    givens={
        x: train_set_x[index * batch_size: (index + 1) *
        batch_size]
    },
    name='train_rbm'
)

plotting_time = 0.
start_time = time.clock()
```

RBM의 최신 값과 학습용 데이터셋을 업데이트했으니 training_epochs 전체를 실행한다. 각 epoch마다 매트릭스의 가중치를 화면에 표시하기 전에 학습 데이터를 대상으로 학습을 실시한다(앞에서 설명한 내용을 참고하기 바란다).

```
for epoch in xrange(training_epochs):

    mean_cost = []
    for batch_index in xrange(n_train_batches):
        mean_cost += [train_rbm(batch_index)]

    print 'Training epoch %d, cost is ' % epoch,
    numpy.mean(mean_cost)

    plotting_start = time.clock()
    image = Image.fromarray(
        tile_raster_images(
            X=rbm.W.get_value(borrow=True).T,
            img_shape=(28, 28),
            tile_shape=(10, 10),
            tile_spacing=(1, 1)
        )
    )
    image.save('filters_at_epoch_%i.png' % epoch)
    plotting_stop = time.clock()
    plotting_time += (plotting_stop - plotting_start)

end_time = time.clock()

pretraining_time = (end_time - start_time) - plotting_time

print ('Training took %f minutes' % (pretraining_time / 60.))
```

가중치는 꽤 잘 인식한 결과를 화면에 보여주며, (이미지에서 에지를 감지하는 데
일반적으로 사용되는 선형 필터 중 하나인) 가보 필터^{Gabor filter}와 유사하다. 데이터셋
이 노이즈가 별로 없는 바탕 위에 손으로 쓴 문자라면 사용된 획을 추적하는
쪽으로 가중치가 높게 반영되는 경향을 보인다. 사진을 예로 들면 이미지 내에서
에지를 추적하고 있는 것을 생각하면 이해가 갈 것이다. 다음 이미지는 출력

결과의 한 예다.

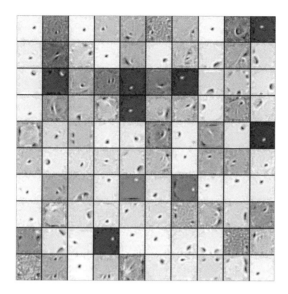

끝으로 샘플을 추출하는 데 필요한 일관된 깁스^{Gibbs}를 생성한다. 다음 함수는
앞에서 설명한 단일 깁스 단계를 수행한 후 체인을 업데이트한다.

```
plot_every = 1000
(
  [
      presig_hids,
      hid_mfs,
      hid_samples,
      presig_vis,
      vis_mfs,
      vis_samples
  ],
  updates
) = theano.scan(
  rbm.gibbs_vhv,
```

```
    outputs_info=[None, None, None, None, None, persistent_vis_chain],
    n_steps=plot_every
)
```

이 코드는 앞에서 설명한 gibbs_vhv 함수를 실행시키고, 결과를 확인할 수 있게
네트워크 출력 샘플을 화면에 뿌려준다.

```
updates.update({persistent_vis_chain: vis_samples[-1]})
sample_fn = theano.function(
    [],
    [
        vis_mfs[-1]
        vis_samples[-1]
    ],
    updates=updates,
    name='sample_fn'
)

image_data = numpy.zeros(
    (29 * n_samples + 1, 29 * n_chains - 1),
    dtype='uint8'
)

for idx in xrange(n_samples):

    vis_mf, vis_sample = sample_fn()
    print ' ... plotting sample ', idx
    image_data[29 * idx:29 * idx + 28, :] = tile_raster_images(
        X=vis_mf,
        img_shape=(28, 28),
        tile_shape=(1, n_chains),
        tile_spacing=(1, 1)
    )

    image = Image.fromarray(image_data)
```

```
image.save('samples.png')
```

이렇게 해서 전체 RBM이 완성됐다. PCD 알고리즘도 반영됐고, 깁스 샘플링을
이용해 네트워크를 업데이트하는 기능도 있다. RBM이 얼마나 학습을 잘 하는지
평가할 수 있게 몇 가지 가시성 결과를 만들어내는 기법이 있다.

하지만 아직 끝나지 않았다! 다음으로 RBM이 가장 잘 사용되고 강력한 애플리케
이션이 무엇인지 살펴보자.

RBM 애플리케이션 추가 사항

머신 러닝 알고리즘 중 하나로 RBM을 사용할 수 있다. RBM은 다른 알고리즘과
의 높은 호환성도 지니고 있다. 특히 고차원 데이터셋을 학습시킬 때 스케일
업^{scale-up}이 가능하다는 장점이 있다. 하지만 RBM의 진정한 강점은 따로 있다.

RBM은 DBN이라는 매우 효과적인 심층 네트워크 아키텍처를 위한 사전 학습
메커니즘으로 가장 많이 사용된다. DBN은 다양한 이미지 데이터셋을 학습하고
분류하는 매우 강력한 툴이다. DBN은 현재 밝혀지지 않은 경우도 일반화할 수
있는 뛰어난 능력을 지니고 있으며, 현재 사용 가능한 가장 좋은 이미지 학습
툴 중 하나다. 때문에 DBN은 세계 최고의 기술 및 데이터 사이언스 회사에서
많이 사용되고 있으며, 특히 이미지 검색, 이미지 인식 등에서 뛰어난 가치를
보여주고 있다.

▌ 심층 신뢰망(DBN)

DBN은 그래프 기반 모델로, 다중 스택 RBM을 이용해 구축된다. RBM이 학습용
데이터의 픽셀에서 얻은 (입력 데이터에 대한) 피처의 레이어를 학습시키는 동안

그 뒤로 이어지는 레이어는 앞 단계 레이어의 활성화를 처리한다. 이를 테면 후속으로 이어질 히든 레이어에서 피처를 학습하려고 하는 것처럼 말이다. 이는 종종 데이터를 어떻게 표현할지 학습하는 과정으로 설명되는데, 보통 딥러닝에서 다루는 공통된 주제 중 하나다.

얼마나 많은 RBM이 필요한지는 해당 문제의 성격에 달려 있다. 실용적 관점에서 보면 정확도와 계산 비용 사이에 일종의 절충점을 찾아야 한다(즉, 정확도를 높이고 싶다면 높은 계산 비용을 감수해야 한다). 이 경우 RBM의 각 레이어는 학습 데이터의 로그 확률에 대한 하한선을 향상시키는데, 바꿔 말하면 DBN은 피처 레이어가 추가될수록 필연적으로 점점 더 나아진다는 것을 의미한다.

레이어 규모를 어떻게 결정할지도 고민일 텐데, RBM의 히든 레이어에 있는 노드 개수를 줄일수록 좋다. 앞 단계의 RBM 히든 유닛의 개수만큼 가시성 유닛을 갖지 않게 해야 한다(더 많아질 경우 네트워크의 식별 함수를 목적 없이 비효율적으로 학습시키는 문제를 일으킬 수 있다).

RBM의 최종 레이어가 데이터의 분산 값 차원과 비슷한 크기가 될 때까지 단계적으로 레이어의 규모(즉 노드 개수)를 줄여나가는 것이 좋다(반드시 해야 하는 것은 아니지만, 가능하면 하는 게 좋다). DBN의 레이어가 지나치게 많은 수의 노드들로 구성돼 있을 때 이 DBN의 끝부분에 멀티레이어 퍼셉트론^{MLP}까지 붙이면 분류^{Classification}의 성능이 매우 안 좋아질 수 있다. 이건 마치 굵은 파이프 끝부분에 음료용 빨대를 붙이는 것과 같다고 생각하면 된다! 심지어 많은 뉴런으로 구성된 MLP조차도 이러한 맥락에서 봤을 때 학습이 성공적으로 이뤄지지 않을 수 있다. 마찬가지로 레이어에 노드가 그리 많지 않거나 레이어가 충분치 않더라도 함수의 모델링이 잘 될 수도 있다.

데이터에서 분산 값의 차원을 결정하는 것은 그리 간단한 일이 아니다. 이를 위한 툴 중 하나로 PCA가 있다. 1장에서 본 것처럼 PCA를 이용하면 입력 데이터에 의미 있는 성분^{component}이 얼마나 있는지 논리적으로 설명 가능한 아이디어를 얻을 수 있을 것이다.

DBN 학습

DBN의 학습은 보통 탐욕^{greedy} 방식으로 이뤄진다. 즉 전체를 대상으로 최적화하기보다는 각 레이어상에서 최적이 되도록 학습을 수행한다. 학습 프로세스는 다음과 같다.

- DBN의 첫 번째 레이어의 학습^{training} 과정은 앞에서 다룬 RBM 학습 기법을 갖고 수행한다. 이를 통해 첫 번째 레이어는 히든 유닛에 대해 데이터 분포를 (깁스 샘플링을 이용한) 사후 분포^{posterior distribution}로 변환한다.
- 이러한 분포는 입력 데이터 자체보다 RBM을 학습시키는 데 훨씬 더 도움이 되며, 따라서 다음 RBM 레이어는 이 분포를 대상으로 학습이 이뤄진다.
- 이어지는 RBM 레이어는 앞 단계의 레이어에서 생성된 결과로부터 샘플을 추출해 학습을 이어나간다.
- 이 아키텍처에 포함된 모든 파라미터는 성능 측정치를 이용해 계속 조정된다.

성능 측정 결과는 매우 다양하게 나타날 수 있다. 앞에서 다룬 그래디언트 하강에서 사용되는 로그 유사 가능도의 프록시 값일 수도 있다. 지도 학습 관점에서 보면 (MLP 같은) 분류기는 보통 아키텍처상에서 맨 뒤에 레이어로 추가된다. 이렇게 하면 심층 아키텍처^{deep architecture}를 정교하게 다듬기 위한 성능 측정치로 사용할 수 있다.

DBN을 어떻게 사용하는지 자세히 알아보자.

DBN 애플리케이션

앞에서 DBN의 이론적 배경에 대해 학습한 결과를 토대로, 실제로 이를 구현해보자. RBM과 비슷한 방식으로 접근하려고 한다. DBN 클래스를 완벽히 만들고, 이론과 코드를 접목시키고, 네트워크의 성능을 어떻게 검증할지에 대해서도 알아보기로 한다. 이를 바탕으로 실제 네트워크를 초기화하고 학습시킨다.

다음 DBN 클래스를 살펴보자.

```python
class DBN(object):

    def __init__(self, numpy_rng, theano_rng=None, n_ins=784,
            hidden_layers_sizes=[500, 500], n_outs=10):

        self.sigmoid_layers = []
        self.rbm_layers = []
        self.params = []
        self.n_layers = len(hidden_layers_sizes)

        assert self.n_layers > 0

        if not theano_rng:
            theano_rng = RandomStreams(numpy_rng.randint(2 ** 30))

        self.x = T.matrix('x')
        self.y = T.ivector('y')
```

DBN 클래스에는 여러 파라미터가 포함돼 있는데, 이와 관련해서 추가 설명이 필요할 것 같다. 가중치 초기화 단계에서 사용된 numpy_rng와 theano_rng 파라미터는 RBM 클래스에서 이미 봤기 때문에 익숙할 것이다. 파라미터 n_ins는 DBN 입력의 피처 개수(차원)를 의미한다. hidden_layers_sizes는 히든 레이어의 크기를 나열한 리스트list다(히든 레이어가 여러 개일 수 있으므로). 이 리스트에서 각 값은 RBM 레이어를 생성할 때 필요한 크기를 의미한다. n_layers는 전체 네트워크에서 레이어의 개수를 의미하며, 이는 hidden_layers_sizes를 통해 얻을 수 있다. 이 리스트에 있는 값을 조정하면 DBN의 각 레이어의 크기를 입력 레이어의 크기에 맞춰 적절하게 줄일 수 있다. 이를 통해 단계적으로 간결한 형태로 만들어갈 수 있다.

self.sigmoid_layers는 MLP 컴포넌트(DBN의 최종 레이어)를 저장하는 데 사용된다. 한편 self.rbm_layers는 MLP를 사전 학습시키는 데 사용되는 RBM 레이어를 저장하는 역할을 한다.

이렇게 해서 DBN 아키텍처를 다음과 같이 완성한다.

- n_layers 크기의 시그모이드 레이어를 생성한다.
- MLP 형태로 만들어지게 시그모이드 레이어들을 연결한다.
- 각 시그모이드 레이어에 대해 RBM을 만든다. 이를 위해 공유 가중치 행렬과 (각 시그모이드 레이어와 RBM 간의) 히든 바이어스 값을 이용한다.

다음 코드는 시그모이드 활성화를 이용해 n_layers만큼 레이어를 생성한다. 우선 입력 레이어를 생성한 후 hidden_layers_sizes만큼 히든 레이어를 생성한다.

```
for i in xrange(self.n_layers):

  if i == 0:
    input_size = n_ins
  else:
    input_size = hidden_layers_sizes[i - 1]

  if i == 0:
    layer_input = self.x
  else:
    layer_input = self.sigmoid_layers[-1].output

  sigmoid_layer = HiddenLayer(rng=numpy_rng,
```

```
                input=layer_input,
                n_in=input_size,
                n_out=hidden_layers_sizes[i],
                activation=T.nnet.sigmoid)
    self.sigmoid_layers.append(sigmoid_layer)

    self.params.extend(sigmoid_layer.params)
```

다음으로 시그모이드 레이어를 이용해 가중치를 공유할 수 있게 RBM을 생성한다. 이렇게 하면 앞에서 살펴본 RBM 클래스를 바로 불러들일 수 있다.

```
rbm_layer = RBM(numpy_rng=numpy_rng,
            theano_rng=theano_rng,
            input=layer_input,
            n_visible=input_size,
            n_hidden=hidden_layers_sizes[i],
            W=sigmoid_layer.W,
            hbias=sigmoid_layer.b)
            self.rbm_layers.append(rbm_layer)
```

끝으로 MLP처럼 DBN의 끝부분에 로지스틱 회귀^{logistic regression} 레이어를 추가한다.

```
self.logLayer = LogisticRegression(
    input=self.sigmoid_layers[-1].output,
    n_in=hidden_layers_sizes[-1],
    n_out=n_outs)
self.params.extend(self.logLayer.params)

self.finetune_cost = self.logLayer.negative_log_
        likelihood(self.y)

self.errors = self.logLayer.errors(self.y)
```

MLP 클래스까지 반영했으니 DBN을 생성시켜보자. 다음 코드는 (1) 28×28 크기의 입력 데이터(즉, MNIST 이미지 데이터가 28×28 픽셀로 구성돼 있다), (2) 3개의 히든 레이어(각 레이어는 단계별로 작아짐), (3) 10개의 출력 값(MNIST 데이터셋를 대상으로 했을 때 10개의 숫자를 의미하는 클래스)을 이용해 네트워크를 구축한다.

```
numpy_rng = numpy.random.RandomState(123)
print '... building the model'
dbn = DBN(numpy_rng=numpy_rng, n_ins=28 * 28,
          hidden_layers_sizes=[1000, 800, 720],
          n_outs=10)
```

이 절의 앞부분에서 설명한 것처럼 DBN의 학습은 2단계로 이뤄져 있다. 레이어 맞춤형 사전 학습은 각 레이어가 앞 단계의 레이어에서 학습된 결과를 입력을 받아 정교화 작업(역전파^{backpropagation})이 이뤄진다. 이는 결국 전체 네트워크에 걸쳐 가중치가 조정되게 한다. 1단계 사전 학습^{pretraining}은 RBM의 각 레이어에서 PCD의 단계를 수행한다. 다음 코드를 통해 사전 학습이 어떻게 수행되는지 살펴보자.

```
print '... getting the pretraining functions'
pretraining_fns =
  dbn.pretraining_functions(train_set_x=train_set_x,
  batch_size=batch_size, k=k)

print '... pre-training the model'
start_time = time.clock()

for i in xrange(dbn.n_layers):
  for epoch in xrange(pretraining_epochs):
    c = []
    for batch_index in xrange(n_train_batches):
      c.append(pretraining_fns[i](index=batch_index,
```

```
                lr=pretrain_lr))
        print 'Pre-training layer %i, epoch %d, cost ' % (i, epoch),
        print numpy.mean(c)

end_time = time.clock()
```

사전 학습용 DBN을 실행시키려면 다음 명령어를 이용하면 된다.

```
python code/DBN.py
```

 GPU 가속기를 이용하더라도 이 코드는 사전 학습 단계에서 매우 많은 시간이 걸린다. 따라서 밤에 자기 전에 코드를 실행시키는 것이 좋다(아침에 일어나서 결과를 확인할 수 있게).

DBN 검증

DBN 전체에 대한 검증은 매우 쉽게 이해할 수 있을 것이다. 에러 측정값으로 교차 검증의 최소 유효성 에러 값$^{minimal\ validation\ error}$을 사용할 수 있다. 하지만 메타파라미터가 새 데이터에 대해 오버피팅될 수 있기 때문에 최소 교차 검증 에러 값$^{minimal\ cross-validation\ error}$은 교차 검증 데이터에서 기대하는 에러보다 낮게 나타날 수도 있다.

따라서 교차 검증 에러 값이 최소가 될 때까지 메타파라미터를 계속 조정되게 교차 검증 에러를 사용해야 한다. 그런 다음, 테스트 데이터셋에 대해 DBN을 적용한다. 아울러 교차 검증 측정에 테스트 에러 값을 이용한다. DBN 클래스는 이러한 학습 과정을 정확하게 수행할 것이다.

하지만 네트워크가 제대로 학습되지 않았을 경우 어떻게 하면 될까? DBN의 성능이 저조할 경우 해결 방안은 무엇이 있을까?

우선 할 일은 잠재적인 원인을 파악하는 것인데, 일반적으로 이런 것을 생각해볼 수 있다. RBM의 학습은 매우 까다롭고 각각의 레이어가 학습이 제대로 이뤄지지 않을 수 있다. 다행히도 이 책에서 만든 RBM 클래스는 각 레이어에서 생성되는 가중치(필터)를 조회할 수 있는 기능을 제공하며, 네트워크를 나타내는 정보를 얻을 수 있게 화면상에 표시하는 기능도 제공한다.

뿐만 아니라 네트워크가 오버피팅됐는지, 반대로 언더피팅under-fitting됐는지도 확인할 수 있다. 두 경우 모두 가능하며, 어떻게 그리고 왜 일어났는지 파악하는 데 매우 유용하다. 언더피팅의 경우 학습 과정이 단순히 모델에 잘 맞는 파라미터를 찾지 못한 것이 원인일 수도 있다. 이는 특히 대규모 네트워크를 사용해 큰 문제를 해결하고자 할 때 흔히 일어나지만, 소규모 모델에서도 간혹 발견되기도 한다. DBN에서 언더피팅이 발생했다고 생각되면 다음 몇 가지 옵션을 적용해보기 바란다. 첫째, 단순하게 히든 레이어의 크기를 줄여본다. 이렇게 하면 잘될 수도 있지만, 안 그럴 수도 있다. 좀 더 좋은 방안은 점진적으로 히든 레이어를 테이퍼taper 처리하는 것을 생각해볼 수 있다. 이렇게 하면 각 레이어는 앞 단계의 레이어 표현에 대해 정제된 버전으로 학습이 이뤄진다. 이를 어떻게 하면 되는지, 또 테이퍼를 얼마나 날카롭게 설정할지, 언제 실행을 중단할지 등에 대해서 파악하려면 오랜 시간 시행착오와 경험을 통해 노하우를 축적해야 한다.

오버피팅은 제공된 학습용 데이터를 대상으로 알고리즘의 학습이 지나치게 수행된 현상으로 잘 알려져 있다. 이러한 종류의 문제는 일반적으로 교차 검증을 통해 확인이 가능하지만(에러율이 급격히 증가하는 지점을 확인하는 식으로), 이는 상당히 위험할 수도 있다. 오버피팅을 해결하는 몇 가지 방법을 정리해보기로 하자. 우선 학습 데이터셋의 크기를 늘리는 방법을 생각해볼 수 있다. 또 베이지언 기법을 적용하면 학습 데이터에 피팅하는 값을 줄이는 데 추가 기준을 첨가할 수 있다. 분류 성능을 향상시킬 수 있는 방법 중 하나로 전처리 기법이 있는데,

이와 관련해서는 6장과 7장에서 자세히 다룬다.

이 코드는 사전에 정의된(이를 테면 시드 값이 주어진) 상태를 초기화하고 있지만, 모델이 지닌 스토캐스틱 특성으로 인해 빠른 속도로 무질서도가 증가하게 돼 최종 결과는 매우 다양하게 나타날 수 있다. 시스템을 직접 실행시켜본 결과 DBN이 최소 교차 검증의 에러율이 1.19%로 나타났다. 심지어 46개의 데이터를 대상으로 지도 학습을 수행한 후 테스트 에러는 1.30%로 나타났다. 이는 매우 뛰어난 결과라고 할 수 있으며, 실제 현장에서도 매우 높은 성능을 보이는 사례에 견줄 수 있는 수준이다!

▌참고 문헌

신경망의 기본 개념에 대해서는 다양한 자료를 참고할 수 있다. 각 저자들이 강조하는 부분과 내용에 대해 주의 깊게 학습해서 내용을 습득하기 바란다. 케빈 거니Kevin Gurney의 『Introduction to Neural Network』가 꽤 괜찮을 것으로 생각된다.

MCMCMarkov Chain Monte Carlo 알고리즘에 대해 궁금하다면 다음 자료를 참고하기 바란다.

http://twiecki.github.io/blog/2015/11/10/mcmc-sampling/

깁스Gibbs 샘플링에 관심이 있다면 필립 레스닉Philip Resnik과 에릭 하디스티Eric Hardisty가 발표한 <Gibbs Sampling for the Uninitiated> 논문을 참고하기 바란다. 깁스 샘플링에 대한 기술적인 내용과 함께 어떻게 동작하는지에 대해 명쾌하게 설명이 돼 있다. 특히 어떤 식으로 추론을 해 나가는지 보면 감탄할 것이다! 다운로드 주소는 다음과 같다.

https://www.umiacs.umd.edu/~resnik/pubs/LAMP-TR-153.pdf

Contrastive Divergence(PCD를 참고하기 바란다)에 대해서는 자료가 그리 많지는 않다. 우선 올리버 우드포드$^{Oliver Woodford}$의 자료가 잘 작성돼 있는 것 같으니 이것을 참고하기 바란다.

http://www.robots.ox.ac.uk/~ojw/files/ NotesOnCD.pdf

혹시 수식 표현 등이 익숙하지 않다면 이론과 실제 어떻게 활용될 수 있는지 등에 대해 명확히 이해할 수 있도록 설명한 부분을 꼼꼼히 읽어볼 것을 권한다.

2장에서 사용된 시아노^{Theano} 관련 문서는 다음 주소를 참고하기 바란다. RBM과 DBN 클래스가 어떻게 구성되는지, 구현은 어떻게 하는지 등에 관한 기본 개념을 정립하기에 좋다.

http://deeplearning. net/tutorial/contents.html

■ 요약

2장에서는 참으로 많은 것들을 다뤘다! 우선 신경망의 개요를 (일반적인 토폴로지의 속성과 학습 기법을 중심으로) 학습했고, 이를 바탕으로 RBM 알고리즘과 RBM 코드를 심도 있게 살펴봤다. 이를 통해 DBN을 어떻게 생성하면 되는지 탄탄한 지식을 쌓았다. 뿐만 아니라 DBN의 이론과 코드를 함께 접목시켜서 MNIST 데이터셋에 대해 DBN이 어떻게 동작하는지 알아봤다. 10개의 클래스로 이미지 분류를 수행했고, 분류 에러율이 2% 미만인 대단히 뛰어난 경쟁력 있는 결과를 얻을 수 있었다!

3장에서는 SdA$^{Stacked Denoising Autoencoders}$라는 또 다른 딥러닝 아키텍처에 대해 알아볼 텐데, 이를 통해 딥러닝 전문가에 한 걸음 더 가까워질 수 있을 것이다.

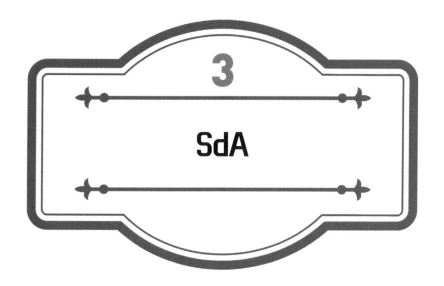

3

SdA

3장에서는 고차원 입력 데이터의 피처 표현을 위한 학습에 SdA^Stacked Denoising Autoencoders를 적용한 심층 아키텍처^deep architecture를 다룬다.

앞에서 했던 것처럼 우선 오토인코더^autoencoder의 이론과 개념을 탄탄하게 다진다. 관련 기술과 함께 데이터 과학용 툴킷의 한 종류인 오토인코더의 강점에 대해서도 정리한다. 이를 바탕으로 dA^Denoising Autoencoders의 이용 방법을 알아본다. dA는 스토캐스틱에 기반을 두고 입력 데이터의 일부를 변형시키는 알고리즘으로, 오토인코더가 입력 데이터를 원상태로 복원하게 해서 좀 더 효과적으로 피처를 표현할 수 있게 한다.

2장과 마찬가지로 dA 클래스에 대한 코드를 전반적으로 살펴보면서 이론적 배경과 어떻게 연결이 되는지, 또한 기술적 측면의 이해도도 높일 계획이다.

2장에서 공부한 것과 매우 비슷하다고 느낄 것이다. dA를 스택^stack처럼 쌓아올려 멀티레이어 퍼셉트론^MLP 네트워크의 사전 학습에 쓸 수 있는 심층 아키텍처를 만든다. 이를 통해 음성 데이터 처리를 비롯한 여러 분야의 비지도 학습 애플리케이션의 성능을 대폭적으로 향상시킬 수 있다.

▌ 오토인코더

오토인코더(디아블로 네트워크$^{Diabolo\ network}$라고도 함)는 심층 아키텍처의 핵심 구성 요소 중 하나다. 오토인코더는 제한된 볼츠만 머신^{RBM}과 관련이 있는데, 오토인코더의 학습 방식이 RBM의 학습 방식과 매우 유사하기 때문이다. 하지만 오토인코더는 CD$^{Contrastive\ Divergence}$를 이용해 RBM보다 쉽게 학습을 수행한다. 결국 RBM의 학습이 상대적으로 덜 효과적이므로 오토인코더를 좀 더 선호하는 편이다.

오토인코더 소개

오토인코더는 단순한 형태를 가진 3개 레이어의 신경망 구조로 이뤄지며, 출력 유닛이 입력 유닛에 바로 연결돼 있다. 오토인코더의 주목적은 i-차원의 입력을 h-차원의 출력으로 인코딩하는 것으로, h < i를 만족해야 한다. 그런 다음 출력 레이어에서 입력에 대한 재구성 작업(즉, 디코딩)을 수행한다. 학습 과정은 재구성 작업 결과의 에러가 최소가 될 때까지 반복 수행을 통해 이뤄진다. 이를 통해 입력 데이터를 가장 효과적으로 표현할 수 있게 된다(전역 최소치$^{global\ minima}$가 아닌 국소 최소치$^{local\ minima}$가 될 수도 있으니 주의한다!).

앞에서 차원 축소화 기술인 PCA에 대해 설명했다. 입력 데이터의 차원을 축소시킨 형태로 표현하기 위해 가장 효율적인 방법을 찾아야 할 경우 주저 없이 오토인코더라고 할 수 있겠다. 하지만 왜 동일한 작업에 대해 또 다른 기술을 익혀야 하는지 의문이 있을 것 같은데, 함께 알아보자.

우선 이 궁금증에 대해 간단히 답하자면 SOM처럼 오토인코더도 비선형 차원 축소화 기능을 지원하기 때문이다. 이를 통해 PCA보다 훨씬 더 효과적으로 고차원의 입력 데이터를 처리할 수 있다. 이는 앞에서 가졌던 다음 질문에 대해서도 일부 답이 될 수 있겠다. "SOM으로 할 수 있는 것에 대해 왜 오토인코더를 고려하지? 심지어 결과를 시각화하는 기능도 제공이 안 되는데 말이지."

정리하면 오토인코더는 좀 더 진보한, 그리고 세련된 기술이라고 할 수 있다. 여기에 스태킹^{stacking}과 노이즈 제거^{denoising} 기술을 사용하면 고차원의 멀티모달 ^{multimodal} 데이터를 효과적으로 줄일 수 있다(이 알고리즘의 이름이 왜 'SdA: Stacked Denoising Autoencoder'인지 알 수 있을 것이다). 즉, 1장에서 설명한 기술과 비교했을 때 정확도는 더 높으면서도 상대적으로 쉽고 확장성 면에서도 훨씬 더 강력하게 말이다.

지금까지 오토인코더에 대해 개념 수준으로 살펴봤다. 이제 오토인코더의 토폴로지와 학습 과정은 어떻게 이뤄져 있는지 좀 더 자세히 알아보자.

토폴로지

앞에서 설명한 것처럼 오토인코더는 상대적으로 단순한 구조로 돼 있다. 즉, 3개의 레이어(입력 레이어, 히든 레이어, 출력 레이어)로 구성된 신경망이다. 보통 다른 신경망 아키텍처와 마찬가지로 입력 값은 히든 레이어로 전달된다. 토폴로지 관점에서 한 가지 짚고 넘어갈 점은, 대개 히든 레이어의 노드 수는 입력 레이어나 출력 레이어보다 적다는 점이다(하지만 앞에서 설명한 것처럼 히든 레이어에서 필요한 노드 수는 입력 데이터의 복잡도에 대한 함수다. 따라서 히든 레이어의 목표는 입력 데이터로부터 정보를 묶어두고, 네트워크가 데이터 속에 숨겨진 통계적 속성을 잡아내어 이를 패턴으로 표현할 수 있게 하는 것이다. 입력 데이터가 복잡할 경우 패턴을 정확하게 표현하려면 대단히 많은 히든 노드가 필요할 수 있다).

오토인코더의 가장 큰 특징은 출력이 대개 입력으로 설정돼 있다는 것이다(표현이 약간 헷갈릴 수 있는데, 출력이 다시 입력으로 사용되는 형태라고 이해하기 바란다). 오토인코더의 성능은 히든 레이어에서 인코딩된 후 입력으로 재구성했을 때 얼마나 정확하게 나오는지를 측정해 평가한다. 오토인코더의 토폴로지는 보통 다음과 같은 형태를 띤다.

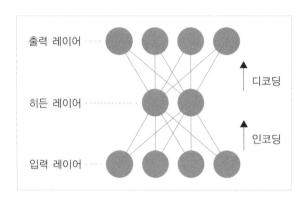

입력 레이어와 히든 레이어 사이에 있는 인코딩 함수는 입력 (x)와 변경된 중간 결과 (y)를 매핑하는 역할을 한다. 이러한 매핑 함수의 간단한 예로 비선형 함수 같은 것을 생각해볼 수 있는데, 다음과 같은 형태다(여기서 s는 시그모이드^{sigmoid} 함수다).

$$y = s(Wx + b)$$

하지만 좀 더 세련된 인코딩 함수가 있을 것이다. 또는 특정 영역에 맞는 형태로 개발돼 있을 수도 있다. 이럴 경우 W는 x에 부여된 가중치를 의미한다. 또한 b는 조정 변수^{adjustable variable}로, 입력을 재구성한^{reconstruction} 후 에러가 최소가 되게 값을 조정할 수 있다.

그리고 난 후 오토인코더는 출력을 전달하기 위해 디코딩을 수행한다. 이러한 재구성 과정은 x와 동일한 모양이 되게 하는 것으로, 다음과 같은 변환 함수를 통해 이뤄진다.

106

$$z = s(W'y + b')$$

여기서 b와 W는 네트워크 최적화를 위해 값을 설정할 수 있다.

학습

앞에서 설명한 것처럼 네트워크는 재구성한 결과의 에러를 최소화하는 형태로 학습을 진행한다. 이를 측정하는 데 가장 많이 쓰이는 기법으로 단순 오차 제곱 측정법simple squared error measure이 있으며, 다음과 같이 정의된다.

$$E = \frac{1}{2} \|z - x\|^2$$

하지만 이 외에 더 적절한 에러 측정 기법이 많이 있으며, 이들은 보통 입력이 특정 형식을 따른다(예를 들면 비트 확률 세트 같은 것이 있다).

오토인코더가 입력 데이터셋의 주요 변형 축을 찾아내는 의도도 있는 반면, 오토인코더가 입력에 대한 특성을 파악하는 함수에서는 학습이 그다지 잘 이뤄지지 않을 가능성이 있다.

dA

오토인코더가 특정 애플리케이션에서 좋은 성능을 보이긴 하지만, (고차원 형태로 모델을 생성해야 하는) 복잡한 데이터 분포를 지닌 입력 데이터를 대상으로 한 문제에 오토인코더를 적용시키는 건 무리가 있다. 가장 큰 문제는 n-차원의 입력 데이터에 대해 최소 n번의 인코딩 작업을 해야 하므로, 오토인코더가 입력에 대한 식별 함수를 학습하기 위한 유사 가능도likelihood 계산이 있을 수 있다. 이런 경우 인코딩은 입력 데이터를 그대로 복사한 형태가 된다. 이러한 형태의 오토인코더를 오버컴플리트^{overcomplete}라고 한다.

 머신 러닝 기술을 이용한 학습 과정에서 가장 중요한 사항은 히든 레이어의 차원이 최종 결과로 얻는 모델의 퀄리티에 얼마나 영향을 미칠지를 명확히 아는 것이다. 입력 데이터가 복잡하고 히든 레이어의 노드 수가 데이터의 복잡성을 효과적으로 잡아내기에 어려울 만큼 너무 적을 경우 네트워크는 학습이 제대로 이뤄지지 않을 뿐만 아니라 더 많은 노드를 추가해야 할 수도 있다.

다음으로 입력 데이터의 복잡한 분포 속성을 잡아내기 위해 많은 수의 히든 노드를 사용하려고 할 수도 있을 것이다. 입력만큼 많은 노드로 히든 레이어를 구성할 경우 네트워크가 입력에 대해 파악은 잘 이뤄질 확률이 높아진다. 이 경우 입력의 요소 각각은 (개별적인) 특정 케이스로 학습이 이뤄질 것이다. 당연히 이렇게 학습이 된 분석 모델은 학습용 데이터에 대해서는 높은 성능을 보이겠지만, 처음 접하는 데이터에 대해 일반화가 잘 안될 수 있다. 최악의 경우 검증 단계에서 거의 재앙 수준으로 실패할 수도 있다.

특히 음성 데이터 같은 복잡한 데이터를 모델링하는 경우가 많이 해당된다. 이러한 데이터는 대개 복잡한 분포를 보이므로, 음성 신호를 분류하려면 멀티모달 인코딩^{multimodal encoding}과 고차원의 히든 레이어를 필요로 한다. 물론 이로 인해 식별 함수를 학습시키는 과정에서 오토인코더의 위험 부담이 커질 수 있다(또는 이렇게 모델 개수가 많아지면 오토인코더를 적용시키기 부적합한 문제일 수도 있다).

(다소 놀랄 수도 있겠지만) 오버컴플리트 오토인코더는 특별하게 설정된 환경하에서 에러를 최소화하게 학습시킬 수 있다. 여기서 말하는 특정 환경은 다음과 같다. 첫 번째 히든 레이어는 히든 유닛이 강제로 선형성을 유지하게 하기 위해 작은 가중치가 필요하고, 후속으로 이어지는 가중치는 큰 값을 갖게 하는 것이다. 하지만 이러한 환경설정 자체는 최적화시키기가 매우 어려우며, 따라서 식별 함수를 학습시킬 때 오토인코더에 오버컴플리트가 일어나지 않게 다른 방법을 알아보는 것이 나을 듯하다.

오버컴플리트 오토인코더가 식별 함수를 학습하지 못하게 하면서도 표현^{representation}

내에서 유용한 것을 잡아내는 여러 가지 방법이 있다. 지금까지 가장 많이 사용되는 방법은 입력 데이터에 노이즈를 도입하고 오토인코더를 대상으로 노이즈가 포함된 데이터에 대해 강제로 학습시키는 것이다. 이를 통해 식별보다는 데이터 분포와 통계적 규칙성의 학습이 이뤄진다. 이는 희소성^{sparseness} 제약 또는 (입력 데이터를 무작위로 0으로 설정하는) 드롭아웃^{dropout} 기술을 이용하는 것 외에도 몇 가지 기법을 더 동원해 효과적으로 해낼 수 있다.

3장에서는 입력에 대해 노이즈를 도입하기 위해 드롭아웃 기법을 사용했다. 이를 통해 입력 값의 최대 절반 정도가 무작위로 0으로 설정된다. 이를 위해 입력 데이터에서 동작하는 스토캐스틱 기반 데이터 변형 과정을 구현한다.

```
def get_corrupted_input(self, input, corruption_level):

    return self.theano_rng.binomial(size=input.shape, n=1, p=1 -
        corruption_level, dtype=theano.config.floatX) * input
```

입력 데이터를 정확하게 모델링하기 위해 오토인코더는 변형이 일어나지 않은 값으로부터 변형된 값을 예측해 의미 있는 통계적 특성(예, 확률 분포 등)을 학습한다.

오토인코더가 데이터의 식별 값 학습을 방지하는 것 외에도 디노이징 프로세스 추가는 변형되거나 왜곡된 입력 데이터에 대해서도 크게 결과가 바뀌지 않는 ^{robust} 모델을 생성한다. 이는 특히 음성 데이터나 이미지 데이터처럼 본질적으로 노이즈가 많이 섞여 있는 데이터에 대해 특히 유용하다. 이 책의 맨 앞에서 언급한 것처럼 딥러닝 기술에서 공통적으로 인식되는 주요 장점 중 하나는 딥러닝 알고리즘이 피처 엔지니어링^{feature engineering} 작업을 최소화해준다는 점이다. 노이즈가 제거된 입력을 다시 만들고 모델이 학습할 수 있게 하기 위해 많은 학습 알고리즘은 (이미지 필터링 또는 오디오 신호 처리처럼) 입력 데이터에 대해 많은 시간을 들여 해야 하는 복잡한 전처리를 필요로 한다. 반면 dA 알고리즘은 최소한의 전처리 과정만으로도 효과적으로 동작할 수 있다. 이는 입력 데이터에 대한 모델을 실제 수준의 정확도로 학습시키는 데 걸리는 시간을 대폭적으로 단축시킬 수 있음을 의미한다.

끝으로 입력 데이터셋의 패턴 파악 함수를 학습하는 오토인코더가 근본적으로 잘못 설정돼 있는지 확인할 필요가 있다. 오토인코더의 주요 가치는 피처 세트를 낮은 차원(즉 중요한 피처 몇 개만)을 사용해 표현한 모델을 찾아내는 것이다. 따라서 입력 데이터의 패턴 파악 함수를 학습한 오토인코더에 노드가 지나치게 많이 들어가 있을 수 있다. 의심스럽다면 히든 레이어의 노드 수를 줄여보기 바란다.

지금까지 오토인코더의 토폴로지에 대해 학습했다. 오토인코더의 성능을 향상시키기 위한 디노이징의 역할과 이를 효과적으로 학습시키는 방법에 대해서도 알아봤다. 이제 이러한 이론에 대해 실제로 어떻게 구현할 수 있는지 dA와 관련된 시아노^{Theano} 코드를 통해 자세히 알아보자.

dA 응용

이제 dA를 어떻게 구현하는지 알아볼 시점이 됐다. 한 번 더 말하지만, 여기서는 시아노의 라이브러리를 이용해 dA 클래스를 구현한다.

앞에서 살펴본 RBM 클래스와는 달리 dA 클래스는 상대적으로 간단하면서도 디노이징 오토인코더의 이론적인 기능을 동일하게 지원하고 있다(3장 앞부분에서 다룬 수식도 상대적으로 단순하다).

2장에서는 그 자체로 RBM이 정확하게 동작하는 데 꼭 필요한 건 아니었지만, 여러 가지 구성 요소를 지닌 RBM 클래스를 적용했다. 이를 통해 멀티레이어 심층 아키텍처에서 공유 가능한 파라미터를 사용할 수 있었다. 여기서 사용할 dA 클래스도 이와 유사한 공유 가능한 구성 요소를 제공한다. 따라서 이를 이용해 3장 후반부에서 멀티레이어 오토인코더 아키텍처를 구축할 수 있을 것이다.

우선 dA 클래스를 초기화한다. 가시성 유닛 개수 n_visible을 설정하고, 히든 유닛 개수 n_hidden도 설정한다. 아울러 입력 데이터(input)의 환경설정을 위한 변수뿐만 아니라 가중치(W), 히든 바이어스 값(bhid), 가시성 바이어스 값(bvis)도 설정한다. 4개의 변수가 추가됐는데, 이들은 오토인코더가 심층 아키텍처의 다른 구성 요소를 통해 환경설정 파라미터를 받을 수 있게 해준다.

```
class dA(object):
    def __init__(
        self,
        numpy_rng,
        theano_rng=None,
        input=None,
        n_visible=784,
        n_hidden=500,
        W=None,
        bhid=None,
        bvis=None
    ):

    self.n_visible = n_visible
    self.n_hidden = n_hidden
```

가중치 변수와 바이어스 변수를 초기화한다. 가중치 벡터 W에 대한 초기 값인 initial_W를 설정한다. 이 값은 다음 범위 내에서 무작위로 균일한 샘플링을 이용해 구한다.

$$-4 * \sqrt{\frac{6.}{(n\_hidden + n\_visible)}} \quad to \quad 4 * \sqrt{\frac{6.}{(n_{hidden} + n_{visible})}}.$$

다음으로 numpy.zeros를 이용해 가시성 바이어스 변수[visible bias variable]와 히든 바이어스 변수[hidden bias variable]를 값이 0으로 채워진 배열로 설정한다.

```
if not theano_rng:
    theano_rng = RandomStreams(numpy_rng.randint(2 ** 30))

if not W:
    initial_W = numpy.asarray(
        numpy_rng.uniform(
            low=-4 * numpy.sqrt(6. / (n_hidden + n_visible)),
            high=4 * numpy.sqrt(6. / (n_hidden + n_visible)),
            size=(n_visible, n_hidden)
        ),
        dtype=theano.config.floatX
    )
    W = theano.shared(value=initial_W, name='W', borrow=True)

    if not bvis:
        bvis = theano.shared(
            value=numpy.zeros(
                n_visible,
                dtype=theano.config.floatX
            ),
            borrow=True
        )

    if not bhid:
        bhid = theano.shared(
            value=numpy.zeros(
                n_hidden,
                dtype=theano.config.floatX
            ),
            name='b',
            borrow=True
        )
```

3장의 앞부분에서 오토인코더가 가시성 레이어와 히든 레이어를 어떻게 매핑시키는지 알아봤다. 예를 들면 $y = s(Wx + b)$ 같은 함수 형태로 말이다. 이러한 변환 작업을 위해 앞에서 설명한 오토인코더 파라미터인 bhid, bvis, W와 W, b, W', b'의 관계를 정의해보자. W'와 b'는 다음 코드에서 W_prime과 b_prime으로 표현돼 있다.

```
self.W = W
self.b = bhid
self.b_prime = bvis
self.W_prime = self.W.T
self.theano_rng = theano_rng
if input is None:
    self.x = T.dmatrix(name='input')
else:
    self.x = input

self.params = [self.W, self.b, self.b_prime]
```

이 코드를 보면 b에는 bhid 값이 할당되고, b_prime에는 bvis 값이 할당된 반면 W_prime에는 W 행렬을 전치^{transpose}시킨 결과가 할당됐다. 즉, 가중치가 고정됐다. 항상 이렇게 하지는 않지만 종종 가중치를 고정시킨 경우가 있는데, 다음과 같은 이유 때문이다.

- 가중치를 고정 값으로 유지할 경우 여러 맥락에서 보면 대개 결과의 퀄리티가 좋아진다(종종 가장 좋은 솔루션이 PCA라고 하는데, 이는 고정된 가중치가 반영된 오토인코더가 최종 솔루션에 근접한 결과를 내기 때문이다).
- 가중치를 고정시켜 놓으면 오토인코더가 메모리 소비를 줄일 수 있다. 이는 저장해야 하는 파라미터 개수를 줄일 수 있기 때문이다.
- 뿐만 아니라 가중치를 고정시켜 놓으면 정규화^{regularization} 효과를 얻을 수

있다. 즉, 최적화가 필요한 파라미터를 줄일 수 있다(최소한 1개는 덜 틀릴 수 있다는 얘기다).

하지만 다른 맥락에서 보면 가중치를 그대로 유지하지 않는 것이 보편적이면서도 적절하게 보인다. 예를 들어 입력 데이터가 멀티모달이고 최적의 디코더가 통계적 규칙^{regularity}을 지닌 비선형 모델일 경우 앞의 문장은 맞는 얘기다. 이런 경우에는 PCA 같은 선형 모델은 비선형 변화 추이에 대해 효과적인 모델을 생성하지 못한다. 결국 가중치를 유지하지 않는 것이 훨씬 더 좋은 결과를 가져올 것이다.

오토인코더의 파라미터에 대해 값을 설정했으니 다음 단계로 이를 학습시킬 수 있는 함수를 정의한다. 앞에서 오토인코더가 입력데이터에 노이즈를 추가하고, 입력 데이터가 재생성될 수 있게 입력 데이터의 인코딩 모델을 학습시킴으로써 효과적으로 학습이 이뤄지게 했다. 다음으로 이 기능을 실행할 함수가 필요하다. 우선 입력 데이터에 변형을 가하는 부분부터 시작하자.

```
def get_corrupted_input(self, input, corruption_level):

    return self.theano_rng.binomial(size=input.shape, n=1, p=1 -
        corruption_level, dtype=theano.config.floatX) * input
```

변형의 정도는 corruption_level 파라미터를 사용해 설정한다. 앞에서 본 것처럼 입력 데이터의 변경은 대략 50%(또는 0.5)를 넘지 않게 한다. 함수 입력 값으로 임의의 케이스들을 선택한다. 선택할 케이스의 수는 corruption_level과 동일한 규모에 맞춘다. 이를 이용해 함수는 입력 데이터와 동일한 길이의 0과 1로 구성된 변형 벡터^{corruption vector}를 만들어낸다. 여기서 벡터의 corruption_level 비율은 0이다. 변형된 입력 벡터는 단순히 오토인코더의 입력 벡터와 변형 벡터의 곱으로 만들어진다.

114

```
def get_hidden_values(self, input):
    return T.nnet.sigmoid(T.dot(input, self.W) + self.b)
```

다음으로 히든 값들을 만들어낸다. 히든 값인 y를 얻으려면 수식 $y = s(Wx + b)$를 계산하는 코드가 필요하다. 오토인코더의 결과 z를 얻기 위해서는 $z = s(W'y + b)$를 계산해야 한다. 이와 관련해 앞에서 정의한 b_prime과 W_prime을 사용하는 코드를 사용해 히든 레이어를 재구성한다.

```
defget_reconstructed_input(self, hidden):
    returnT.nnet.sigmoid(T.dot(hidden, self.W_prime) +
            self.b_prime)
```

이제 비용 업데이트만 계산하면 된다. 앞에서 사용한 비용 함수^{cost function}인 오차 제곱 함수 $E = \frac{1}{2}\|z - x\|^2$ 을 이용한다. 다음과 같이 입력 x와 재구성 결과인 z를 가지고 비용 업데이트를 계산하는 데 비용 함수를 이용해보자.

```
def get_cost_updates(self, corruption_level, learning_rate):
    tilde_x = self.get_corrupted_input(self.x, corruption_level)
    y = self.get_hidden_values(tilde_x)

    z = self.get_reconstructed_input(y)
    E = (0.5 * (T.z - T.self.x)) ^ 2
    cost = T.mean(E)
    gparams = T.grad(cost, self.params)
    updates = [
        (param, param - learning_rate * gparam)
        for param, gparam in zip(self.params, gparams)
    ]
```

```
return (cost, updates)
```

자, 이렇게 해서 dA를 구현했다! 이는 입력 데이터의 비선형 모델을 만드는 데 사용될 수도 있으며, 입력 데이터에 대해 유효하면서도 낮은 차원의 패턴 모델로 표현하는 효과적인 툴 역할을 할 수 있다. 하지만 오토인코더의 진정한 강점은 심층 아키텍처의 블록을 구현하듯 스택 형태로 쌓아 올렸을 때 드러나는 여러 가지 특성에 있다.

▌ SdA

오토인코더는 그 자체로 매우 유용한 툴이긴 하지만, 높은 정확도를 얻으려면 심층 네트워크 형태에 가깝게 오토인코더를 스택처럼 쌓아올려야 한다. 하나의 레이어에 있는 인코더에서 생성된 패턴을 다음 레이어의 인코더 입력으로 전달하는 식이다.

SdA[Stacked Denoising Autoencoders]는 세련된 자연 언어 분석뿐만 아니라, 신호 처리 분석, 이미지 분석, 텍스트 분석 등 광범위한 분야에서 분석 작업을 수행하는 주요 데이터 과학 팀에서 사용되고 있다.

2장에서 심층 신뢰망[DBN]을 배웠으니 SdA를 구현하는 게 그리 어렵지는 않을 것이다. SdA는 DBN에서 RBM이 사용된 것과 동일한 방법이 사용된다. 심층 아키텍처의 각 레이어는 dA와 시그모이드, 그리고 시그모이드 네트워크를 유지하는 데 사용되는 오토인코더 등으로 구성돼 있다. SdA에서는 성능 측정 방법으로 학습용 데이터셋 에러가 사용되는데, 여기에는 레이어 단위의 사전 학습을 위한 집중적인 기간이 포함돼 있다. 특히 이 사전 학습은 최종 단계에서 미세 조정[fine-tuning] 작업이 이뤄지기에 앞서 네트워크 파라미터를 꾸준히 잡아 주기 위해 필요하다. 미세 조정을 수행하는 동안 에포크^{epoch}는 적지만 업데이트 단계가 훨씬 더 많은 테스트 데이터와 유효성을 이용해 네트워크의 학습이 이뤄진다. 이렇게 하는 이유는 정확한 결과를 만들어내기 위해 미세 조정의 최종 단계에서 네트워크가 솔루션에 도달하게 하기 위해서다.

심층 네트워크의 장점(예를 들면 복잡하거나 고차원인 데이터에 대해 피처를 표현하는 모델을 학습하는 능력, 과도한 피처 엔지니어링 없이도 분석 모델을 학습시킬 수 있는 능력 등)에 더해 SA$^{stacked\ autoencoders}$가 지닌 흥미로운 특징이 몇 가지 더 있다.

설정이 잘 돼 있는 SA는 입력 데이터에 대해 계층형 그룹$^{hierarchical\ grouping}$을 도출해낼 수 있다. SdA의 각 레이어는 개념 수준의 피처를 학습하기도 한다. 첫 번째 레이어는 입력 데이터의 1차 피처를 학습한다(예를 들면 사진에 있는 이미지의 윤곽선을 학습하는 식이다). 다음으로 두 번째 레이어는 1차 피처의 그룹에 대해 학습이 이뤄진다(이를 테면 입력 이미지를 구성하는 각 요소 내지는 칸투어^{contour}와 관련된 에지^{edge}에 대한 설정 정보를 학습하는 식이다).

주어진 문제에 대해 적절한 레이어 개수 내지는 레이어 크기를 정하는 데 딱 맞는 기준은 없다. 가장 좋은 해결책은 일반적으로 최적의 지점을 찾을 때까지 이러한 분석 모델의 파라미터로 실험하는 것이다. 이 실험은 하이퍼파라미터 최적화 기술$^{hyperparameter\ optimization}$ 또는 유전자 알고리즘$^{genetic\ algorithm}$(뒤에서 다룬다)을 사용하는 것이 가장 좋다.

더 높은 레이어일수록 점점 더 고차원 설정 정보를 학습할 수 있다. 따라서 (1) 얼굴의 특징, (2) (알파벳 또는 숫자 같은) 문자들, (3) (새 같은) 일반적인 객체의 형태 등을 인식하게 SdA를 학습시킬 수 있다. 이는 SdA가 입력 데이터에 대해 매우 세련되면서도 개념 수준으로 추상화된 것들을 학습하기 위한 고유한 기능을 갖추게 한다.

오토인코더는 무한대로 쌓아 올릴 수 있다. 결국 오토인코더를 계속 쌓아 올리면

(계산 소요 시간이 주요 제약 사항 중 하나인) 심층 아키텍처의 효과를 향상시킬 수 있다. 3장에서는 자연 언어 처리를 위한 3개의 오토인코더를 쌓아 올린 SdA에 대해 알아본다.

SdA 응용

앞에서 딥러닝 아키텍처 중 하나인 SdA의 장점에 대해 알아봤다. 이제 실제 데이터셋을 이용해 실력을 향상시켜 보자.

3장에서는 이미지 데이터셋 대신 OpinRank Review 데이터셋을 이용해 작업을 시작한다. 이 데이터는 259,000개의 호텔 리뷰에 관련된 정보로, UCI 머신 러닝 데이터셋 모음 사이트에서 다운로드할 수 있다. 1점부터 5점으로 구성된 리뷰 스코어와 다양한 호텔에 대한 리뷰 결과를 제공한다. 여기서는 리뷰 결과를 통해 각 호텔의 스코어를 파악하는 데 SdA를 적용할 것이다.

 이 데이터를 전처리한 결과를 분석하기 위해 오토인코더를 사용할 것이다. 오토인코더는 3장에서 소개하는 깃허브를 통해 다운로드할 수 있다. 나중에 텍스트 데이터를 준비하는 데 필요한 기술을 알아볼 것이다. 다음 URL을 통해 데이터를 다운로드할 수 있다.

https://archive.ics.uci.edu/ml/datasets/OpinRank+Review+Dataset

우선 SdA 클래스(이후 SdA로 표기)부터 만들자.

```
class SdA(object):

    def __init__(
        self,
        numpy_rng,
        theano_rng=None,
```

```
        n_ins=280,
        hidden_layers_sizes=[500, 500],
        n_outs=5,
        corruption_levels=[0.1, 0.1]

    ):
```

앞에서 설명한 것처럼 SdA는 특정 레이어의 오토인코더에서 만들어진 인코딩 결과를 후속되는 레이어에 입력 값으로 전달하기 위해 생성한 것이다. 이 클래스는 레이어 수를 설정할 수 있게 돼 있다(일단 `hidden_layers_sizes` 벡터와 `corruption_levels` 벡터 등이 반영돼 있다). 각 레이어에서 (노드 내에 있는) 레이어 크기를 각각 설정할 수 있게 하며, 이는 `hidden_layers_sizes`를 이용하면 된다. 앞의 설명처럼 오토인코더 내의 후속 레이어에 대한 환경설정 기능은 모델을 만드는 데 매우 중요한 요소다.

다음으로 SdA의 MLP(`self.sigmoid_layers`)와 dA(`self.dA_layers`)를 저장할 파라미터가 필요하다. 심층 아키텍처의 깊이^{depth}를 설정하기 위해 `self.n_layers`를 이용해 필요한 시그모이드와 dA 레이어 수를 설정한다.

```
self.sigmoid_layers = []
self.dA_layers = []
self.params = []
self.n_layers = len(hidden_layers_sizes)

assertself.n_layers> 0
```

다음으로 시그모이드와 dA 레이어를 생성한다. 입력 벡터의 크기를 설정하거나 앞 단계의 레이어를 활성화하는 방법을 통해 히든 레이어의 수를 설정한다. 이어서 `sigmoid_layer`와 `dA_layer`를 생성한다. 앞에서 설명한 dA 클래스의 dA 레이어를 이용한다.

```
for i in xrange(self.n_layers):
    if i == 0:
        input_size = n_ins
    else:
        input_size = hidden_layers_sizes[i - 1]

if i == 0:
    layer_input = self.x
else:
    layer_input = self.sigmoid_layers[-1].output

sigmoid_layer = HiddenLayer(rng=numpy_rng,
    input=layer_input,
    n_in=input_size,
    n_out=hidden_layers_sizes[i],
    activation=T.nnet.sigmoid)

self.sigmoid_layers.append(sigmoid_layer)
self.params.extend(sigmoid_layer.params)

dA_layer = dA(numpy_rng=numpy_rng,
    theano_rng=theano_rng,
    input=layer_input,
    n_visible=input_size,
    n_hidden=hidden_layers_sizes[i],
    W=sigmoid_layer.W,
    bhid=sigmoid_layer.b)

self.dA_layers.append(dA_layer)
```

SdA의 레이어를 구현했다. 이제 네트워크의 MLP 부분을 만들기 위한 로지스틱 회귀 레이어가 필요하다. 다음 코드를 살펴보자.

```
self.logLayer = LogisticRegression(
```

```
        input=self.sigmoid_layers[-1].output,
        n_in=hidden_layers_sizes[-1],
        n_out=n_outs
    )

    self.params.extend(self.logLayer.params)
    self.finetune_cost = self.logLayer.negative_log_likelihood(self.y)
    self.errors = self.logLayer.errors(self.y)
```

이렇게 해서 SdA의 아키텍처를 모두 완료했다. 다음으로 SdA 클래스를 이용해
학습용 함수를 만들어야 한다. 각 함수는 입력 인자로 미니배치 인덱스^{minibatch}
index(index)를 받는다. 아울러 corruption_level과 learning_rate 등 다른 것들
도 함께 입력 인자로 받는다. 이를 통해 학습 단계에서 (값이 점점 증가 한다든지
감소한다든지 하는 식으로) 조정이 가능하게 한다. 또한 배치 작업의 시작과 끝을
알 수 있게 batch_begin과 batch_end를 설정한다.

 학습률을 유연하게 조정할 수 있는 기능은 특히 유용하며, 두 가지 방법 중 하나를
선택해 적용 가능하다. 일단 특정 기술이 적절한 솔루션에 수렴하기 시작하면 학
습률을 낮추는 것이 여러모로 도움이 된다. 이렇게 하지 않으면 최적의 솔루션
근처에서 네트워크가 수렴하지 못하고 출렁거리는 상황이 발생할 위험이 있다.
어떤 맥락에서는 네트워크 성능 측정 방법에 학습률을 연동시키는 게 좋을 수도
있다. 에러율이 높으면 에러율이 감소하기 시작할 때까지 대대적으로 조정 작업을
수행하는 것이 좋다!

```
def pretraining_functions(self, train_set_x, batch_size):
    index = T.lscalar('index')
    corruption_level = T.scalar('corruption')
    learning_rate = T.scalar('lr')
    batch_begin = index * batch_size
    batch_end = batch_begin + batch_size
```

```
pretrain_fns = []
for dA in self.dA_layers:
    cost, updates = dA.get_cost_updates(corruption_level,
        learning_rate)
    fn = theano.function(
        inputs=[
            index,
            theano.Param(corruption_level, default=0.2),
            theano.Param(learning_rate, default=0.1)
        ],
        outputs=cost,
        updates=updates,
        givens={
            self.x: train_set_x[batch_begin: batch_end]
        }
    )
    pretrain_fns.append(fn)

return pretrain_fns
```

앞에서 만든 사전 학습 함수는 미니배치 인덱스와 변형 수준^{corruption level}, 학습률 등을 입력으로 받는다. 이를 통해 사전 학습을 수행하고, 그 결과로 비용^{cost}과 가중치 벡터의 업데이트 값을 리턴한다.

사전 학습 외에도 미세 조정 단계를 위한 함수를 만들어야 한다. 이 함수에서는 네트워크가 유효성 검사와 더불어 네트워크 파라미터를 최적화할 수 있게 테스트 데이터를 반복적으로 실행시킨다. 다음에 나오는 코드에 있는 학습 담당 함수 (train_fn)는 미세 조정에 대해 한 개의 단계로만 구현돼 있다. valid_score는 파이썬 함수 중 하나인데, 유효성 데이터에 대해 SdA를 통해 얻은 에러 측정치를 이용해 유효성 스코어를 계산하는 역할을 한다. 마찬가지로 test_score는 테스트 데이터에 대한 에러 스코어를 계산한다.

이 프로세스를 시작하려면 먼저 학습, 검증, 테스트 단계에서 필요한 데이터셋을 마련해야 한다. 각 단계별로 피처와 클래스 레이블로 구성된 2개의 데이터셋(x와 y)이 필요하다. 유효성 검증과 테스트를 위한 미니배치 수도 결정해야 한다. 또한 배치 크기를 추적하는 용도로 인덱스 index도 생성한다(아울러 배치 작업의 시작과 끝도 파악할 수 있게 해준다). 학습, 검증, 테스트는 각 배치 단계에서 수행되며, 이를 통해 valid_score와 test_score 모두 전체 배치 과정에서 계산된다.

```python
def build_finetune_functions(self, datasets, batch_size,
        learning_rate):

    (train_set_x, train_set_y) = datasets[0]
    (valid_set_x, valid_set_y) = datasets[1]
    (test_set_x, test_set_y) = datasets[2]

    n_valid_batches = valid_set_x.get_value(borrow=True).shape[0]
    n_valid_batches /= batch_size
    n_test_batches = test_set_x.get_value(borrow=True).shape[0]
    n_test_batches /= batch_size

    index = T.lscalar('index')

    gparams = T.grad(self.finetune_cost, self.params)

    updates = [
        (param, param - gparam * learning_rate)
        For param, gparam in zip(self.params, gparams)
    ]

    train_fn = theano.function(
        inputs=[index],

        outputs=self.finetune_cost,
        updates=updates,
        givens={
            self.x: train_set_x[
```

```
            index * batch_size: (index + 1) * batch_size
        ],
        self.y: train_set_y[
            index * batch_size: (index + 1) * batch_size
        ]
    },
    name='train'
)

test_score_i = theano.function(
    [index],
    self.errors,
    givens={
        self.x: test_set_x[
            index * batch_size: (index + 1) * batch_size
        ],
        self.y: test_set_y[
            index * batch_size: (index + 1) * batch_size
        ]
    },
    name='test'
)

valid_score_i = theano.function(
    [index],
    self.errors,
    givens={
        self.x: valid_set_x[
            index * batch_size: (index + 1) * batch_size
        ],
        self.y: valid_set_y[
            index * batch_size: (index + 1) * batch_size
        ]
    },
    name='valid'
)
```

124

```
def valid_score():
    return [valid_score_i(i) for i inxrange(n_valid_batches)]

def test_score():
    return [test_score_i(i) for i inxrange(n_test_batches)]

return train_fn, valid_score, test_score
```

학습 기능을 갖춘 다음 코드를 통해 SdA를 초기화한다.

```
numpy_rng = numpy.random.RandomState(89677)
print '... building the model'
    sda = SdA(
        numpy_rng=numpy_rng,
        n_ins=280,
        hidden_layers_sizes=[240, 170, 100],
        n_outs=5
    )
```

이 시점에서 무엇을 하고 있는지 확인할 수 있게 레이어 크기에 대해 초깃값을 설정해야 한다. 이 경우 사용되는 레이어 크기는 초기 테스트의 결과와 같다. 앞에서 설명한 것처럼 SdA 학습은 두 단계에 걸쳐서 이뤄진다. 첫 번째는 SdA의 레이어 전반에 걸쳐 반복 수행되는 레이어 기반 사전 학습 프로세스고, 두 번째는 검증과 테스트 데이터를 대상으로 한 미세 조정 프로세스다.

SdA의 사전 학습을 위해 필요한 변형 수준을 제공한다. 이를 이용해 각 레이어를 학습시킨다. 이 외에 앞에서 정의한 pretraining_fns를 이용해 여러 레이어에 걸쳐 수행을 반복한다.

```
print '... getting the pretraining functions'
pretraining_fns = sda.pretraining_functions(train_set_x=train_set_x,
```

```
        batch_size=batch_size)

print '... pre-training the model'
start_time = time.clock()
corruption_levels = [.1, .2, .2]
for i in xrange(sda.n_layers):

    for epoch in xrange(pretraining_epochs):
        c = []
        for batch_index in xrange(n_train_batches):
            c.append(pretraining_fns[i](index=batch_index,
                    corruption=corruption_levels[i],
                lr=pretrain_lr))

print 'Pre-training layer %i, epoch %d, cost ' % (i, epoch),

print numpy.mean(c)

end_time = time.clock()

print(('The pretraining code for file ' +
        os.path.split(__file__)[1] + ' ran for %.2fm' % ((end_time - start_
        time) / 60.)), file = sys.stderr)
```

이 책에서 제공하는 깃허브에 저장된 코드를 호출해서 SdA 클래스를 초기화할
수 있다. 깃허브 저장소는 MasteringMLWithPython/Chapter3/SdA.py다.

SdA 성능 평가

SdA는 실행 시간이 상당히 오래 걸린다. 각 레이어당 15 에포크^{epoch}를 이용하며,
각 레이어가 평균 11분 정도 소요되므로 네트워크 실행 시간은 GPU 가속기와
단일 스레드 GotoBLAS로 구성된 최신 데스크탑 시스템을 기준으로 약 500분
정도 걸린다.

GPU 가속기를 사용하지 않는 시스템에서 네트워크는 학습에 훨씬 더 많은 시간이 소요된다. 이에 대해 작은 크기의 입력 데이터셋을 이용하는 것이 좋다. 예를 들면 다음과 같은 파일이 있다.

MasteringMLWithPython/Chapter3/SdA_no_blas.py

최종 결과는 유효성 검증 에러 스코어 3.22%, 테스트 에러 스코어 3.14% 등으로 매우 높은 수준을 보였다. 자연어 처리 애플리케이션이 지닌 모호하고 달성하기 어려운 성격임을 감안하면 이 결과는 대단히 괜찮다고 볼 수 있다.

네트워크가 (별 3개처럼) 중간보다 별 1개 또는 별 5개짜리 등급에 대해 훨씬 더 정확하게 분류 결과를 낸 것은 특히 주목할 만하다. 이는 주로 언어가 지닌 애매한(즉, 흑백 논리처럼 명확하게 구분하기 어려운) 특성을 지니고 있기 때문이다.

이 입력 데이터가 분류 가능한 이유를 생각해보면 피처 엔지니어링이 많이 이뤄졌기 때문이라고 볼 수 있다. 해결할 문제도 상당히 많았고 시간도 오래 걸렸지만, 최적화된 모델과 잘 만들어진 피처 엔지니어링을 결합해서 높은 수준의 정확도에 도달할 수 있다는 것을 보여줬다. 6장에서 이 데이터셋을 마련하는 데 필요한 기술을 직접 적용할 것이다.

▌참고 문헌

오토인코더에 대한 개념 정리는 구글 뇌 과학 팀의 쿠오 V 르Quoc V. Le의 자료를 참고하기 바란다.

https://cs.stanford.edu/~quocle/tutorial2.pdf

3장에서 사용한 시아노 관련 자료는 다음 주소를 참고하기 바란다. 시아노의 기본 내용과 함께 3장에서 사용된 주요 라이브러리들도 활용할 수 있다.

http://deeplearning. net/tutorial/contents.html

▌요약

3장에서는 상당히 특이한 애플리케이션을 이용하는 차원 축소화 기법 중 하나인 오토인코더에 대해 알아봤다. SdA의 이론적 배경을 자세히 학습하고, 심층 아키 텍처에 기반을 두고 오토인코더를 여러 층으로 쌓아 올리는 식의 오토인코더 확장 개념도 살펴봤다. 기존에 해결이 쉽지 않았던 자연어 처리 문제에 SdA를 적용하고, 상당히 좋은 결과를 얻을 수 있었다. 특히 호텔 리뷰 데이터에서 대단 히 높은 감성 분석 결과를 보여줬다.

4장에서는 컨볼루션 신경망CNN, Convolutional Neural Networks을 포함한 지도형 딥러닝 supervised deep learning 기법에 대해 다룬다.

4

컨볼루션 신경망(CNN)

4장에서는 심층 아키텍처 중 가장 많이 알려진 컨볼루션 신경망(CNN 또는 convnet)에 대해 학습한다.

- convnet의 토폴로지와 러닝 프로세스에 대해 알아본다. 물론 컨볼루션 레이어convolutional layer와 풀링 레이어pooling layer도 함께 다룬다.
- convnet 구성 요소를 네트워크 아키텍처와 잘 결합시킬 수 있는 방법을 학습한다.
- 이미지 분류 같은 문제를 해결하는 데 convnet 아키텍처를 어떻게 적용하는지 파이썬 코드를 통해 알아본다.

▌ CNN의 소개

머신 러닝 분야에서는 병렬 형태의 생물학적 구조를 코드로 개발하는 것을 선호해왔다. 가장 확실한 예로는 멀티레이어 퍼셉트론^{MLP} 신경망을 들 수 있다. 이것의 토폴로지와 러닝 프로세스는 인간 두뇌의 뉴런에서 아이디어를 얻은 것이다.

이런 선호는 매우 효율적이라고 알려져 있다. 특정 작업에서 탁월한 성과를 보이는 특별하고, 최적화된 생물학적 구조가 있다면 이를 통해 효과적인 학습 모델을 설계하고 만들 수 있는 풍부한 템플릿과 아이디어를 얻을 수 있기 때문이다.

컨볼루션 신경망^{CNN}은 (대뇌의 후두엽 영역에 있는) 시각 피질$^{visual\ cortex}$에서 영감을 얻어 설계된 것이다. 시각 피질은 시각적인 입력을 담당하는 뇌의 영역이다. 시각 피질에는 시각적 데이터를 효과적으로 처리할 수 있는 몇 가지 특별한 기관이 있다. 여기에는 시야의 중첩 영역에서 빛을 탐지하는 여러 수용체 세포도 포함된다. 모든 수용체 세포는 동일한 컨볼루션^{convolution} 연산으로 동작한다. 즉 모두 동일한 방식으로 입력을 처리한다는 얘기다. 이런 점은 convnet의 설계에도 그대로 반영됐으며, 이를 통해 다른 신경망의 토폴로지와 확연히 구분되는 특성을 지닌다.

CNN(또는 convnet)은 인공지능과 머신 러닝에서 가장 큰 파급 효과를 가져 올만큼 많은 발전을 이뤘다. CNN의 다양한 버전을 통해 가장 세련된 시각적 영역, 언어적 영역, 그리고 문제 해결을 위한 애플리케이션에 적용되고 있다. 대표적인 예를 들면 다음과 같다.

- 구글^{Google}은 22 레이어의 convnet 아키텍처로 만들어진 GoogLeNet을 비롯해 다양한 convnet 아키텍처를 개발했다. 또한 과장된 시각적 이미지로 유명세를 탄 구글의 DeepDream 프로그램 역시 컨볼루션 신경망을 사용한다.
- 컨볼루션 신경망은 (오랫동안 인공지능 분야에서 미해결 문제로 남아있던) 바둑을 둘 수 있게 학습되기도 했으며, 현재 바둑 고수를 상대로 85%에서 91%의 승률을 보이고 있다(인공지능 바둑에 관해서는 2016년, 2017년의 각종

뉴스를 참고하기 바란다).

- 페이스북[Facebook]은 얼굴을 검증하는 데 컨볼루션 신경망을 사용하고 있다 (DeepFace).

- 바이두[Baidu], 마이크로소프트 리서치[Microsoft research], IBM, 트위터[Twitter] 등도 차세대 지능형 애플리케이션 제공을 목표로 여러 가지 미해결 문제를 푸는 데 convnet을 이용하고 있다.

최근 2014 ImageNet Challenge 같은 객체 인식 기술 경진대회를 보면 (1) convnet 알고리즘 또는 (2) convnet과 다른 아키텍처와 결합한 다중 모델 앙상블 등이 높은 성과를 보여주고 있다.

8장에서 앙상블 기법을 생성하고 효과적으로 적용하는 방법에 대해 다루겠지만, 4장에서는 대규모 시각적 분류에 컨볼루션 신경망을 어떻게 적용하는지 중점적으로 학습하기로 한다.

컨볼루션 신경망 토폴로지

컨볼루션 신경망의 아키텍처는 상당히 익숙할 것이다. 네트워크는 출력 레이어로 갈수록 점점 노드 수가 작아지게 구성된 비순환형 그래프[Acyclic Graph] 형태를 띠며, 각 레이어는 다음 레이어로 계속 이어진다. 이는 멀티레이어 퍼셉트론처럼 유명한 네트워크 토폴로지에서 많이 봐왔던 것이다.

대부분의 다른 네트워크와 컨볼루션 신경망 사이의 가장 직접적인 차이는 어쩌면 convnet에 있는 모든 뉴런이 동일하다는 것이라고 하겠다! 모든 뉴런은 동일한 파라미터와 가중치를 갖고 있다. 이는 결국 네트워크에 의해 제어되는 파라미터의 수를 줄여주므로 상당히 효율적이다. 또한 일반적으로 관리 및 계산할 파라미터가 적기 때문에 네트워크 학습 속도도 향상된다. 4장의 뒷부분에서 소개하겠지만, 이 외에도 공유 가중치[shared weight]는 입력(예를 들면 입력 이미지나 오디오 신호 같은)의 위치가 어디든지 관계없이 convnet이 피처를 학습할 수 있게 한다.

컨볼루션 신경망과 다른 아키텍처 간의 또 다른 큰 차이점이라면 노드 간의 연결에 제약이 있다는 것이다. 마치 공간적으로 로컬 연결 패턴을 만드는 것처럼 말이다. 즉 주어진 노드에 대한 입력은 수용체 필드가 인접한 노드로만 제한된다. 이는 공간상에서 연속적으로 이어지는 형태일 수 있는데, 이미지 데이터를 떠올리면 쉽게 이해가 갈 것이다. 이 경우 각 뉴런의 입력은 궁극적으로 이미지의 연속된 부분집합에서 가져온다. 오디오 신호 데이터의 경우 연속적인 타임 윈도우가 입력 값이 될 것이다.

이를 좀 더 명확하게 이해하기 위해 예제 입력 이미지를 살펴보고 컨볼루션 신경망이 특정 노드에서 이미지의 일부를 처리하는 방법에 대해 알아보자. 컨볼루션 신경망의 첫 번째 레이어에 있는 노드는 입력 이미지의 서브셋에 할당된다. 이 경우 이미지의 3×3 픽셀 서브셋을 각각 차지한다고 가정해보자. 우리가 적용할 범위는 노드에 의해 입력받은 전체 이미지로, 영역 간에 오버랩도 없고, 갭^{gap}도 없어야 한다. 각 노드는 이미지의 3×3 픽셀 서브셋(노드의 수용 필드)에 할당되고 그 입력의 변환된 버전을 출력한다. 지금은 변환에 관련된 세부 사항은 무시한다.

출력은 대개 노드의 두 번째 레이어에서 선택된다. 이 경우 두 번째 레이어가 첫 번째 레이어의 노드에서 모든 출력의 서브셋을 가져오는 경우를 가정해보자. 이를테면 원본 이미지의 연속된 6×6 픽셀 서브셋을 취할 수 있겠다. 즉, 이전 레이어에서 정확히 4개 노드의 출력을 다루는 수용 필드가 있다. 그림을 통해 보면 좀 더 명확히 이해할 수 있을 것이다.

두 번째 레이어

첫 번째 레이어

입력 이미지

각 레이어는 원하는 대로 구성할 수 있다. 어떤 컨볼루션 레이어의 출력을 다음 레이어의 입력으로 전달할 수 있다. 이는 3장에서 본 것과 동일한 결과를 나타낸다. 연속으로 이어진 레이어는 점점 더 상위 레벨의 개념적인 피처를 표현할 수 있게 만들어진다. 더욱이 아래쪽에 레이어를 추가하면 피처의 표현이 더 큰 픽셀 영역까지 가능해진다. 궁극적으로 레이어를 쌓아올림으로써 전체 입력을 글로벌하게 표현할 수 있다.

컨볼루션 레이어

앞에서 설명한 것처럼 레이어의 가중치를 전체 레이어에 걸쳐 공유한다. 이는 예측 불가능하면서 조정도 어려운 로컬 파라미터 세트를 통해 각 노드의 학습이 이뤄지지 않게 하기 위해서다. 이를 좀 더 명확하게 하려면 컨볼루션 레이어에 적용된 필터는 입력 데이터셋에 걸쳐 슬라이딩되는 (합성곱 또는 컨볼브^{Convolve}라고 한다) 단일 필터 셋이다. 이는 입력에 대해 2차원의 활성화 맵을 생성하는데, 이를 피처 맵$^{feature\ map}$이라고 한다.

필터 자체는 크기^{size}, 깊이^{depth}, 스트라이드^{stride}, 0-패딩$^{zero-pading}$ 등 4개의 하이퍼 파라미터와 관련이 있다. 필터의 크기는 그 자체로 명확하고, 필터의 넓이가 된다(즉 높이^{height}와 너비^{width}를 곱하면 된다. 필터를 제곱할 필요가 없다!). 필터가 더 클수록 중첩되는 영역이 더 커지고, 분류의 정확도는 더 향상될 수 있다. 하지만 필터 크기가 커질수록 출력 자체도 그만큼 커진다. 따라서 컨볼루션 레이어를 통해 생성되는 출력의 크기를 조절하는 것은 네트워크의 효율성을 제어하는 데 있어 매우 중요한 요소라 할 수 있다.

깊이는 (입력과 동일한 영역에 연결되는) 레이어의 노드 개수로 정의한다. 깊이를 좀 더 쉽게 이해하려면 여러 가지 다른 속성이 포함돼 있는 이미지를 보면 된다. 포토샵의 이미지 조정 슬라이더를 본 사람이라면 무슨 얘기를 하는지 연상이 될 것이다. 깊이는 해당 차원으로 볼 수도 있다. 이는 이미지의 복잡도와 관련이 있으며, 어떤 면에서는 이를 정확하게 설명하기 위해 필요한 채널의 개수이기도 하다.

깊이는 입력에 대해 녹색, 청색, 적색으로 인식하는 노드를 이용하는 색상 채널을 설명한다고 볼 수도 있다. 이런 경우 (첫 번째 컨볼루션 레이어의) 깊이를 3이라고 할 수 있다. convnet이 해당 이미지를 좀 더 정확하게 학습할 수 있게 하기 위해 일부 노드가 입력 이미지의 다소 불완전한 속성을 표현하기 위한 학습이 매우 중요하다. 깊이 관련 하이퍼파라미터를 증가시키면 노드가 입력에 대한 더 많은 정보를 인코딩할 수 있다. 이를 통해 예상되는 여러 문제점과 장점이 있다.

결과적으로 깊이 파라미터를 지나치게 작은 값으로 설정하면 네트워크가 입력 데이터를 정확하게 분석하는 데 필요한 표현 깊이$^{expressive\ depth}$(즉, 채널 개수)가 없으므로 결과가 좋지 않을 수 있다. 이는 좀 더 쉽게 해결할 수 있다는 점을 제외하고는 충분한 가능성이 없는 문제와 별다를 게 없다. convnet의 표현 깊이를 향상시키기 위해 네트워크의 깊이를 상향 조정할 수 있다.

마찬가지로 깊이 파라미터를 너무 작은 값으로 설정하면 성능에 과부하가 걸리거나 위험할 수 있다. 따라서 무언가 의심이 든다면 하이퍼파라미터의 최적화, 엘보우 기법 또는 그 외에 기술을 통해 네트워크 구성 중에 적절한 깊이 값을 테스트해보기 바란다.

스트라이드^{stride}는 뉴런 간의 간격을 측정한다. 스트라이드 값이 1이면 모든 입력 요소(이미지의 경우 잠재적으로 모든 픽셀)가 필터 인스턴스의 중앙값이 된다. 이럴 경우 자연스럽게 중첩의 정도가 높고 출력의 크기도 매우 크다. 스트라이드를 증가시키면 수용 필드에서 중복이 적어지고 출력 크기가 감소한다. convnet의 스트라이드를 조정하는 것은 출력 크기에 대한 가중치의 정확성에 대한 문제지만, 일반적으로 더 나은 스트라이드를 사용하는 것이 좋다. 또한 스트라이드 값을 1로 설정하면 풀링 레이어에서 다운 샘플링 및 스케일 축소를 관리할 수 있다 (4장의 뒤에서 설명한다).

다음 다이어그램을 통해 깊이와 스트라이드를 자세히 알아보자.

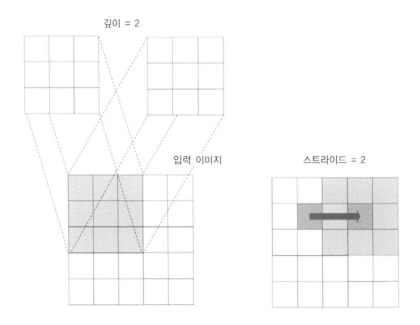

마지막 하이퍼파라미터인 0-패딩은 꽤나 편리한 기능을 제공한다. 0-패딩은 반복되는 필드의 출력 값outer value을 0으로 설정하는 프로세스다. 이는 레이어의 출력 크기를 줄여주는 효과가 있다. 필드의 가장자리 부근에 1개 또는 그 이상의 픽셀을 0으로 설정할 수 있는데, 이렇게 하면 출력 크기가 그에 따라 작아진다. 물론 일부 제약 사항이 있다. 당연하겠지만, 0-패딩과 스트라이드는 그리 좋은 방안은 아니다. 필터가 입력을 처리하지 못하기 때문이다! 더 나아가서 0-패딩의 수위를 높일수록 효과가 점점 작아지는 결과를 초래한다. 이는 결국 코어스 코딩coarse coding을 통한 피처의 학습이 점점 더 어려워지게 만든다(4장의 '풀링 레이어' 절을 참조하기 바란다).

그러나 0-패딩은 매우 유용한 방법이긴 하다. 입력과 출력이 똑같은 크기가 될 수 있게 조정할 수 있기 때문이다. 이는 매우 실용적인 특징으로 0-패딩을 사용하면 입력 레이어와 출력 레이어의 크기가 동일한지 확인해주며, 이를 통해 스트라이드 값과 깊이 값을 손쉽게 관리할 수 있다. 반면 0-패딩을 사용하지 않으면 입력 크기를 추적하고, 네트워크 함수를 정확하게 만들기 위해 단순히 네트워크 파라미터를 관리하는 등 대단히 많은 작업을 해야 한다. 또한 0-패딩은 성능을 향상시켜주며, 이를 사용하지 않을 경우 convnet은 필터의 에지에 있는 컨텐트의 퀄리티가 점점 낮아진다.

convnet을 정의할 때 노드의 개수와 적절한 스트라이드, 후속으로 이어지는 패딩을 계산하기 위해 앞 단계의 출력 크기를 알고 있어야 한다.

레이어의 출력에 대한 공간상의 크기(O)를 구하려면 입력 이미지 크기(W), 필터 크기(F), 스트라이드(S), 적용된 0-패딩의 규모(P)를 이용하면 되는데, 다음과 같은 수식으로 표현된다.

$$O = \frac{W - F + 2P}{S + 1}$$

O가 정수가 아닌 경우 필터는 입력 값에 대해 타일링을 하지 않는 대신 입력의 에지를 확장시킨다. 이는 학습 과정에서는 일부 문제를 야기할 수 있다! 스트라이드 값을 조정해서 O에 대한 전체 솔루션을 찾을 수도 있고, 효과적으로 학습할 수도 있다. 다른 하이퍼파라미터와 입력 크기를 고려해 가능한 한 스트라이드에 제약을 주는 것이 일반적이다.

컨볼루션 레이어를 올바르게 구성하는 데 관련된 하이퍼파라미터에 대해 알아봤다. 하지만 여전히 컨볼루션 프로세스에 대해서는 아직 살펴보지 않았다. 컨볼루션은 일종의 수학 연산자인데, 이는 덧셈이나 미분 계산처럼 신호 처리 애플리케이션과 (복잡한 방정식을 계산하는 데 효과적인) 다양한 상황에서 사용된다.

이해하기 쉽게 설명하면 컨볼루션은 2개의 함수 중 하나의 수정된 버전인 세 번째 함수를 생성하는 것과 같이 2개의 함수에 대한 연산이라고 할 수 있다. convnet 내에 있는 컨볼루션의 경우 첫 번째 컴포넌트는 네트워크의 입력이다. 컨볼루션이 이미지에 적용된 경우 컨볼루션은 2가지 차원(이미지의 너비와 높이)로 적용된다. 입력 이미지는 일반적으로 적색, 청색, 녹색 색상 채널 각각에 대해 하나씩 픽셀의 3 행렬이며 각 채널별로 0에서 255 사이의 값을 가진다.

여기서 텐서(tensor)의 개념에 대해 알아볼 필요가 있다. 텐서는 보통 입력 데이터의 n차원 배열 또는 행렬로 알려져 있으며, 대개 딥러닝 상황에 적용된다. 이는 행렬이나 배열에 대해 효과적으로 연결된다. 텐서와 관련된 자세한 내용(텐서플로 (TensorFlow) 라이브러리를 포함해서)은 4장과 9장에서 다룰 예정이다. 텐서라는 용어가 머신 러닝 커뮤니티에서 사용됐다는 점에 대해, 이는 주로 구글의 머신 인텔리전스 연구 팀의 영향이 컸다는 점을 알아둘 필요가 있다.

컨볼루션 연산에 대한 두 번째 입력은 컨볼루션 커널로, 이는 입력 행렬에서 필터로 동작하는 부동소수점 실수로 구성된 하나의 행렬이다. 컨볼루션 연산의 출력 결과는 피처 맵으로 나타난다. 컨볼루션 연산은 입력에 대해 필터를 슬라이딩 시키고, 각 인스턴스에서 2개의 입력 인자에 대한 벡터 내적을 계산하는 과정을 거치며, 이 결과로 피처 맵이 만들어진다. 컨볼루션 레이어의 스트라이드가 1인 경우 이 연산은 입력 이미지의 각 픽셀별로 수행된다.

컨볼루션의 주요 장점은 피처 엔지니어링을 줄일 수 있다는 것이다. 복잡한 커널의 생성 및 관리와 함께 꼭 필요한 (특화된) 피처 엔지니어링의 수행이 필요하다는 건, 특정 상황에서 잘 동작하는 피처 엔지니어링 프로세스가 다른 경우에는 잘 맞지 않는다는 점에서 썩 좋다고 보기는 어려울 수 있다. 자세한 사항은 7장에서 다루겠지만, 컨볼루션 신경망은 이에 대한 강력한 대안을 제공한다.

하지만 CNN은 주어진 입력을 필터링하는 커널의 성능을 점진적으로 향상시키며, 이를 통해 자동으로 커널을 최적화한다. 이 프로세스는 병렬 형태로 한 번에 여러 개의 커널을 학습시킬 경우 더욱 빠르게 이뤄진다. 이를 피처 러닝^{feature} learning이라고 하며, 3장에서 다뤘던 내용이다. 피처 러닝은 시간 측면에서 대단한 장점을 지니고 있으며, 다양한 문제에 활용할 수 있다. 앞에서 SdA와 DBN을 구현했던 것처럼 입력 이미지를 분류하는 데 피처를 이용하는 간단한 신경망을 가지고 피처를 학습시켜보자.

풀링 레이어

복잡하고 노이즈가 섞인 입력 데이터에 대한 피처 맵 형태로 피처를 효과적으로 만들어내는 토폴로지를 생성하고자 할 때 컨볼루션 레이어를 스택 형태로 쌓아 올리면 된다. 하지만 컨볼루션 레이어는 단순히 심층 네트워크의 구성 요소로 한정 짓지 말기 바란다. 풀링 레이어^{pooling layer}를 이용해 컨볼루션 레이어를 생성 한 것이라고 보면 된다. 풀링은 피처 맵에 대한 연산 중 하나로 여러 개의 피처 값을 계산해 하나의 집계 결과를 리턴하는데, 보통 최대 풀링^{max-pooling}, 평균 풀링 ^{mean-pooling}, 총합 풀링^{sum-pooling} 연산이 사용된다.

풀링은 뛰어난 장점을 제공하는 꽤 괜찮은 방법 중 하나다. 피처 맵에 대한 집계 함수 계산을 하지 않으면 엄청나게 많은 피처를 일일이 다 살펴봐야 할 수도 있기 때문이다. 4장에서 분류에 사용할 CIFAR-10 데이터셋은 60,000개의 32× 32 픽셀 이미지로 구성돼 있다. 각 컨볼루션별로 8×8 크기의 각 이미지에 대해 200개의 피처를 학습한다고 가정했을 때 각 이미지당 $(32-8+1)\times(32-8+1)\times200$ 내지는 125,000개의 피처로 구성된 출력 벡터가 결과로 나올 수 있다. 컨볼루션 은 엄청난 양의 피처를 만들어내는데, 이로 인해 대단히 많은 계산 작업이 있을 수 있고, 또 심각한 오버피팅 문제가 발생할 수도 있다.

풀링 연산을 통해 얻을 수 있는 또 다른 장점은 (노이즈가 많고, 고차원인 데이터에 대한 모델을 만들 때 발생하는) 많은 표준편차(또는 분산)가 큰 영향을 받지 않는다는 점이다. 특히 풀링은 네트워크가 피처의 포지션을 과하다 싶을 정도로 학습하지 않게(즉 오버피팅이 일어나지 않게) 한다. 이는 이미지 프로세싱 또는 이미지 인식에서 대단히 중요한 요구 사항 중 하나이기 때문이다. 풀링을 이용하면 네트워크는 더 이상 입력 데이터에 대해 피처의 위치를 정확하게 고정시킬 필요가 없다. 또한 이러한 기능을 더 일반화할 수 있다. 이를 **번역 불변성**translation-invariance 이라고 한다.

최대 풀링은 풀링 연산 중 가장 많이 사용된다. 이는 이미지 인식과 이미지 분류를 위해 가장 적절한 후보군을 생성하기 위해 문제에 대해 가장 많은 피처에 집중하기 때문이다. 이와 유사한 논리로 최소 풀링min-pooling은 민감한 분류 내지는 오버피팅이 일어나지 않게 몇 가지 과정을 더 추가해야 할 경우 이용한다.

확실히 최대-풀링 같은 신속하게 적용되고 간단한 풀링 방법을 사용해 모델링을 시작하는 것이 좋다. 그러나 나중에 반복 과정에서 네트워크 성능이 더 향상될 때 풀링 작업을 향상시킬 수 있는지 여부를 확인할 필요가 있다. 직접 정의한 풀링 연산에 대해 실질적인 제약 사항은 없다. 실제로 좀 더 효과적인 서브샘플링 방법이나 또 다른 집계 함수를 사용해 모델의 성능을 크게 향상시킬 수도 있다.

시아노Theano 코드를 보면 최대 풀링은 다음과 같이 대단히 간단명료하게 구현돼 있다.

```
from theano.tensor.signal import downsample

input = T.dtensor4('input')
maxpool_shape = (2, 2)
pool_out = downsample.max_pool_2d(input, maxpool_shape, ignore_
        border=True)
f = theano.function([input],pool_out)
```

max_pool_2d 함수는 n차원의 텐서^{tensor}와 다운스케일^{downscaling} 파라미터, 입력 데이터와 maxpool_shape를 입력 값으로 받는다. 특히 maxpool_shape는 길이가 2인 튜플로, 입력 이미지에 대한 너비와 높이를 다운스케일하는 데 필요한 값을 담고 있다. max_pool_2d 함수 연산은 벡터의 차원에 대해 최대 풀링 형태로 수행된다.

```
invals = numpy.random.RandomState(1).rand(3, 2, 5, 5)

pool_out = downsample.max_pool_2d(input, maxpool_shape, ignore_
    border=False)
f = theano.function([input],pool_out)
```

ignore_border는 경계선 값을 고려 대상으로 볼지, 아니면 무시할지를 결정한다. 이러한 max-pooling 연산은 ignore_border = True의 조건이 주어졌을 때 다음과 같은 결과를 낸다.

```
[[ 0.72032449  0.39676747]
 [ 0.6852195   0.87811744]]
```

보다시피 풀링은 놀라운 결과를 제공하는 연산 작업이라고 할 수 있다(이 경우 입력이 5×5 크기의 행렬이었으나 결과는 2×2로 작아졌다). 하지만 풀링에 대해 항상 좋은 얘기만 있는 것은 아니다. 특히 제프리 힌튼^{Geoffrey Hinton}은 다음과 같이 흥미로운 견해를 내놓기도 했다.

"컨볼루션 신경망에 사용된 풀링 연산은 완전히 잘못된 것이며, 이게 잘 동작한다는 건 한마디로 재앙이라고 말할 수 있다.

풀(pool)이 중첩되지 않으면 풀링은 그와 관련된 매우 중요한 정보를 놓치게 된다. 객체의 각 부분 간의 정확한 연관관계를 추적하기 위해서는 이 정보가 꼭 필요하다. 따라서 풀이 충분히 중첩 영역을 가져야 하며, 피처의 포지션은 '코어스 코딩(임의의 상태 또는 상황에 대해 여러 개의 중첩된 피처로 표현하는 것을 의미한다 – 옮긴이)을 정확하게 유지할 것이다(이에 대해 궁금하다면 1986년에 발표된 'distributed representations'라는 논문을 참고하기 바란다). 하지만 이제는 코어스 코딩이 (위치, 방향, 크기 같은) 관점 기준에 따라 객체의 포즈를 표현하는 데 있어 가장 좋은 방법이라고 생각하지는 않는다."

이는 상당히 과감한 발언일 수 있지만, 나름 설득력을 지니고 있다. 힌튼의 발언이 시사하는 점은, 집계 연산 관점에서 풀링 연산은 모든 집계 연산 작업이 반드시 수행하는 작업을 수행한다는 것이다. 이를 통해 데이터를 좀 더 간단하면서도 정보는 풍부한 형태로 축소시킨다. 힌튼이 더 과격한 표현으로 얘기하지만 않는다면 이는 그리 나쁘다고 볼 정도는 아니다.

각 풀에 대해 단일 값으로 데이터를 줄였더라도 여러 풀이 공간상에서 겹치는 결과가 피처 인코딩에서 나타났으면 하는 생각이 있을 수 있다(이를 힌튼이 말한 코어스 코딩이라고 한다). 이는 상당히 직관적인 개념이기도 하다. 이를테면 노이즈가 섞인 라디오 주파수에서 신호를 듣고 있다고 상상해보자. 세 단어 중 하나만 들어도, 이것이 배송 예측인지, 조난 신호인지 구분할 수 있을 것이다!

그러나 힌튼은 코어스 코딩이 러닝 포즈(위치, 방향, 크기)에서 그리 효과적이지는 않음을 확인하고 후속 조치를 마련했다. 일단 이렇게 생각해보자. 2개의 이미지가 서로 비슷하지 않을 수도 있는 객체에 대해 상대적인 관점에 따라 엄청나게 많은 조합이 만들어진다. 또 포즈^{pose}가 매우 다양하게 나타나면 풀링을 이용한 컨볼루션 네트워크는 도전적인(즉 성공 가능성이 매우 낮은) 문제가 된다. 이는 이 문제를 해결하지 못하는 아키텍처는 이미지 분류에 있어 과거의 상한선을 깨뜨리지 못할 수도 있다는 것을 암시한다.

하지만 일반적인 상식으로 보면 이렇다. 설사 모든 지식을 동원했다고 하더라도, 컨볼루션 신경망^{convnet}에서 풀링 연산을 계속 사용하는 것이 효율성과 번역 불변성 면에서 높은 장점을 지니고 있다는 점이다. 자, 이게 정말 최선인지 자세히 알아보자!

한편 힌튼은 **변환 오토인코더**transforming autoencoder의 형태로 convnet에 대한 대안을 제시했다. 변환 오토인코더는 (얼굴 인식 같은) 높은 수준의 정확도를 요구하는 러닝 작업에 대해 정확도를 높이는 역할을 한다. 풀링 작업으로 인해 정확도가 떨어질 수 있기 때문이다. 4장의 참고 문헌에서 변환 오토인코더에 관한 좀 더 자세한 내용을 확인하기 바란다.

이렇게 해서 컨볼루션 신경망에 대해 많은 시간을 들여 자세히 살펴봤다(구성 요소, 작동 방식, 하이퍼파라미터 등). 이론을 바탕으로 실제 구현을 하기에 앞서 이론적 구성 요소가 어떻게 아키텍처와 맞물려 돌아가는지 알아볼 필요가 있다. 이를 위해 convnet이 어떻게 학습을 하는지 알아보자.

convnet 학습

컨볼루션 신경망의 학습 방법은 3장을 잘 학습했다면 매우 친숙할 것이다. 컨볼루션 아키텍처 자체는 단순한 네트워크 구조(예를 들면 MLP 같은)를 사전 학습하기 위해 사용된다. 역전파 알고리즘은 사전 학습 시 그래디언트를 계산하는 표준적인 방법이라고 하겠다. 이 과정에서 모든 레이어는 3개의 작업을 수행하게 된다.

- **포워드 패스(Forward Pass)** 각 피처 맵은 해당 가중치 커널과 합성곱 convolution이 수행된 피처 맵을 모두 합한 값으로 계산된다.
- **백워드 패스(Backward Pass)** 입력에 대한 그래디언트는 출력에 대한 그래디언트로 변환된 가중치 커널을 합성곱으로 계산한다.
- 각 커널에 대한 손실이 계산돼 필요에 따라 모든 커널의 개별 가중치 조정이 가능하다.

이 프로세스를 반복하면 컨버전스 지점에 도달할 때까지 커널 성능을 계속 향상시킬 수 있다. 이 시점에서 네트워크를 캐핑capping할 경우 이러한 피처를 효과적으로 분류할 수 있게 충분한 피처 세트를 만들려고 한다.

이 프로세스는 상당히 발전한 GPU를 사용하더라도 속도가 매우 느릴 수 있다. 최근 일부 개발 결과가 학습 프로세스training process를 가속화시키는 역할을 한다. 여기에는 컨볼루션 프로세스를 가속화하는 고속 푸리에 변환을 사용하는 것도 포함돼 있다(이는 컨볼루션 커널이 입력 이미지와 거의 동일한 크기인 경우에 해당된다).

종합 정리

지금까지 CNN을 만드는 데 필요한 여러 가지 요소들을 살펴봤다. 다음 주제로 컨볼루션 신경망을 생성하기 위해 구성 요소들을 어떻게 조합하는지, 어떻게 조합하면 잘 동작하는지 등을 알아보자. 또한 앞으로 실행할 컨볼루션 신경망 구현 모델을 통한 가이드를 작성한다. 이를 통해 어떤 모델이 많이 사용되는지, 어떤 모델이 가능한지 이해할 수 있을 것이다.

가장 유명한 컨볼루션 신경망 모델은 얀 르쿤Yann LeCun의 LeNet일 것이다. LeNet은 1980년대 후반에 LeNet-1이 나온 후 꾸준히 개선돼 왔지만, 손으로 쓴 숫자나 이미지를 분류하는 작업에서 특히 높은 효율성을 보였다. LeNet은 컨볼루션 레이어와 MLP로 캐핑된 풀링 레이어로 구성돼 있다. 예를 들면 다음과 같다.

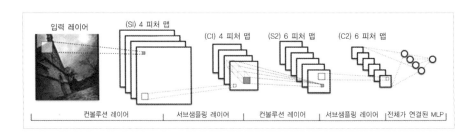

앞에서 설명한 것처럼 각 레이어는 부분적으로 연결돼 있으며, (최종 단계인) MLP 는 모두 연결돼 있다. 각 레이어에서 여러 개의 피처 맵(채널)이 사용되는데, 이 는 좀 더 복잡한 필터 세트를 생성할 수 있는 장점이 있다. 마찬가지로 레이어 내에 있는 여러 채널을 이용하면 좀 더 어려운 적용 사례에 더 좋은 기술을 활용 할 수 있다.

일반적으로 출력 규모를 관리하는 것 외에 입력과 출력이 일치하도록 차원을 줄이려면 일반적으로 최대 풀링 레이어를 사용한다. 풀링을 어떻게 구현할지, 특히 컨볼루션 레이어와 풀링 레이어의 상대적인 위치를 고려할 경우 구현 결과 가 각각 다르게 나타날 수 있다. 보통은 다음 단계로 전달하는 연산 집합 형태로 레이어를 만드는데, 다음 그림과 같이 하나의 **전체가 연결된** 레이어로 전달되게 한다.

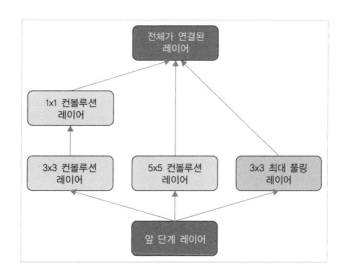

이 네트워크 구조는 실제로는 동작하지 않지만, 여러 가지 방법으로 학습된 구성 요소로 네트워크를 구성할 수 있는 점을 알기 쉽게 설명하고 있다. 이 네트워크 가 어떻게 구조화되고, 얼마나 복잡해질지 여부는 네트워크가 해결하려고 하는 문제에 달려 있다. 문제가 다르면 해결책도 달라지는 법이다.

LeNet의 구현에 대해 4장 후반부에서 다루는데, 각 레이어는 각각 다음 단계로 이어지는 최대 풀링을 지닌 여러 개의 컨볼루션 레이어를 내포하고 있다. 그림으로 표현하면 LeNet 레이어는 다음과 같다.

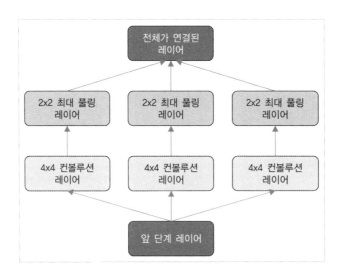

이 아키텍처는 초기 사례를 빠르고 쉽게 볼 수 있게 해준다, 하지만 이 책 후반부에서 다룰 최신 애플리케이션을 실행시키지는 않는다. 이러한 조건하에서 가장 어려운 문제의 처리를 위해 설계된 딥러닝 아키텍처가 있는데, 이들의 토폴로지는 자세히 살펴볼 필요가 있다. 가장 많이 알려진 convnet 아키텍처는 구글의 인셉션^{Inception} 네트워크로, GoogLeNet으로도 알려져 있다.

GoogLeNet은 인터넷 퀄리티의 이미지 데이터와 관련된 컴퓨터 비전 문제를 다룰 수 있게 설계됐다. 여기서 말하는 이미지는 실제 상황에서 (포즈^{pose}, 조명, 오클루전^{occlusion}, 클러터^{clutter} 등이 매우 다양한 형태로) 캡처된 결과라고 생각하면 된다. GoogLeNet은 주목할 만한 성공을 거두면서 2014 ImageNet 경진대회에 적용돼 테스트 데이터셋에서 6.7%의 에러율을 보여줬다. ImageNet의 이미지는 여러 개의 다양한 클래스에서 가져온 작은 고해상도 이미지들이다. 여러 클래스가 매우 비슷하게 나타날 수 있으며, 네트워크 아키텍처는 점점 구분하기 어려운

146

클래스를 찾아낼 수 있어야 한다. 구체적인 예로 다음과 같은 ImageNet 이미지를 생각해보자.

2014 ImageNet 경진대회에서 좋은 성과를 내는 데 사용된 GoogLeNet 아키텍처는 주어진 문제에 대해 몇 가지 핵심 방법이 포함된 LeNet 모델을 기반으로 한다. GoogLeNet의 기본 레이어 설계는 인셉션 모듈로 알려져 있으며, 다음과 같은 구성 요소들로 이뤄져 있다.

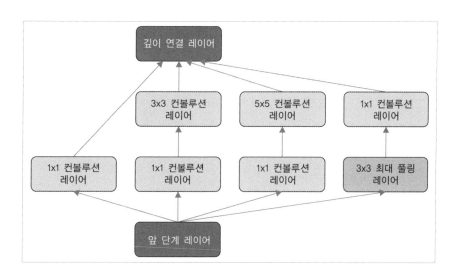

여기에서 사용된 1×1 컨볼루션 레이어는 ReLU^{Rectified Linear Units}를 따른다. 이러한 접근법은 음성 및 오디오 모델링 환경에서 많이 사용되는데, ReLU는 사전 학습이나 (다른 활성화 타입을 생성하는) 그래디언트를 낮추는 문제를 고려하지 않고도 딥 모델^{deep model}을 효과적으로 학습시키는 데 사용될 수 있기 때문이다. ReLU에 대한 자세한 내용은 4장의 참고 문헌을 찾아보기 바란다. 깊이 연결^{Depth Concat} 레이어는 여러 단위의 출력을 통합하고 학습 시간을 대폭 향상시키는 연결 함수 concatenation function를 제공한다.

GoogLeNet은 이러한 유형의 레이어를 연결해 전체 네트워크를 만든다. 다시 말하면 (무려 9회나 되는!) GoogLeNet을 통한 인셉션 모듈의 반복 작업은 "NIN Network In Network 접근 방식(네트워크 모듈을 체인 형태로 연결한 심층 아키텍처)이 딥러 닝 분야에서 계속 경쟁자가 될 수 있다"는 점을 암시한다. 4장의 참고 문헌 목록 에서 GoogLeNet에 대한 설명이나 인셉션 모델이 어떻게 네트워크에 통합되는 지 보여주는 논문 자료를 참고하기 바란다.

인셉션 모듈 스태킹의 규칙성 외에도 GoogLeNet은 몇 가지 더 놀라운 면을 지 니고 있다. 처음 몇 개의 레이어는 일반적으로 처음에는 단일 채널 컨볼루션 및 최대 풀링 레이어를 사용하므로 좀 더 직관적이다. 또한 몇 가지 점에서 GoogLeNet은 평균 풀^{pool} 레이어를 사용해 보조 구조의 소프트맥스 분류기에 브랜치를 삽입했다. 이러한 분류 기준의 목적은 네트워크의 하위 레이어로 전파 되는 그래디언트 신호를 개선해 초기 및 중간 네트워크 레이어에서 강력한 성능 을 구현하는 것이다. GoogLeNet은 네트워크의 최종 레이어에서 발생하는 하나 의 거대하고 (잠재적으로) 막연한 역전파 프로세스 대신, 여러 가지 중간 업데이 트 소스를 제공한다.

이렇게 구현한 결과에서 중요한 점은 GoogLeNet을 비롯한 기타 주요 convnet 아키텍처가 4장에서 설명한 고가용성^{HA, Highly Available} 구성 요소를 사용한 효과적 인 구성 정보를 찾을 수 있었기 때문에 가능한 것이다. 컨볼루션 신경망의 아키 텍처 구성 요소와 이 구성 요소가 고도로 발전된 네트워크를 구축하는 데 어떻 게 사용될지 알아봤으니, 이제 문제를 해결하는 데 이 기술을 어떻게 적용하는 지 살펴보자!

CNN의 응용

이미지 데이터를 이용해 convnet을 테스트해보자. 3장에서 사용한 (MNIST 숫자 데이터셋 같은) 이미지 데이터는 학습 데이터셋으로 안성맞춤이다(자동 검사 같은 다양한 실제 애플리케이션에 적용할 수 있기 때문이다!). 하지만 이는 사진이나 비디오와는 완전히 다르다. 대부분의 이런 데이터는 노이즈가 매우 많이 섞여 있기 때문이다.

이 문제에 관련된 주요 변수로는 포즈, 광원[lighting], 오클루션, 클러터 등 각 변수별로 표현이 가능하거나 다양한 조합을 통해 표현이 가능한 것들이다. 이는 데이터셋이 포함된 노이즈의 모든 속성에 대해 영향을 받지 않는 함수를 생성한다는게 매우 어려운 작업이라는 의미다. 따라서 함수는 대개 매우 복잡하고 비선형 형태를 띤다. 7장에서 이러한 종류의 어려운 문제를 해결하는 데 도움이 되는 기술을 알아본다. 하지만 이런 기술조차도 기대하는 만큼의 분류 결과를 만들기엔 뭔가 부족하다(일단 엄청나게 많은 시간을 투자해야 한다!). 현재까지 가장 좋은 솔루션은 심층 아키텍처를 이용하는 것이다(이를 이용하지 않고 고차원의 레이어 몇 개로만 구성된 신경망을 적용하면 오버피팅 또는 일반화하는 데에 취약한 단점을 보일 수 있다).

3장에서 설명한 대로 심층 아키텍처를 왜 사용해야 하는지는 너무나 잘 알 수 있을 것이다. 심층 아키텍처의 레이어는 앞 단계의 레이어에서 수행된 추론 결과, 계산 결과 등을 재사용한다. 따라서 모델을 표현하는 심층 아키텍처는 각 레이어에서 엄청난 양의 재계산 작업 없이도 네트워크의 각 레이어를 거치면서 점차 성능이 향상된다. 이를 통해 노이즈가 포함된 사진 데이터로 구성된 대규모 데이터셋을 분류하는 매우 어려운 문제에 대해서도 힘들게 피처 엔지니어링 작업을 하지 않고 상대적으로 짧은 시간 안에 꽤 높은 정확도를 나타내는 결과를 얻을 수 있다.

이미지 데이터의 모델링과 심층 아키텍처의 장점 등에 대해 학습했으니, 이러한 맥락에서 실제 분류 문제를 대상으로 컨볼루션 신경망을 적용해보자.

3장에서 본 것처럼 먼저 작은 예제로 시작한다. 심층 네트워크의 아키텍처에 쉽게 익숙해질 수 있게 말이다. 이번에는 CIFAR-10이라는 고전적인 이미지 프로세싱 과제를 다루기로 한다. CIFAR-10은 60,000개의 32×32 크기를 갖는 컬러 이미지로 구성된 데이터셋이다. 총 10개의 클래스로 분류되며, 각 클래스에는 6,000개의 이미지가 할당돼 있다. 이 데이터는 이미 5개의 학습용 배치와 1개의 테스트 배치로 나뉘어 있다. 각 데이터셋에 대한 클래스와 해당 이미지의 일부를 살펴보면 다음 그림과 같다.

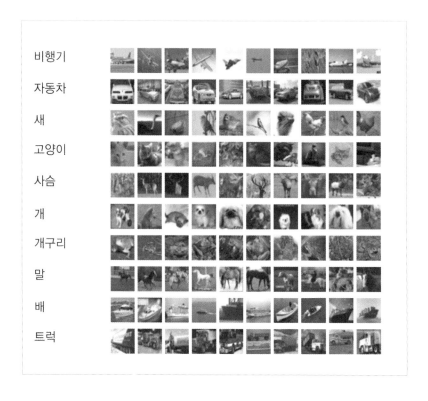

업계에서 ImageNet 같은 데이터셋을 다루는 수준까지 이르긴 했지만, CIFAR-10는 이미지 분류에서 오랜 시간 동안 일종의 넘어야 할 '벽'으로 인식돼 왔다. 많은 데이터 과학자들이 인간이 분류하는 정확도(에러율 약 6%)를 보일 수 있는 아키텍처를 만들기 위해 노력해왔다.

2014년 11월, CIFAR-10 데이터를 얼마나 정확하게 분류할 수 있는지를 목표로 캐글 경진대회가 열렸다. 이 대회의 우승 결과는 95.55%의 분류 정확도를 나타 냈는데, 여기에 컨볼루션 신경망과 NIN^{Network-in-Network} 기술이 사용됐다. 여기서 는 이 데이터셋을 분류하는 문제를 다루려 한다. 아울러 8장에서 자세히 설명하 겠지만 몇 가지 고급 기술도 함께 알아본다. 이제 컨볼루션 신경망을 이용해 분류를 시작해보자.

첫 번째로 다음과 같은 목적에 맞게 간단한 컨볼루션 신경망을 적용할 것이다.

- 이미지에 대한 필터링과 출력 조회 적용
- 컨볼루션 신경망이 생성한 가중치 파악
- 효과적인 네트워크와 비효율적인 네트워크의 출력에 대한 차이점 이해

4장에서는 앞에서 다루지 않은 방법을 이용한다. 실전에서 이러한 기술을 사용 해야 할 경우 매우 중요할 수 있다. 3장에서는 다른 여러 가지 문제를 해결하기 위해 만든 심층 아키텍처가 구조적 관점에서 어떻게 다를 수 있는지를 살펴봤다.

문제에 특화된 네트워크 아키텍처를 생성하는 것은 매우 중요한데, 이렇게 하면 구현한 모델을 다양한 실제 문제에 맞출 수 있기 때문이다. 이를 위해 모듈화 된 구성 요소를 이용해 네트워크를 구성한다. 이는 큰 노력을 들이지 않으면서 도 필요한 거의 모든 방법을 재조합할 수 있게 해준다. 4장의 앞부분에서 모듈 화에 대한 영향력을 살펴봤다. 이에 대한 효과를 어떻게 네트워크에 적용할지 알아보자.

앞에서 설명했듯이 수만에서 수십만 개에 이르는 이미지로 만들어진 매우 크고 다양한 데이터셋에 대한 분류를 수행한다고 했을 때 컨볼루션 신경망은 대단히 강력한 힘을 보여줬다. 따라서 좀 더 야심차게 한 걸음 더 나아가 CIFAR-10를 분류하는 데 컨볼루션 신경망을 적용할 수 있는지 알아보려고 한다.

컨볼루션 신경망을 설정하는 과정에서 우선 유용한 클래스를 정의하고 (가중치, 바이어스 등) 관련 네트워크 파라미터를 초기화한다. 3장에서 했던 것과 크게 다르지 않으니 쉽게 이해할 수 있을 것이다.

```python
class LeNetConvPoolLayer(object):

    def __init__(self, rng, input, filter_shape, image_shape,
            poolsize=(2, 2)):

        assert image_shape[1] == filter_shape[1]
        self.input = input

        fan_in = numpy.prod(filter_shape[1:])
        fan_out = (filter_shape[0] * numpy.prod(filter_shape[2:])
            numpy.prod(poolsize))

        W_bound = numpy.sqrt(6. / (fan_in + fan_out))
        self.W = theano.shared(
            numpy.asarray(
                rng.uniform(low=-W_bound, high=W_bound,
                    size=filter_shape),
                dtype=theano.config.floatX
            ),
            borrow=True
        )
```

바이어스를 생성하기에 앞서 지금까지 만든 것을 복습해보자. LeNetConvPool Layer 클래스는 LeNet 레이어 구조에 따라 컨볼루션 레이어와 풀링 레이어를 모두 구현하기 위해 만든 클래스다. 이 클래스에는 몇 가지 유용한 초기 파라미터가 포함돼 있다.

무작위 값으로 가중치를 초기화하는 데 사용된 파라미터 rng는 3장에서도 봤으니 익숙할 것이다. input 파라미터도 마찬가지다. 대부분의 경우에서 그런 것처럼 이미지 입력 데이터는 심볼릭 이미지 텐서의 형태를 띠는 경향이 있다. 이러한 이미지 입력 데이터는 image_shape 파라미터로 만들어진다. 이는 입력 데이터의 차원을 나타내는 4개의 속성으로 구성된 튜플 또는 리스트다. 모델에서 구성된 여러 개의 레이어를 순차적으로 거치면서 image_shape는 계속 감소할 것이다. 튜플 관점에서 보면 image_shape의 차원은 단순히 입력 데이터의 높이와 너비를 지정한다. 앞에서 설명한 4개의 파라미터는 각각 다음과 같다.

- 배치 크기
- 입력 피처 맵 개수
- 입력 이미지의 높이
- 입력 이미지의 너비

image_shape는 입력 데이터의 크기를 정해주지만, filter_shape는 필터의 차원을 지정한다. 이와 관련한 4개의 파라미터는 다음과 같다.

- 적용된 필터(채널) 개수
- 입력 피처 맵 개수
- 필터의 높이
- 필터의 너비

하지만 이들 중 높이와 너비는 추가 파라미터 없이 입력 가능하다. 여기서 마지막 파라미터인 poolsize는 크기를 줄이는downsizing 요소를 말한다. 길이가 2인 리스트로 표현되는데, 첫 번째는 행row의 개수, 두 번째는 열column의 개수를 의미한다.

앞에서 설명한 값들을 정의했으니 이제 LeNetConvPoolLayer 클래스를 잘 정의할 수 있게 이들을 반영한다. fan_in을 정의해 여러 개의 입력 피처 맵에 대한 히든 유닛(필터 높이와 너비)에 대한 입력 값을 설정한다. 마찬가지로 fan_out도 정의하는데, 여러 개의 출력 피처 맵을 계산하기 위한 그래디언트를 구한다. 이를 위해 피처의 높이와 너비에 대한 입력 값을 설정하고, 이를 풀링 크기로 나눈다.

다음으로 출력 피처 맵 각각에 대한 1차원 텐서 세트로 바이어스를 정의해보자.

```
b_values = numpy.zeros((filter_shape[0],),
        dtype=theano.config.floatX)
self.b = theano.shared(value=b_values, borrow=True)

conv_out = conv.conv2d(
    input=input,
    filters=self.W,
    filter_shape=filter_shape,
    image_shape=image_shape
)
```

단일 함수를 호출해서 앞에서 정의한 필터를 이용하는 컨볼루션 연산을 정의했다. 한 개의 함수를 효과적으로 적용하기 위해 얼마나 많은 이론이 필요한지 알게 되면 깜짝 놀랄 수도 있다! 다음 단계는 max_pool_2d를 이용해 일종의 풀링 연산을 만든다.

```
pooled_out = downsample.max_pool_2d(
    input=conv_out,
    ds=poolsize,
    ignore_border=True
)
```

```
self.output = T.tanh(pooled_out + self.b.dimshuffle('x',
    0, 'x', 'x'))

self.params = [self.W, self.b]

self.input = input
```

마지막으로 바이어스를 추가한다. 먼저 텐서를 (1, n_filters, 1, 1) 형태로 고친다. 이렇게 하면 바이어스가 모든 피처 맵과 미니배치에 영향을 주는 단순한 결과를 가져온다. 이제 기본 convnet을 구축하는 데 필요한 모든 구성 요소를 갖췄다. 자체적으로 네트워크를 만들어보자.

```
x = T.matrix('x')
y = T.ivector('y')
```

이 프로세스는 상당히 간단하다. 앞에서 설정한 클래스에 파라미터 값을 넘기게 순서대로 레이어를 만들어보자. 우선 첫 번째 레이어부터 생성한다.

```
layer0_input = x.reshape((batch_size, 1, 32, 32))

layer0 = LeNetConvPoolLayer(
    rng,
    input=layer0_input,
    image_shape=(batch_size, 1, 32, 32),
    filter_shape=(nkerns[0], 1, 5, 5),
    poolsize=(2, 2)
)
```

먼저 의도된 미니배치 전반에 걸쳐 분산시킬 입력의 형태를 재구성한다. CIFAR -10 이미지가 32×32 차원이므로, 높이와 너비 차원에 입력 크기를 사용했다.

필터링 프로세스는 각 차원을 32-5+1(=28)로 입력의 크기를 줄인다. 풀링은 각 차원을 절반 크기로 줄이는데, 이는 레이어의 모양을 (batch_size, nkerns[0], 14, 14) 형태로 만들기 위해서다.

이렇게 해서 첫 번째 레이어를 완성했다. 다음 단계로 앞에서 만든 것과 동일한 코드를 이용해서 두 번째 레이어를 추가한다.

```
layer1 = LeNetConvPoolLayer(
    rng,
    input=layer0.output,
    image_shape=(batch_size, nkerns[0], 14, 14),
    filter_shape=(nkerns[1], nkerns[0], 5, 5),
    poolsize=(2, 2)
)
```

앞의 레이어처럼 이번 레이어의 출력 형태는 (batch_size, nkerns[1], 5, 5)다. 현재까지는 별 문제 없이 좋은 결과를 나타내고 있다! 이제 시그모이드 레이어로 출력 값을 넘기자. 우선 2차원 형태의 입력을 1차원 형태로 만든다. 이제까지 네트워크에 전달했던 값을 이용하면 입력은 (500, 1250) 크기의 행렬로 나타날 것이다. 앞에서와 마찬가지로 적절히 layer2를 만든다.

```
layer2_input = layer1.output.flatten(2)

layer2 = HiddenLayer(
    rng,
    input=layer2_input,
    n_in=nkerns[1] * 5 * 5
    n_out=500,
    activation=T.tanh
)
```

156

이제 네트워크 아키텍처의 완성 단계까지 도달했다. 시그모이드 레이어와 연결된 값을 계산하는 로지스틱 회귀 레이어를 최종 단계에 추가하면 된다.

다음 코드를 실행시켜보자.

```
x = T.matrix(CIFAR-10_train)
y = T.ivector(CIFAR-10_test)

Chapter_4/convolutional_mlp.py
```

최종 결과는 다음과 같다.

```
Optimization complete.
Best validation score of 0.885725 % obtained at iteration 17400, with
test performance 0.902508 %
The code for file convolutional_mlp.py ran for 26.50m
```

검증 단계의 정확도가 꽤 잘 나왔다. 하지만 참고로 인간의 정확도 수준은 94% 정도 된다. 한편 이는 convnet을 통해 얻을 수 있는 최고의 스코어도 아니다.

예를 들어 참고 문헌에서는 (3장에서 학습한) 드롭아웃과 배치 정규화^{Batch} ^{Normalization}(학습 과정 중에 공변량^{covariate} 편차를 줄이기 위한 정규화 기법)의 조합을 이용해 토치^{Torch}에서 구현한 컨볼루션 신경망을 소개하고 있다. 또 92.45%의 유효성 정확도를 보인 이 기법과 관련한 기술 문서와 논문도 함께 참조하기 바란다.

하지만, 88.57%의 스코어는 거의 비슷한 범위 내에 있으며, CIFAR-10 문제에 대해 효과적인 네트워크 아키텍처와 큰 차이가 없다고 볼 수 있다. 무엇보다도 중요한 점은 컨볼루션 신경망을 효과적으로 구성하고 학습시키는 방법에 대해 많은 것을 익혔다는 점이라 하겠다.

▌ 참고 문헌

최근 들어 컨볼루션 신경망에 대해 관심이 부쩍 늘었다면 더 많은 자료를 읽을 여지가 있다는 얘기로 볼 수도 있다. 아직까지 CNN에 익숙하지 않다면 안드레이 카르파티[Andrej Karpathy]의 코스 노트를 참고하기 바란다.

http://cs231n.github.io/convolutional-networks/

일부 가장 최적화된 클래스 구현에 관해 더 자세한 내용이 궁금하다면 4장에서 설명했던 다음과 같은 네트워크에 관련된 자세한 내용을 참고하기 바란다.

구글의 GoogLeNet

http://www.cs.unc.edu/~wliu/papers/GoogLeNet.pdf

구글 딥마인드[Google Deepmind]의 바둑 프로그램인 알파고[AlphaGo]

https://gogameguru.com/i/2016/03/deepmind-mastering-go.pdf

페이스북의 얼굴 인식 기술을 위한 DeepFace 아키텍처

https://www.cs.toronto.edu/~ranzato/publications/taigman_cvpr14.pdf

LSVRC-2010 경진대회에서 우승한 네트워크인 이미지넷[ImageNet] 크리체프스키[Krizhevsky], 숫스바이[Sutskever], 힌튼[Hinton]의 논문을 참고하기 바란다.

http://www.cs.toronto.edu/~fritz/absps/imagenet.pdf

마지막으로 세르게이 자고루이코[Sergey Zagoruyko]의 자료인 배치 정규화를 이용한 컨볼루션 신경망 관련 토치[Torch] 구현은 다음 주소를 참고하기 바란다.

http://torch.ch/blog/2015/07/30/cifar.html

▮ 요약

4장에서는 많은 내용을 다뤘다. 우선 새로운 종류의 신경망 기술인 컨볼루션 신경망을 소개했다. 첫째, 가장 보편적인 형태로 컨볼루션 신경망 이론과 아키텍처에 대해 살펴봤다. 둘째, 구글 또는 바이두 같은 회사에서 2015년 중반에 개발한 최첨단의 신경망 설계 관련 핵심 기술에 대해서도 알아봤다. 이를 통해 토폴로지와 네트워크 작동 방식에 대해 충분히 이해할 수 있었다.

다음으로 컨볼루션 신경망을 CIFAR-10 데이터셋에 적용했다. 모듈화된 convnet 코드를 사용해 10개의 클래스 이미지 데이터를 분류할 때 합리적인 수준의 정확도를 갖춘 함수 아키텍처를 구현했다. 인간의 정확도와는 어느 정도 거리는 있긴 하지만, 점차 그 차이를 좁히고 있다! 다음 단계에서 이 기술들과 애플리케이션을 활용할 수 있도록 여기서 배운 것들은 8장에서 적용할 것이다.

5

준지도 학습

▌ 소개

4장에서는 고급 기술을 이용해 다양한 데이터 관련 문제를 다뤘다. 각 경우에 맞춰 합리적인 결정을 바탕으로 데이터셋에 기술을 적용했다.

하지만 많은 면에서 꽤 쉽게 했다는 생각이 든다. 데이터가 표준화돼 있고 잘 준비된 데서 가져왔으므로, 많은 준비를 할 필요가 없었다. 하지만 실제로는 이렇게 잘 정리된 데이터셋은 거의 없다(아마도 구체적으로 지정할 수 있는 것을 제외하고는 말이다). 특히 사용 가능한 클래스 레이블이 있는 데이터셋은 거의 보지 못할 것이다. 데이터셋의 많은 부분에 레이블이 없으면 유효성 검증이나 테스트 데이터에서 레이블을 정확하게 예측할 수 있는 분류기를 만들 수 없다. 그러면 어떻게 해야 할까?

꽤나 새롭고 흥미진진한 대안으로, 준지도 학습semi-supervised learning을 사용해서 기본 배포본의 모양을 캡처해서 레이블이 지정되지 않은 데이터에 레이블을 적용하는 방안을 생각해볼 수 있다. 준지도 학습은 주석을 다는 작업에 인간의 전문 지식이나 전문 장비가 필요할 수 있는 많은 시간을 상당히 절약할 수 있어 지난 10년 동안 인기를 얻고 있다. 특히 이 기술이 가치 있다고 입증된 사례로 자연어 분석 및 음성 신호 분석이 있다. 두 영역 모두에서 수동으로 주석을 붙이는 작업은 복잡하고 대단히 시간 소모적인 것으로 입증됐다.

5장에서는 CPLE^Contrastive Pessimistic Likelihood Estimation, 사가 학습^self-learning 및 S3VM과 같은 몇 가지 준지도 학습을 적용하는 방법을 배운다. 이러한 기술을 통해 문제가 되는 다양한 맥락에서 학습용 데이터에 레이블을 붙일 수 있다. 준지도 학습의 기능과 한계도 파악할 것이다. scikit-learn을 기반으로 개발된 최근 파이썬 라이브러리를 사용해 오디오 신호 데이터를 비롯한 여러 응용 사례에 준지도 학습을 적용할 것이다. 자, 시작해보자!

■ 준지도 학습의 이해

머신 러닝을 수행하는 데 지속되는 코스트는 학습 목적으로 태그가 지정된 데이터를 만드는 것이다. 데이터셋은 상황이 반복되는 특성으로 인해 클래스 레이블이 제공되지 않는 경향이 있다. 클래스 레이블을 생성하기 위한 분류 기술도 필요하지만, 학습 데이터셋과 테스트 데이터셋 없이는 이러한 기술을 학습시킬수 없다. 앞에서도 설명한 것처럼 수동으로 또는 테스트 프로세스를 통해 데이터에 태그를 지정하는 것도 하나의 옵션이겠지만, 이 작업은 시간이 많이 걸리고 비용이 많이 들며 (특히 의료 테스트의 경우) 조직화에 어려움을 겪을 수 있다(크거나 복잡한 데이터셋의 경우). 준지도 학습은 이러한 교착 상태를 극복하는 더 좋은 방법을 제안한다.

준지도 학습은 레이블이 지정되지 않은 데이터나 레이블이 지정된 데이터를 개별적으로 만들 수 있는 것보다 나은 학습 기술을 만들기 위해 레이블이 지정되지 않은 데이터와 레이블이 있는 데이터를 모두 사용한다. (레이블이 있는 데이터를 이용하는) 지도 학습과 (레이블이 없는 데이터를 이용하는) 비지도 학습 사이에 존재하는 기술이 있다.

이 그룹에 속하는 주요 기술로는 준지도 학습, 전이 기술transductive technique, 액티브 러닝active learning 외에도 광범위한 기법들이 있다.

준지도 학습은 나중에 테스트를 수행할 수 있게 학습 과정에서 일련의 테스트 데이터를 남겨놓는다. 전이 기술은 레이블이 없는 데이터의 레이블을 개발하기 위한 것이다. 전이 기술이 포함된 테스트 프로세스가 없을 수도 있고, 사용 가능한 레이블 데이터가 없을 수도 있다.

5장에서는 매우 익숙한 형태로 강력한 데이터셋 레이블 기능을 제공하는 준지도 학습에 집중할 것이다. 여기서 다룰 많은 기술은 선형 회귀 분류기linear regression classifier에서 SVMSupport Vector Machine에 이르기까지 친숙하고 기존 분류기를 일종의 래퍼wrapper로 사용할 수 있다. 따라서 scikit-learn의 분석 추정 솔루션을 이용해 실행시킬 수 있다. 준지도 학습으로 SVM을 적용하기에 앞서 테스트 케이스에 선형 회귀 분류기부터 적용해보기로 한다.

▌ 준지도 학습 알고리즘의 실제

준지도 학습이 무엇인지, 왜 이걸 알아야 하는지, 그리고 준지도 학습 알고리즘을 이용하는 일반적인 실제 사례를 알아봤다. 사실 지금까지는 가능한 한 알기 쉬운 수준으로 배웠다. 이제는 준지도 학습이 적용된 애플리케이션을 효과적으로 사용할 수 있는 능력을 개발할 수 있도록 다음 몇 페이지에 걸쳐 좀 더 심화된 내용을 살펴볼 것이다.

자가 학습

자가 학습self-training은 가장 간단한 준지도 학습이며, 또한 속도도 가장 빠를 수 있다. 자연어 처리NLP 및 컴퓨터 비전을 비롯한 여러 상황에서 자가 학습 알고리즘 관련 애플리케이션 적용 사례를 볼 수 있다. 뒤에서 보겠지만, 이들은 상당한 가치가 될 수도 있고 중대한 위험 요인이 될 수도 있다.

자가 학습의 목적은 레이블이 없는 사례의 정보를 레이블이 있는 사례의 정보와 결합해 데이터셋의 레이블이 없는 예제에 대해 레이블을 반복적으로 식별하는 것이다. 반복 작업이 진행될수록 레이블이 지정된 학습용 데이터셋은 전체 데이터셋에 레이블 작업이 점차 확대될 것이다.

자가 학습 알고리즘은 일반적으로 기본 모델에 대한 래퍼로 적용된다. 5장에서는 자가 학습 모델의 기반 알고리즘으로 SVM을 사용한다. 자가 학습 알고리즘은 매우 간단하며, 다음과 같이 몇 단계만 수행하면 된다.

1. 레이블이 없는 데이터셋에 대해 레이블을 예측하는 데 레이블이 지정된 데이터를 이용한다(레이블이 지정되지 않은 데이터의 일부 또는 전체를 사용할 수 있다).
2. 새롭게 레이블이 지정된 모든 경우에 대해 신뢰도를 계산한다.
3. 다음 반복 작업을 위해 새로 레이블링된 데이터에서 일부 케이스를 선택한다.
4. 이전 반복 작업에서 선택한 케이스를 포함시킨 후 레이블이 지정된 모든 케이스에 대해 모델을 학습시킨다.
5. 모델이 성공적으로 수렴할 때까지 1단계에서 4단계를 계속 반복한다.

앞의 과정을 그림으로 표현하면 다음과 같다.

164

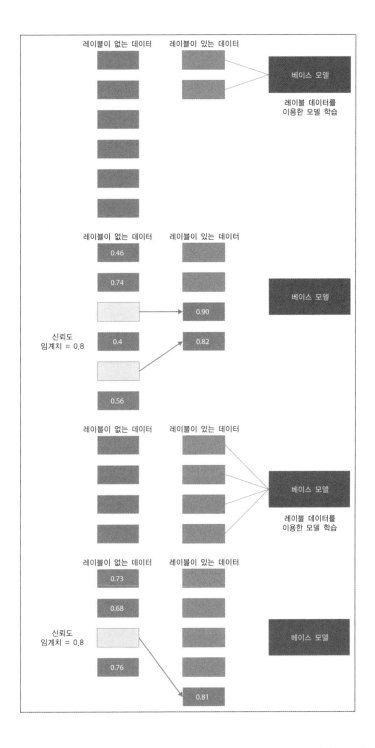

학습이 완료되면 자가 학습이 이뤄진 모델을 검사하고 유효성을 테스트한다. 이는 교차 검증cross-validation 또는 (있다면) 레이블 데이터를 사용해 수행될 수 있다.

자가 학습은 대단히 강력한 성능과 시간 절약 효과를 주기도 하지만, 위험한 과정이기도 하다. 직접 구현한 분류 알고리즘에 자가 학습 기술을 적용하기 위한 방법을 이해할 수 있게 알고리즘 작동 방식을 자세히 알아보자.

이해에 좀 더 도움이 되게 semisup-learn 깃허브 저장소의 코드를 사용한다. 이 코드를 이용하려면 관련 깃허브 저장소를 복제해야 한다. 자세한 사항은 이 책의 맨 뒤에 있는 부록 A를 참고하기 바란다.

자가 학습 구현

자가 학습의 각 반복 작업에서 우선 클래스 레이블이 지정되지 않은 케이스에 대해 레이블을 생성한다. 이를 위해 SelfLearningModel 클래스부터 생성한다. 이는 기본적인 지도 학습 모델(basemodel)과 반복 횟수를 제한하는 입력 인자를 받게 돼 있다. 5장 후반부에서 살펴보겠지만 반복 횟수 제한은 특정 값을 지정하거나 분류 정확도(즉, 수렴 여부)의 함수를 이용하면 된다. prob_threshold 파라미터는 레이블을 승인하기 위한 최소한도의 퀄리티 기준을 지정하는 역할을 한다. 이보다 낮은 스코어가 나오면 할당된 레이블이 취소된다. 다시 한 번 얘기하지만 여기에 하드코딩된 임계치들은 얼마든지 다른 값으로 변경할 수 있다.

```
class SelfLearningModel(BaseEstimator):

def __init__(self, basemodel, max_iter = 200, prob_threshold = 0.8):
    self.model = basemodel
    self.max_iter = max_iter
    self.prob_threshold = prob_threshold
```

SelfLearningModel 클래스 셸을 정의했으니 다음 단계로 준지도 학습 모델을 다듬는 프로세스를 위한 fit 함수를 정의한다.

```
def fit(self, X, y):
    unlabeledX = X[y==-1, :]
    labeledX = X[y!=-1, :]
    labeledy = y[y!=-1]

    self.model.fit(labeledX, labeledy)
    unlabeledy = self.predict(unlabeledX)
    unlabeledprob = self.predict_proba(unlabeledX)
    unlabeledy_old = []

    i= 0
```

파라미터 X는 입력 데이터 행렬로, 모양은 [n_samples, n_features]와 동일하다. X는 [n_samples, n_features] 크기의 행렬을 만드는 데 사용된다. 반면 y는 클래스 레이블 배열용 파라미터다. 레이블이 없는 데이터 포인트는 y 값이 -1로 설정돼 있다. unlabeledX와 labeledX는 X를 이용해 생성하는데, y 값이 -1로 설정돼 있는 데이터를 X에서 선택하는 연산을 이용하면 매우 간단하게 할 수 있다. labeledy는 y에 대해 유사한 작업을 수행한다(y에서 레이블이 없는 (즉 -1로 설정된) 샘플은 변수로서 별로 의미가 없을 수도 있지만, 분류를 하는데 있어 레이블은 필요하다).

레이블을 예측하는 실질적인 프로세스는 우선 sklearn의 예측 연산을 이용해 수행된다. labeledy는 sklearn의 predict 함수를 이용해 생성한다. 반면 predict_proba 함수는 각 데이터별로 반영된 레이블에 대한 확률을 계산하는 데 사용된다. 이들 확률 값은 unlabeledprob에 저장된다.

scikit-learn의 predict 함수와 predict_proba 함수는 각각 클래스 레이블을 예측하고, 이러한 클래스 레이블이 정확하게 예측됐는지 확률을 계산하는 역할을 한다. 5장에서 구현하고 있는 준지도 학습 알고리즘 중 일부에 이들 함수를 적용할 생각이다. 그러니 실제로 어떻게 동작하는지 자세히 알아두기 바란다.

predict 함수는 입력 데이터에 대한 클래스 예측 결과를 만들어낸다. 이는 (결과가 2개의 클래스로만 나타나는) 이진 분류기(binary classifier)를 통해 수행된다. n개의 클래스로 분류하는 분류 모델은 다음 개수만큼의 이진 분류기로 구성돼 있다고 생각할 수 있다.

$$\frac{n*(n-1)}{2}$$

 어떤 케이스가 주어졌을 때 예측 결과를 만들어내려면 스코어가 0 이상인 모든 분류기는 각 케이스별로 일종의 투표 과정을 거친다. 이를 통해 가장 득표를 한 클래스(주의할 점은 이 값이 총합계가 가장 높은 분류기의 스코어를 의미하는 것은 아니다)를 파악할 수 있다. 이를 1:1 예측 방법이라고 하며, 꽤 보편적인 방법 중 하나다.

반면 predict_proba 함수는 분류 모델의 출력을 클래스에 대한 확률 분포로 변환할 수 있는 기술, 즉 플랫 캘리브레이션(Platt calibration) 기법을 이용해 수행된다. 이를 위해서는 문제의 기본 모델을 먼저 학습한 다음, 분류기의 스코어에 회귀 모델을 적용해 피팅(fitting)하는 과정이 필요하다.

$$P(y|X) = \frac{1}{(1+\exp(A*f(X)+B))}$$

이 모델은 최대 유사 가능도(maximum likelihood) 기법을 이용해 (스칼라형 파라미터 A와 B를 가지고) 최적화될 수 있다. 자가 학습 모델의 경우 predict_proba 함수를 이용하면 분류 스코어에 회귀 모델을 적용해 각 클래스 레이블의 확률을 계산할 수 있다. 이는 대단히 유용하다!

다음으로는 반복 작업을 수행할 루프^{loop}를 만들어보자. 다음 코드는 (unlabeledy의 사본인) unlabeledy_old에 남아 있는 케이스가 없거나 최대 반복 횟수에 도달할 때까지 실행되는 while 루프를 보여준다. 각 반복 단계에서 확률 임계치 (prob_threshold)를 초과하는 레이블이 없는 각 케이스에 대해 레이블링 작업이 이뤄진다.

```
while (len(unlabeledy_old) == 0 or
        numpy.any(unlabeledy!=unlabeledy_old)) and i < self.max_iter:
    unlabeledy_old = numpy.copy(unlabeledy)
    uidx = numpy.where((unlabeledprob[:, 0] > self.prob_threshold)
            | (unlabeledprob[:, 1] > self.prob_threshold))[0]
```

다음으로 self.model.fit 함수는 레이블이 없는 데이터에 모델을 피팅^{fitting}하는 작업을 수행한다. 여기서 레이블이 없는 데이터는 (앞에서 설명한 것처럼) [n_samples, n_features] 크기의 행렬로 표현된다. 이 행렬은 레이블이 없는 케이스를 (vstack과 hstack을 가지고) 추가해 생성된다.

```
self.model.fit(numpy.vstack((labeledX, unlabeledX[uidx, :])),
        numpy.hstack((labeledy, unlabeledy_old[uidx])))
```

끝으로 반복 작업을 통해 레이블 예측을 수행한다. 다음과 같이 해당 레이블에 대한 확률 예측 작업을 이용한다.

```
unlabeledy = self.predict(unlabeledX)
unlabeledprob = self.predict_proba(unlabeledX)
i += 1
```

다음 반복 수행 단계에서 이 모델은 동일한 프로세스를 수행한다. 여기서는 새로 레이블이 추가된 데이터를 사용한다(이 데이터는 model.fit 단계에서 사용된 데이터셋에서 확률 예측 값이 임계치보다 높은 조건을 만족해야 한다).

모델에 이미 레이블 예측 결과를 생성할 수 있는 분류 기법(예를 들면 sklearn의 SVM 구현에서 사용 가능한 predict_proba 함수 같은)이 포함돼 있지 않은 경우 가능한 방법이 하나 있다. 다음 코드는 predict_proba 함수가 있는지 확인하고, 없을 경우 생성된 레이블에 대해 플랫트 스케일링^{Platt scaling}을 수행한다.

```python
if not getattr(self.model, "predict_proba", None):
    self.plattlr = LR()
    preds = self.model.predict(labeledX)
    self.plattlr.fit( preds.reshape( -1, 1 ), labeledy )

return self

def predict_proba(self, X):
    if getattr(self.model, "predict_proba", None):
        return self.model.predict_proba(X)
    else:
        preds = self.model.predict(X)
        return self.plattlr.predict_proba(preds.reshape( -1, 1 ))
```

이를 많이 수행하면 자가 학습 아키텍처를 적용할 수 있다. 이를 위해 데이터셋을 하나 잡아서 작업을 시작해보자!

이 예제를 위한 기본 모델(basemodel)의 학습 모듈로, 스토캐스틱 그래디언트 하강^{SGD, Stochastic Gradient Descent}을 이용하는 단순 선형 회귀 분류기^{linear regression classifier}를 사용하려고 한다. 입력 데이터는 statlog의 **heart** 데이터셋이다(www.mldata. org 에서 다운받을 수 있다). 5장과 관련된 깃허브 저장소를 이용해도 된다.

heart 데이터셋은 2개의 클래스, 즉 심장병의 유무 여부로 구성돼 있다. 13가지 피처에 대해 270개의 데이터는 결측치^{missing value} 없이 확보돼 있다. 이 데이터에는 레이블이 없으며, 많은 변수들의 데이터가 많은 비용과 시행이 일부 쉽지 않은 테스트를 통해 수집됐다. 각 변수는 다음과 같다.

- age
- sex
- chest pain type (4 values)
- resting blood pressure
- serum cholestoral in mg/dl
- fasting blood sugar > 120 mg/dl
- resting electrocardiographic results (values 0,1,2)
- maximum heart rate achieved
- exercise induced angina
- 10. oldpeak = ST depression induced by exercise relative to rest
- the slope of the peak exercise ST segment
- number of major vessels (0-3) colored by flourosopy
- thal: 3 = normal; 6 = fixed defect; 7 = reversable defect

heart 데이터셋을 대상으로 데이터 로딩 작업 후 분석 모델을 피팅시켜보자.

```
heart = fetch_mldata("heart")
X = heart.data
ytrue = np.copy(heart.target)
ytrue[ytrue==-1]=0

labeled_N = 2
ys = np.array([-1]*len(ytrue)) # -1 denotes unlabeled point
random_labeled_points = random.sample(np.where(ytrue == 0)[0],
labeled_N/2)+\random.sample(np.where(ytrue == 1)[0], labeled_N/2)
ys[random_labeled_points] = ytrue[random_labeled_points]

basemodel = SGDClassifier(loss='log', penalty='l1')
```

```
basemodel.fit(X[random_labeled_points, :], ys[random_labeled_points])
print "supervised log.reg. score", basemodel.score(X, ytrue)

ssmodel = SelfLearningModel(basemodel)
ssmodel.fit(X, ys)
print "self-learning log.reg. score", ssmodel.score(X, ytrue)
```

이렇게 하면 썩 뛰어난 건 아니지만, 그럭저럭 볼만한 결과를 얻을 수 있다.

self-learning log.reg. score 0.470347

하지만 1,000번 정도 반복 수행을 하면 출력 결과의 수준이 상당히 달라짐을 알 수 있다.

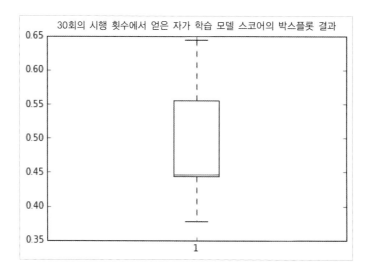

실제 데이터와 레이블이 없는 데이터셋에 대한 분류 정확도 스코어를 살펴보면 이 결과가 완전히 최악까지는 아니다. 하지만 이 정도로 만족해선 안 된다. 여전 히 절반 이상의 데이터에 대해 틀린 결과를 표시하고 있으니 말이다!

172

우선 문제를 좀 더 깊이 있게 이해할 필요가 있다. 현재 어떤 것이 잘못됐는지, 결과를 어떻게 개선할 수 있는지 명확하지가 않다. 현재 구현 중인 알고리즘을 진단하고 개선할 수 있는 방법을 파악하기 위해 자가 학습 관련 이론으로 다시 돌아가서 자세히 살펴보기로 하자.

자가 학습 구현에 대한 세부 조정

앞에서는 자가 학습 알고리즘을 생성하는 방법을 알아보고, 이를 실제로 구현해 봤다. 그러나 첫 번째 테스트에서는 결과가 자가 학습의 가능성도 확인했지만, 많은 개선 여지도 파악할 수 있었다. 결과에 대한 정확성과 분산^{variance} 모두 의문점이 남아 있다.

자가 학습은 매우 아슬아슬한 프로세스라고 할 수 있다. 알고리즘의 모듈이 잘못 구성됐거나 입력 데이터에 특이한 속성이 포함돼 있으면 반복 프로세스가 한 번 실패하고 레이블이 잘못 부여된 데이터를 뒤의 단계에서 다시 불러 들여 작업하게 되므로, 에러가 점점 섞이게 된다. 자가 학습 알고리즘이 반복적으로 진행됨에 따라 입력 값이 정확하지 않으면 출력 값도 엉망이 되는 (소위 '입력이 쓰레기면 결과도 쓰레기$^{garbage-in, garbage-out}$'라는) 결과에 대해 매우 유의할 필요가 있다.

얘기가 나온 김에 주의할 공통적인 위험 요소가 몇 가지 더 있다. 경우에 따라서는 레이블이 있는 데이터에서 더 유용한 정보를 얻지 못할 수도 있다. 이는 처음 몇 차례 반복 수행 단계에서 특히 공통적으로 나타나며 이해하기도 쉽다! 일반적으로 가장 쉽게 레이블을 부여하는 방법으로, 레이블이 있는 기존 케이스와 가장 유사한 것을 찾아 해당 레이블을 붙이는 방법을 생각해볼 수 있다. 이렇게 하는 방법은 높은 확률로 레이블을 생성하기 쉽다. 하지만 이렇게 지정된 레이블셋이 이후 반복 수행 단계에서 레이블 지정을 쉽게 해줄 수 있다는 보장은 없다.

안타깝게도 분류 정확도가 전반적으로 낮아지는 과정에서 분류에 대한 실제 효과가 나타나지 않는 케이스가 추가되는 경우가 종종 발생한다. 심지어 기존 레이블과 쉽게 구분할 수 있게 기존 사례와 비슷한 사례를 추가하는 것이 실제로는 분류기가 클래스를 결정하는 범위를 잘못 유도할 수 있다. 이는 결과적으로 잘못된 분류 결과를 증가시킬 수 있다.

자가 학습 모델에 무엇이 잘못됐는지 진단하는 것 자체는 매우 어려울 수 있지만, 항상 그렇듯 잘 선택된 몇 개의 플롯plot은 상황에 많은 명확성을 추가한다. 이러한 유형의 에러는 처음 몇 번의 반복 단계에서 자주 발생하므로 현재 분류 정확도를 기록하는 레이블 예측 계산 루프에 관련 모듈을 추가하면 초기 반복 과정에서 정확도가 어떤 추세를 보이는지 파악할 수 있다.

일단 문제가 파악되고 나면 몇 가지 해결책을 생각해볼 수 있다. 분류 결과가 충분할 경우 다양한 종류의 분류된 데이터를 사용해 프로세스를 시작하면 된다.

충동적으로 레이블이 있는 모든 데이터를 사용할 수도 있겠지만, 5장의 후반부에서 소개할 자가 학습 분석 모델은 오버피팅에 취약하므로 유효성 검증을 위해 일부 데이터를 유지해야 하는 위험 요소가 있다. 한 가지 좋은 방법으로 데이터셋의 여러 서브셋을 사용해 여러 개의 자가 학습 분석 모델 개체가 학습할 수 있게 하는 것을 생각해볼 수 있다. 이렇게 하면 특히 여러 차례 반복 수행을 통해 입력 데이터가 자가 학습 분석 모델 성능에 미치는 영향을 이해하는 데 도움이 될 수 있다.

8장에서 여러 가지 자가 학습 모델을 함께 사용해 예측할 수 있는 앙상블 기법 관련 옵션을 알아볼 것이다. 앙상블 기법을 사용 가능할 때 여러 가지 샘플링 기술을 함께 적용하는 것도 고려할 수 있다.

하지만 정량적으로 이 문제를 풀지 않는다면 퀄리티 개선을 통해 문제를 해결할 수 있을 것이다. 한 가지 방법으로, 선별된 레이블 데이터의 일부를 적절하게 나눠 서브셋을 생성하는 것이 있다. 자가 학습 모델 구현을 시작하는 데 레이블 데이터가 최소한 얼마나 필요한지는 딱히 제한은 없다. (앞에서 본 학습 예제처럼) 클래스당 하나의 레이블만 붙은 케이스로도 작업은 시작할 수 있다, 하지만 더 다양하고 중첩되는 클래스 집합을 대상으로 학습을 진행하면 좀 더 많은 레이블 데이터를 얻을 수 있을 것이다.

자가 학습 모델이 특히 취약한 또 다른 점으로 편향된 선택^{biased selection}이 있다. 보통은 반복 학습 과정에서 데이터 선택이 최악의 경우에도 약간만 편중됐을 거라는(즉, 다른 클래스보다 특정 클래스가 약간 더 가능성이 높았을 거라는) '순진한' 생각을 한다. 하지만 현실은 이렇게 생각하는 것이 절대로 안전하지 않다는 것이다. 선택 편향^{selection bias}이 일어날 가능성에 영향을 미칠 수 있는 몇 가지 요인이 있는데, 그중 가장 큰 원인으로 (균등되지 않게) 모든 샘플이 한 클래스에서 나오는 경우가 있다.

전체 데이터셋 또는 레이블이 지정된 서브셋이 사용되면 한 클래스로 편향되는 위험이 커져 자가 학습 분류기가 오버피팅을 일으킬 가능성이 높아진다. 이렇게 되면 다음번 반복 작업을 위해 제공된 경우는 문제를 가중시키기만 한다. 문제를 해결할 수 있을 만큼 샘플이 충분히 다양하지 못하기 때문이다. 자가 학습 알고리즘에 의해 설정된 클래스 결정 오류 범위가 어떻게 돼 있든 간에 데이터의 서브셋에 대해 오버피팅이 일어나게 된다. 각 클래스의 케이스 개수 간에 숫자가 안 맞는 경우가 주요 증상으로 나타난다. 하지만 오버피팅인지를 파악하는 일반적인 방법을 통해 선택 편향에 관한 문제를 진단할 수도 있다.

오버피팅을 찾아내는 방법에 대해 이와 같이 참조하는 방법을 계속 확대할 필요가 있다. 오버피팅인지 여부를 파악하기 위한 기술은 매우 중요하기 때문이다! 이러한 기술을 보통 유효성 검사 기술이라고 한다. 유효성 검사 기술의 밑바탕이 되는 근본 개념은 2개의 데이터가 필요한데, 하나는 분석 모델을 만드는 데 사용되는 데이터고, 다른 하나는 테스트하기 위해 사용되는 데이터다.

가장 효과적인 유효성 검증 기법은 독립적으로 검증(independent validation)하는 것인데, 가장 간단한 방법은 예측 결과가 정확한지 여부를 확인하기 위해 대기하는 상태를 포함시키는 것이다. 하지만 이게 항상 가능하지는 않다!

독립적인 검증을 수행하기 어려울 수도 있다면 이때 가장 좋은 방법은 샘플 데이터의 서브셋을 유지하는 것이다. 이를 샘플 분할(sample splitting)이라고도 하는데, 최신 유효성 검증 기술의 기초라고 할 수 있다. 대부분의 머신 러닝 구현 코드는 학습, 테스트, 유효성 검증에 대한 데이터셋을 각각 따로 적용한다. 이를 통해 다중 계층 검증이 수행된다고 볼 수도 있겠다.

세 번째로 알아볼 중요 유효성 검증 방법으로 리샘플링(resampling)이 있다. 이는 데이터의 서브셋을 전체 데이터셋의 유효성을 반복적으로 검증하는 데 사용하는 방법이다. 1장에서 V-fold 교차 검증 기법에 대해 알아봤는데, 이 방법이 아마도 가장 좋은 예가 될 수 있겠다.

이렇게 적용 가능한 기술 외에도 데이터를 효과적으로 모델링하는 데 필요한 샘플 크기를 미리 생각해두는 것이 좋다. 여기에 보편적으로 통용되는 원칙은 없지만, 다음과 같은 법칙을 적용했을 때 경험상 좋은 결과를 얻을 수 있었다.

충분한 정확도를 갖는 단일 변수의 회귀 모델을 만들기 위해 m개의 데이터 포인트가 필요하다면 최소한 mn개의 데이터가 필요하다. 또한 n개의 변수로 구성된 회귀 모델을 적절하게 특성화하고 평가하기 위해서는 n!mn개의 데이터가 필요하다.

이 문제에 대해 제시된 솔루션들(즉 리샘플링, 샘플 분할, 교차 검증을 포함한 유효성 검증 기법 등)과 앞에서 다룬 문제 사이에 약간의 텐션[tension]이 있다는 점에 주목하기 바란다. 즉, 오버피팅 때문에 레이블이 지정된 학습 데이터의 서브셋을 사용하는 것에 더 제약을 둬야 하지만, 이렇게 시작하는 것이 더 많은 학습 데이터를 사용하게 되는 사태를 줄일 수 있다. 분석 과정에서 예상되는 데이터의 복잡도에 따라 각 문제별로 적절하게 균형을 유지할 필요가 있다. 두 유형의 문제 징후를 모니터링해서 (반복 작업에서 동시에 사용되는 레이블 데이터양을 늘리거나 줄이는 등의) 조치를 적시 적절하게 수행할 수 있다.

자가 학습에서 고려할 또 하나의 위험 요소는 레이블이 없는 데이터는 거의 모두 노이즈를 일으킨다는 점이다. 레이블이 없는 데이터의 일부 또는 전체를 보면 노이즈가 매우 높을 수 있는데, 이럴 경우 노이즈의 양에 따라 분류의 정확도가 크게 나빠질 수 있다.

 어떤 데이터셋에 노이즈가 얼마나 포함돼 있는지 알아보기 위해 데이터 복잡성과 노이즈 측정 기준을 사용한다는 건 별로 새로운 게 아니다. 다행스러운 건 이미 좋은 추정 기법이 많이 있다는 것이다.

상대적인 복잡도를 측정하는 방법은 크게 두 가지로 나눌 수 있다. 한쪽은 다른 클래스 값의 중첩 여부 또는 분리 가능성 여부를 측정하려고 한다. 여기서는 다른 클래스와 관련된 각 클래스의 모호성 정도를 설명하려고 한다. 이러한 경우에 대한 하나의 좋은 척도로 피셔 판별 비율(Fisher's discriminant ratio)의 최대치가 있지만, 개별 피처 효율성의 최대치를 측정하는 것도 효과적이다.

또는 (때로는 더 간단할 수 있는) 선형 분류기의 에러 함수를 사용하면 데이터셋의 클래스가 서로 얼마나 분리돼 있는지 파악할 수 있다. 데이터셋에 간단한 선형 분류기를 학습시키고 학습이 잘 이뤄지지 않은 결과를 관찰함으로써 클래스가 얼마나 선형적으로 분리 가능한지에 대해 잘 이해할 수 있다. 또한 이 분류 기준(클래스 경계의 점 비율 또는 평균 클래스 내부(intra class) 또는 클래스 간(inter class)의 최단 거리 비율)과 관련된 측정에도 매우 유용할 수 있다.

데이터셋의 밀도 또는 다차원상의 특성을 구체적으로 측정하는 여러 가지 데이터 복잡성 측정 방법이 있다. 하나의 좋은 예는 최대 커버 가능한 구체의 비율이다. 다시 말하면 선형 분류기를 적용하고 해당 분류기의 비선형성을 포함시키면 유용한 측정값에 액세스할 수 있게 된다.

선택 프로세스 향상 방안

올바르게 동작하는 자가 학습 알고리즘의 핵심은 각 레이블이 할당된 결과에 대한 신뢰도를 정확하게 계산하는 것이라고 할 수 있다. 계산 결과에 대한 신뢰도는 자가 학습의 핵심 요소 중 하나다.

자가 학습에 대한 첫 번째 설명 중 신뢰도 계산과 밀접하게 관련돼 있는 파라미터를 포함해 특정 파라미터에 대한 단순한 값을 사용했다. 레이블이 부여된 케이스를 선택해 예측된 확률과 비교하기 위해 고정된 신뢰도 값을 이용했다. 이를 통해 여러 가지 전략 중 하나를 채택할 수 있었다.

- 레이블이 있는 데이터셋에 레이블이 반영된 결과를 모두 추가
- 데이터셋에 대해 가장 확신이 낮아 보이는 것만 선택해 신뢰도 임계치로 사용
- 레이블이 있는 데이터셋에 레이블이 반영된 결과를 모두 추가하고, 각 레이블에 가중치를 부여

전체적으로 자가 학습의 구현 결과물들이 상당히 위험한 결과를 보일 수 있음을 알아봤다. 이들은 많은 학습 실패 과정에 얽매어 있으며, 오버피팅에서도 자유롭지 않다. 심지어 레이블이 없는 데이터의 양이 증가할수록 자가 학습 분류기의 정확도는 점점 더 나빠진다.

다음 단계는 자가 학습을 전혀 다른 방법으로 구현하는 방법을 알아본다. 5장의 앞부분에서 설명한 알고리즘과 개념적으로는 매우 유사하지만, 다음에 소개하는 기술은 매우 다른 결과를 만들어 내기 위해 여러 가지 다른 가정 사항을 바탕으로 동작한다는 것을 알게 될 것이다.

CPLE

자가 학습 기술에 대해 앞에서 살펴본 결과와 애플리케이션에서 자가 학습이 중대한 위험 요인을 안고 있는 기술이라는 것을 알 수 있었다. 특히 여러 진단 툴과 상당한 데이터셋 제약 조건이 필요하다는 것을 파악했다. (데이터셋 중 일부를 이용하는) 서브셋팅^{subsetting}과 최적의 레이블이 부여된 데이터를 파악하고, 일부 데이터셋의 성능을 세심하게 추적하는 등의 방법을 이용해 이러한 문제를

해결할 수는 있겠지만, 이러한 일부 작업은 자가 학습이 가장 좋은 효과를 보일 수 있는 맞춤형 데이터가 아니면 불가능하다. 이러한 데이터는 레이블을 부여하는 데 전문 지식과 장비를 동원해 의학적 또는 과학적인 고비용 검증을 필요로 한다.

때때로 지도 학습에 대응해 더 뛰어나다고 자가 학습 분류기로 마무리하는 사례가 있는데, 이는 매우 심각한 문제다. 더 나쁜 것은 레이블 데이터가 있는 지도 분류기$^{supervised\ classifier}$는 데이터를 추가하면 대개 정확도가 향상되지만, 준지도 분류기의 성능은 데이터셋이 커질수록 오히려 저하될 수 있다. 따라서 중요한 것은 준지도 학습에 대해 맹목적인 신뢰를 해서는 안 된다는 점이다. 꼭 기억할 점은 지도 학습 방식에서 동일한 분류기의 성능과 최소한 비교할 수 있을 만큼의 성능을 유지하면서 동시에 준지도 학습의 이점을 활용하는 접근 방법을 찾는 것이다.

2015년 5월쯤 소개된 자가 학습 기법 중 하나인 CPLE$^{Contrastive\ Pessimistic\ Likelihood\ Estimation}$는 준지도 학습 파라미터 추정치를 계산하는 좀 더 범용적인 방법을 제공한다. CPLE은 상당히 주목할 만한 장점을 제공한다. CPLE은 레이블 예측 결과를 만들어내는데, 동일한 준지도 분류기 또는 (레이블이 있는 데이터를 이용한) 지도 분류기를 통해 만들어진 결과와 비교했을 때 동일하거나 더 우수하다는 것을 일관되게 보여줬기 때문이다. 바꿔 말하면 예를 들어 선형 판별 분석$^{LDA,\ Linear\ Discriminant\ Analysis}$을 수행할 때 지도 분류 대신 CPLE 기반의 준지도 분석을 수행하는 것이 좋다. 최소한 동등한 성능을 보장하기 때문이다.

이것은 상당히 충격적인 결과로, 구체적인 입증이 필요하다. CPLE 기법이 실제 상황에서 뛰어난 성능을 보이는지 확인하기에 앞서 어떻게 동작하는지부터 먼저 알아보기로 하자.

CPLE는 파라미터 최적화에 대한 최대 로그 유사 가능도$^{maximum\ log\text{-}likelihood}$와 비슷

한 측정 기준을 사용한다. 이는 일종의 성공 조건으로 생각할 수 있다. 여기서 개발할 분석 모델은 파라미터의 최대 로그 유사 가능도를 최적화하기 위한 것이다. 이는 CPLE가 기술을 좀 더 효과적으로 만들어 나가기 위한 구체적인 조건이라고 할 수 있다.

(지도 학습을 좀 더 향상시키기 위한 목적에서) 좀 더 나은 준지도 학습기를 만들기 위해 CPLE는 지도 추정 결과를 고려한다. 여기에는 학습 성과 측정 기준으로 준지도 학습 모델과 지도 학습 모델 사이에 발생하는 손실 값도 이용한다.

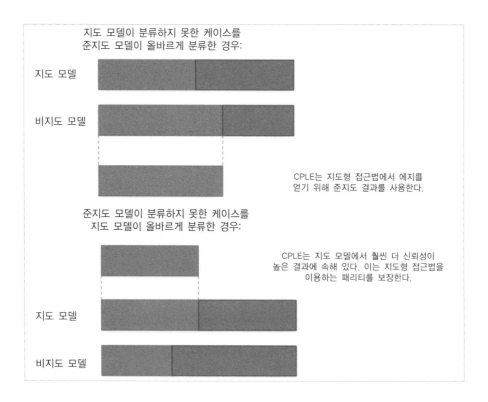

CPLE는 지도 솔루션^{supervised solution}과 비교해서 준지도 추정치^{semi-supervised estimator}가 얼마나 상대적으로 향상됐는지를 계산한다. 지도 솔루션이 준지도 추정치보다 우수할 경우 손실 함수^{loss function}는 이에 대한 결과를 보여주며, 모델은 이

손실을 줄이기 위해 준지도 모델을 조정하도록 학습을 수행할 수 있다. 준지도 솔루션이 지도 솔루션보다 더 나은 결과를 보인 경우 모델은 파라미터를 조정해 준지도 모델을 통한 학습이 이뤄지게 한다.

이렇게만 들으면 상당히 좋아 보일 것이다. 그러나 이론상으로 볼 때 해결이 필요한 문제가 있다. 준지도 솔루션에 대해 데이터 레이블이 없다는 점은 (CPLE 가 손실을 계산하기 위해 사용할) 사후 분포$^{posterior\ distribution}$가 없다는 것을 의미한다. 이에 대한 CPLE는 상당히 비관적이다. CPLE는 모든 레이블/예측 결과의 조합에 대해 카테시안 곱$^{Cartesian\ product}$('데카르트 곱'이라고도 함)을 계산한 다음, 유사 가능 도^{likelihood}를 최소화하는 사후 분포$^{posterior\ distribution}$를 선택하는 방법을 이용한다.

실제 환경을 고려한 머신 러닝 맥락에서 이는 매우 안전한 접근 방법이다. 보수 적인 가정 사항을 바탕으로 도출된 준지도 기법의 성능 향상 방안을 이용해 지도 기법의 분류 정확도를 제공한다. 실제 애플리케이션에서 이러한 보수적 관점의 가정은 테스트 단계에서 매우 높은 성능을 보여준다. 심지어 CPLE는 가장 어려 운 비지도 학습의 경우에 대해서도 일부 성능이 향상된 결과를 나타낼 수도 있 다. 예를 들면 (하나 이상의 클래스에서 샘플링이 잘 되지 않거나 레이블이 없는 케이스 가 부족할 수 있으므로) 레이블 데이터가 레이블 없는 데이터를 제대로 표현하지 못하는 경우다.

준지도 기법 또는 지도 기법보다 CPLE가 훨씬 우월하다는 것을 이해하기 위해 실제 문제를 대상으로 이 기술을 적용해보자. 준지도 기법에 초점을 맞춰 scikit-learn에서 제공하는 분류기에서 CPLE 알고리즘을 제공하게 scikit-learn 을 확장시킨 파이썬 라이브러리인 semisup-learn 라이브러리를 이용할 것이다. CPLE 클래스부터 우선 정의한다.

```
class CPLELearningModel(BaseEstimator):
```

```
def __init__(self, basemodel, pessimistic=True, predict_from_
        probabilities = False, use_sample_weighting = True,
        max_iter=3000, verbose = 1):
    self.model = basemodel
    self.pessimistic = pessimistic
    self.predict_from_probabilities = predict_from_probabilities
    self.use_sample_weighting = use_sample_weighting
    self.max_iter = max_iter
    self.verbose = verbose
```

이미 basemodel의 개념에 대해서는 익숙할 것이다. 5장에서는 S3VM과 준지도 LDE를 이용했다. 여기서 LDE를 다시 사용한다. 첫 번째 목표는 5장의 앞부분에서 준지도 LDE가 얻을 결과를 뛰어넘는 것이다. 솔직히 말하면 물속으로 그 결과를 날려버릴 계획이다!

먼저 다른 파라미터 옵션을 살펴보자. pessimistic 입력 인자에서 낙관적 모델optimistic model을 사용할 확률을 설정한다. 레이블이 없는 판별 유사 가능도discriminative likelihood와 레이블이 있는 판별 유사 가능도 사이의 손실 값을 최소화하기 위한 방법으로, pessimistic 대신 낙관적 모델을 이용하면 유사 가능도를 최대화하는 형태로 목표를 설정하면 된다. 이렇게 하면 (학습 단계에서) 더 좋은 결과를 만들어내는데, 반면 위험도는 훨씬 더 크다. 따라서 여기서는 비관적 모델pessimistic model로 작업을 한다.

predict_from_probabilities 파라미터는 한 번에 여러 데이터 요소의 확률로부터 예측 결과를 생성해 최적화를 가능하게 한다. 이 값을 True로 설정할 경우 CPLE는 예측에 사용할 확률이 평균보다 크면 예측 값을 1로 설정하고, 그렇지 않으면 0으로 설정한다. 이에 대한 대안으로 기본 모델을 사용하는 방법을 생각해볼 수 있다. 이는 성능상의 이유에서 꽤 바람직하다. 단, 여러 경우에서 predict 함수를 호출하지 않는 조건하에서 말이다.

182

use_sample_weighting(소프트 레이블soft labels이라고도 함)을 사용하는 방법도 있다(하지만 사후 분포에 대한 상당한 이해도가 요구된다). 보통 이 옵션을 많이 사용하는데, 이유는 소프트 레이블이 하드 레이블hard label보다 유연성이 좋고 일반적으로 더 선호되기 때문이다(분석 모델에서 하드 클래스 레이블만 지원하는 경우를 제외하면).

처음 몇 개의 파라미터는 CPLE의 학습을 중단시키기 위한 용도인데, 이를테면 최대 반복 학습 횟수 또는 (수렴으로 인해) 로그 유사 가능도가 더 이상 나아지지 않는지 여부 등이 있다. bestdl 파라미터는 최적의 판별 유사 가능도와 관련 소프트 레이블을 제공한다. 이들은 매번 학습 단계에서 업데이트된다.

```python
self.it = 0
self.noimprovementsince = 0
self.maxnoimprovementsince = 3

self.buffersize = 200
self.lastdls = [0]*self.buffersize
self.bestdl = numpy.infty
self.bestlbls = []

self.id = str(unichr(numpy.random.randint(26)+97))+str(unichr(
        numpy.random.randint(26)+97))
```

discriminative_likelihood 함수는 입력에 대한 유사 가능도를 계산한다(판별 모델, 즉 입력 데이터 X에 대해 타겟의 확률을 최대화하는 (y=1) 모델을 의미).

이 경우 생성적 모델(generative mode)과 판별적 모델(discriminative model)을 구분할 필요가 있다. 기본 개념은 아니지만, 많은 분류기가 특정 목표를 갖고 있는 이유를 근본적으로 이해할 수 있을 것이다.

분류 모델은 입력 데이터를 받아 각 케이스로 분류하고, 여기에 레이블을 할당한다. 이를 수행하는 방법에는 여러 가지가 있다.

우선 케이스를 몇 개 가져와서 이들 사이에서 클래스로 나눌 결정 범위를 만드는 것을 생각할 수 있다. 그런 다음 새로운 케이스가 들어올 때마다 이를 이용해 어느 범위에 해당되는지 파악할 수 있다. 이를 판별 학습(discriminative learning) 기법이라고 한다.

또 다른 방법으로 각 클래스의 확률 분포를 개별적으로 모델링하는 것을 생각할 수 있다. 일단 분석 모델이 생성되면 알고리즘은 베이즈(Bayes) 법칙을 이용해 입력 데이터가 주어졌을 때 레이블에 대한 사후 확률 분포를 계산할 수 있다. 이러한 방법을 생성적 모델링(generative modeling)이라고 하며, 상당히 큰 약점을 지녔음에도 매우 강력한 접근 방법 중 하나다(대부분 클래스를 얼마나 잘 모델링할 수 있는지에 대한 질문과 관련이 있다). 생성적 모델링 기법으로는 가우시안 판별 모델(Gaussian discriminant model)(이름이 약간 헷갈릴 수 있다)과 다양한 베이지언 모델 등이 있다. 더 자세한 사항은 5장의 맨 끝에 있는 참고 문헌을 찾아보기 바란다.

이 경우, 예측한 클래스 레이블의 유사 가능도를 계산하기 위해 각 반복 단계에서 함수를 이용한다.

```python
def discriminative_likelihood(self, model, labeledData, labeledy =
        None, unlabeledData = None, unlabeledWeights = None,
        unlabeledlambda = 1, gradient=[], alpha = 0.01):
    unlabeledy = (unlabeledWeights[:, 0]<0.5)*1
    uweights = numpy.copy(unlabeledWeights[:, 0])

    uweights[unlabeledy==1] = 1-uweights[unlabeledy==1]

    weights = numpy.hstack((numpy.ones(len(labeledy)), uweights))
    labels = numpy.hstack((labeledy, unlabeledy))
```

CPLE의 대부분을 정의했으니 이제 지도 모델 피팅 프로세스를 정의해야 한다. 여기서는 확률 예측을 위해 앞에서 본 익숙한 모듈인 model.fit과 model. predict_proba을 이용한다.

```
if self.use_sample_weighting:
  model.fit(numpy.vstack((labeledData, unlabeledData)),
        labels, sample_weight=weights)
else:
  model.fit(numpy.vstack((labeledData, unlabeledData)),
      labels)

P = model.predict_proba(labeledData)
```

비관적 CPLE[pessimistic CPLE]를 수행하기 위해 레이블이 있는 판별 로그 유사 가능도와 레이블이 없는 판별 로그 유사 가능도를 모두 계산해야 한다. 레이블 데이터와 레이블 없는 데이터에 대해 순서대로 predict_proba 함수를 실행시킨다.

```
try:

  labeledDL = -sklearn.metrics.log_loss(labeledy, P)
      except Exception, e:
    print e
    P = model.predict_proba(labeledData)

unlabeledP = model.predict_proba(unlabeledData)


try:
  eps = 1e-15
  unlabeledP = numpy.clip(unlabeledP, eps, 1 - eps)
  unlabeledDL = numpy.average((unlabeledWeights*numpy.
    vstack((1-unlabeledy, unlabeledy)).T*numpy.log(unlabeledP)).
    sum(axis=1))
```

```
except Exception, e:
    print e
    unlabeledP = model.predict_proba(unlabeledData)
```

레이블이 있는 분류 시도와 레이블이 없는 분류 시도 모두에 대해 판별 로그 유사 가능도를 계산할 수 있게 됐으니, discriminative_likelihood_objective 함수를 통해 알고리즘의 목표를 설정할 수 있다. 여기서 목표는 각 반복 단계에서 dl를 계산할 때 비관적^{pessimistic} (또는 원할 경우 낙관적^{optimistic}) 방법론을 이용하는 것이다. 모델이 최대 반복 횟수에 이르거나 특정 조건에 수렴할 때까지 말이다.

각 반복 단계에서 유사 가능도가 변하고 있는지를 결정하기 위해 t-test를 이용한다. 유사 가능도는 각 반복 단계의 사전 수렴 여부^{preconvergence}에 대해 계속 값이 바뀔 것이다. 눈썰미가 좋다면 5장 앞부분에서 설명했던 것이 기억날 것이다. t-test 결과에서 3번 연속 변화가 없다는 결과가 나오면 반복 작업을 중단하게 돼 있다(이는 maxnoimprovementsince 파라미터를 통해 설정 가능하다).

```
    if self.pessimistic:
        dl = unlabeledlambda * unlabeledDL - labeledDL
    else:
        dl = - unlabeledlambda * unlabeledDL - labeledDL
    return dl

def discriminative_likelihood_objective(self, model, labeledData,
        labeledy = None, unlabeledData = None, unlabeledWeights = None,
        unlabeledlambda = 1, gradient=[], alpha = 0.01):
    if self.it == 0:
        self.lastdls = [0]*self.buffersize

    dl = self.discriminative_likelihood(model, labeledData,
            labeledy, unlabeledData, unlabeledWeights, unlabeledlambda,
```

```
         gradient, alpha)

    self.it += 1
    self.lastdls[numpy.mod(self.it, len(self.lastdls))] = dl

    if numpy.mod(self.it, self.buffersize) == 0: # or True:
        improvement = numpy.mean((self.lastdls[(len(self.
            lastdls)/2):])) - numpy.mean((self.lastdls[:
            (len(self.lastdls)/2)]))

        _, prob = scipy.stats.ttest_ind(self.lastdls[(len(self.
            lastdls)/2):], self.lastdls[:(len(self.lastdls)/2)])

        noimprovement = prob > 0.1 and numpy.mean(self.
            lastdls[(len(self.lastdls)/2):]) <
            numpy.mean(self.lastdls[:(len(self.
            lastdls)/2)])
        if noimprovement:
            self.noimprovementsince += 1
            if self.noimprovementsince >= self.
                    maxnoimprovementsince:

                self.noimprovementsince = 0
                raise Exception(" converged.")
        else:
            self.noimprovementsince = 0
```

각 반복 단계에서 알고리즘은 다음 단계에서 사용할 가장 좋은 가중치 세트와
최적의 판별 유사 가능도 값을 저장한다.

```
if dl < self.bestdl:
    self.bestdl = dl
    self.bestlbls = numpy.copy(unlabeledWeights[:, 0])

return dl
```

여기서 소프트 레이블을 어떻게 생성했는지 다시 한 번 짚고 넘어갈 필요가 있다. 이에 관해서는 5장의 앞에서 이미 설명했다. 코드로 설명하면 다음과 같다.

```
f = lambda softlabels, grad=[]: self.discriminative_
    likelihood_objective(self.model, labeledX, labeledy=labeledy,
    unlabeledData=unlabeledX,
    unlabeledWeights=numpy.vstack((softlabels,
    1-softlabels)).T, gradient=grad)

lblinit = numpy.random.random(len(unlabeledy))
```

요약하면 softlabels는 판별 유사 가능도 계산 결과에 대한 확률 버전을 제공한다. 바꿔 말하면 하드 레이블 형태의 이진 클래스 레이블이라기보다는 가중치 형태의 역할을 한다고 볼 수 있다. 소프트 레이블은 optimize 함수를 이용해 계산할 수 있다.

```
try:
    self.it = 0
    opt = nlopt.opt(nlopt.GN_DIRECT_L_RAND, M)
    opt.set_lower_bounds(numpy.zeros(M))
    opt.set_upper_bounds(numpy.ones(M))
    opt.set_min_objective(f)
    opt.set_maxeval(self.max_iter)
    self.bestsoftlbl = opt.optimize(lblinit)
    print " max_iter exceeded."
except Exception, e:
    print e
    self.bestsoftlbl = self.bestlbls

if numpy.any(self.bestsoftlbl != self.bestlbls):
```

```
        self.bestsoftlbl = self.bestlbls
ll = f(self.bestsoftlbl)

unlabeledy = (self.bestsoftlbl<0.5)*1
uweights = numpy.copy(self.bestsoftlbl)

uweights[unlabeledy==1] = 1-uweights[unlabeledy==1]

weights = numpy.hstack((numpy.ones(len(labeledy)), uweights))
labels = numpy.hstack((labeledy, unlabeledy))
```

 관심 있는 독자는 최적화된 가중치 값을 찾는 그래디언트 하강을 계산하는 기법인 뉴턴 켤레 그래디언트(Newton conjugate gradient)를 사용해 최적화한다. 뉴턴 켤레 그래디언트와 관련해서는 5장의 맨끝에 있는 '참고 문헌' 절을 참고하기 바란다.

이게 어떻게 동작하는지 이해하고 나면 나머지 계산은 최적의 지도 기반 레이블과 소프트 레이블을 비교하기만 하면 된다. 최적의 레이블 세트 값으로 bestsoftlabel 파라미터를 설정하면 된다. 이를 통해 최적의 레이블 세트에 대해 판별 유사 가능도 계산도 할 수 있고, fit 함수 계산도 가능하다.

```
if self.use_sample_weighting:
    self.model.fit(numpy.vstack((labeledX, unlabeledX)),
            labels, sample_weight=weights)
else:
    self.model.fit(numpy.vstack((labeledX, unlabeledX)),
            labels)

if self.verbose > 1:
    print "number of non-one soft labels: ", numpy.sum(self.
            bestsoftlbl != 1), ", balance:",
```

```
                numpy.sum(self.bestsoftlbl<0.5), " / ", len(self.bestsoftlbl)
    print "current likelihood: ", ll
```

CPLE를 어떻게 구현하는지 충분히 이해했으리라 믿고, 재미있는 데이터셋을 이용해보자! 이번에는 미국 칼럼비아 대학의 Million Song 데이터셋으로 작업을 해볼 계획이다.

이 알고리즘의 핵심 기능은 100만 개의 곡에 대한 피처 분석 및 메타데이터라고 할 수 있다. 데이터는 이미 준비돼 있으며, 기본 피처와 파생된 피처로 구성돼 있다. 사용 가능한 피처로는 아티스트 이름, ID, 곡 재생 시간, 소리 크기, 박자 기호, 각 노래의 템포 같은 것들이 포함돼 있다. 뿐만 아니라 단체로 댄스를 할 수 있는지에 대한 스코어와 오디오 관련 태그 등을 포함한 다양한 측정값들도 담겨 있다.

이 데이터셋은 대개 (태그를 통해) 레이블이 돼 있지만, 여기서 목적은 제공된 데이터를 가지고 다른 노래에 대한 장르 레이블을 생성하는 것이다. Million Song 데이터셋 전체는 300GB 크기며 접근에 제약이 있으므로, 그중 1% 인 10,000곡(1.8GB)만 가지고 작업하기로 한다. 참고로 이 데이터는 별로 도움이 되지 않는 포맷인 데다가 많은 필드가 대부분 사용되지 않을 것이므로, 반드시 전부가 필요한 건 아니다.

Mastering Python Machine Learning 저장소의 6장, Text Feature Engineering 폴더에 있는 **10000_songs** 데이터셋은 잘 정리해 준비한 여러 장르의 음악 데이터 서브셋 데이터다(크기도 꽤 크다). 분석 과정에서 타겟으로 제공된 장르 태그로부터 장르를 예측하려고 한다. 학습을 시작하기 위해 레이블이 있는 데이터로 태그가 있는 데이터의 서브셋을 이용하고, 레이블이 없는 데이터에 대해 태그를 생성하려고 한다.

각 반복 단계에서 다음과 같은 작업을 한다.

- 더 많은 레이블 데이터를 사용한다. 여기서는 전체 데이터 크기(100곡) 중 1%를 무작위로 선정해 이를 레이블 데이터로 사용한다.
- 분류기로 선형 커널^{linear kernel}을 지닌 SVM을 이용한다. 5장 앞부분에서 나이브 자가 학습 구현 결과로 사용했던 단순 선형 판별 분석기^{simple LDA} 대신 말이다.

자, 시작해보자.

```python
import sklearn.svm
import numpy as np
import random

from frameworks.CPLELearning import CPLELearningModel
from methods import scikitTSVM
from examples.plotutils import evaluate_and_plot

kernel = "linear"

songs = fetch_mldata("10000_songs")
X = songs.data
ytrue = np.copy(songs.target)
ytrue[ytrue==-1]=0

labeled_N = 20
ys = np.array([-1]*len(ytrue))
random_labeled_points = random.sample(np.where(ytrue == 0)[0],
    labeled_N/2)+\
                    random.sample(np.where(ytrue == 1)[0],
    labeled_N/2)
ys[random_labeled_points] = ytrue[random_labeled_points]
```

결과 비교를 위해 지도형 SVM을 CPLE 구현 코드에서 함께 실행시킨다. 또한 앞에서 본 나이브 자가 학습 알고리즘 코드도 실행시킨다. 이 역시 결과를 서로 비교하기 위해서다.

```
basemodel = SGDClassifier(loss='log', penalty='l1') # scikit logistic
regression
basemodel.fit(X[random_labeled_points, :], ys[random_labeled_points])
print "supervised log.reg. score", basemodel.score(X, ytrue)

ssmodel = SelfLearningModel(basemodel)
ssmodel.fit(X, ys)
print "self-learning log.reg. score", ssmodel.score(X, ytrue)

ssmodel = CPLELearningModel(basemodel)
ssmodel.fit(X, ys)
print "CPLE semi-supervised log.reg. score", ssmodel.score(X, ytrue)
```

이 반복 작업을 통해 얻은 결과는 매우 좋다.

```
# supervised log.reg. score 0.698
# self-learning log.reg. score 0.825
# CPLE semi-supervised log.reg. score 0.833
```

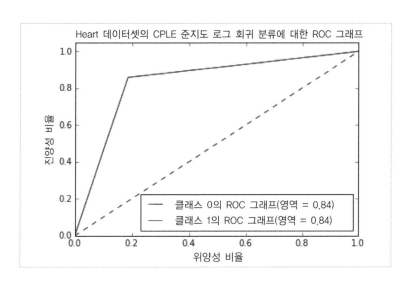

CPLE 준지도 모델은 84% 정확도의 성능으로 분류를 성공적으로 수행했다. 이 스코어는 나이브 준지도 모델과 비교했을 때 10% 이상 향상된 결과며, 인간의 결과와 비교해도 손색이 없는 수준이다. 특히 지도 SVM과 비교해도 탁월한 성능을 나타냈다.

▌ 참고 문헌

준지도 학습에 대한 기초를 다지려면 위스콘신 대학교의 교수인 샤오진 주[Xiaojin Zhu]의 자료가 매우 유용할 것이다.

http://pages.cs.wisc.edu/~jerryzhu/pub/ssl_survey.pdf

아울러 슬라이드 포맷으로 만들어진 튜토리얼 자료도 함께 보면 더욱 좋을 것이다.

http://pages.cs.wisc.edu/~jerryzhu/pub/sslicml07.pdf

CPLE^{Contrastive Pessimistic Likelihood Estimation}에 관련해서는 루그^{Loog}의 2015년 논문을 참고한다.

http://arxiv.org/abs/1503.00269

5장에서 생성적 모델과 판별적 모델의 차이점에 대해 설명했다. 스탠포드 대학교의 교수인 앤드류 응^{Andrew Ng}과 U.C. 버클리 대학교의 교수인 마이클 조던 ^{Michael Jordan}의 자료를 보면 이 둘 간의 차이를 명확하게 이해할 수 있을 것이다.

http://cs229.stanford.edu/notes/cs229-notes2.pdf
http://www.ics.uci.edu/~smyth/courses/cs274/readings/jordan_logistic.pdf

베이지안 통계 분석에 관심이 있다면 앨런 다우니^{Allen Downey} 박사의 『Think Bayes』 책을 참고하기 바란다. 감동할 정도로 설명이 잘 돼 있다(정말 인생에서 꼽을 만한 통계 서적 중 하나이다).

https://www.google.co.uk/#q=think+bayes

그래디언트 하강^{gradient descent}에 관심이 있다면 세바스티안 루더^{Sebastian Ruder}의 블로그를 참고하기 바란다.

http://sebastianruder.com/optimizing-gradient-descent/

켤레 하강^{conjugate descent}에 관해 좀 더 심화된 내용을 알고 싶다면 U.C. 버클리 대학교의 교수인 조나단 셰우척^{Jonathan Shewchuk}의 소개 자료를 참고하기 바란다. 핵심 개념을 명쾌하게 설명하고 있다.

https://www.cs.cmu.edu/~quake-papers/painless-conjugate-gradient.pdf

▌ 요약

5장에서는 머신 러닝의 준지도 학습에서 매우 강력하지만 상대적으로 덜 알려진 패러다임을 살펴봤다. 전이 학습, 자가 학습의 기본 개념을 알아본 후 나이브 자가 학습 구현 결과를 이용해 자가 학습 기반 분류 기술에 대한 이해도를 높였다.

자가 학습의 약점을 빠르게 파악해 CPLE 형태로 발견된 효과적인 솔루션도 찾아냈다. CPLE는 매우 우아하고 높은 응용력을 지닌 준지도 학습을 위한 프레임워크다. 특히 기본 모델로 사용하는 분류기에 대해 추가 가정 사항도 필요로 하지 않는다. 결과적으로 CPLE는 일관되게 나이브 준지도 학습과 지도 학습 모두에 비해 위험 요소도 작을 뿐만 아니라 월등하게 좋은 성능을 나타냈다. 머신 러닝에서 가장 유용한 최신 결과 중 하나와 관련해 상당히 많은 것을 이해할 수 있었다.

6장에서는 앞에서 살펴본 모든 모델의 효율성을 크게 높이는 데이터 준비 관련 기술에 대해 알아본다.

6

텍스트 피처 엔지니어링

▌ 소개

5장에서는 복잡하고 어려운 데이터의 분석을 위한 강력한 기술들을 학습하는 데 많은 시간을 들였다. 그러나 가장 어려운 문제에 대해서는 지금까지 살펴본 기술만 사용할 수 있는 상태다.

딥러닝과 지도 학습 모두 문제 해결에 있어 계속 일종의 '도전'을 받고 있는 것 중 하나가 문제에 대해 팀으로부터 여러 차례 큰 투자를 요구한다는 점이다(즉, 엄청난 자원이 동원돼야 한다는 얘기다). 이러한 낡은 패러다임에서는 특화된 준비 작업을 수행해야 한다. 문제는 이를 위해 많은 시간, 전문 기술, 지식 등이 필요하다는 점이다. 때때로 특정 도메인^{domain}이나 데이터 타입$^{data\ type}$에 특화된 기술을 사용할 경우에도 그렇다. 피처를 도출하는 이러한 프로세스를 '피처 엔지니어링'이라고 한다.

앞에서 배운 딥러닝 알고리즘 대부분은 엄청난 양의 피처 엔지니어링 작업을 수행하는 데 도움이 되는 방법이다. 그러나 동시에 피처 엔지니어링은 최고 수준의 머신 러닝[ML] 실무자를 위한 대단히 중요한 기술로 인식돼 있다. 데이터 분석에 있어 대단히 유명한 캐글에 있는 다음 메시지를 한번 보자. 데이빗 코푀드 윈드[David Kofoed Wind]가 캐글 블로그에 정리한 것이다.

> "여러분이 사용하는 피처는 다른 모든 결과보다 훨씬 더 영향력이 크다. 내가 알고 있는 한 어떤 알고리즘도 제대로 된 피처 엔지니어링이 수반되지 않는다면 정보를 얻는 데 있어 충분치 않다."
>
> – 루카 마싸론(Luca Massaron)

> "피처 엔지니어링은 캐글 경진대회에서 가장 중요한 측면 중 하나며, 시간을 가장 많이 들여야 하는 부분이다. 성능을 향상시킬 수 있는 데이터에 숨겨진 피처가 많이 있으므로, 순위권에 들고 싶다면 이들을 꼭 찾아내야 한다.
> 여기서 망치면 더 이상 이길 가능성은 없다. 숨겨진 모든 것을 찾아내는 사람은 항상 있다. 그러나 문제를 공식화하는 것과 같은 다른 중요한 부분도 있다. 회귀 모델 또는 분류 모델을 사용하든, 둘을 한꺼번에 결합해 사용하든 필요한 우선순위가 있을 것이다. 이 피처 엔지니어링은 해당 대회에서 좋은 결과를 얻기 위해 매우 중요하다. (수동으로 작업하는) 피처 엔지니어링이 더 이상 필요하지 않는 곳도 있다. 예를 들면 이미지 프로세싱 경진대회에서 최신 딥러닝 알고리즘을 사용할 수 있는 경우를 생각해볼 수 있다."
>
> – 조세프 파이글(Josef Feigl)

몇 가지 핵심 주제가 있다. 피처 엔지니어링은 대단히 강력하고 심지어 매우 적은 규모의 피처 엔지니어링만으로도 분류에 큰 영향을 줄 수 있다. 최상의 결과를 제공하고자 한다면 피처 엔지니어링을 자주 사용해야 한다. 머신 러닝 알고리즘의 효율성을 극대화하려면 특정 도메인 및 데이터 타입별로 어느 정도 지식이 필요하다.

하나 더 살펴보자.

"캐글 경진대회에서 가장 중요한 부분은 피처 엔지니어링이다. 이를 어떻게 하면 되는지 배우기도 별로 어렵지 않다."

– 팀 샐리먼스(Tim Salimans)

팀[Tim]의 말이 맞다. 6장에서 배울 내용 중 대부분은 직관적이고 효과적인 트릭과 변형 기법 등이다. 6장에서는 자연어 처리 및 금융 관련 시계열 애플리케이션에서 작성한 텍스트 및 시계열 데이터에 적용되는 가장 효과적이고 일반적으로 사용되는 몇 가지 준비용 기술을 소개한다. 이 기술이 작동하는 방식, 무엇을 파악할 것인지, 기대한 대로 작동하는지 진단하는 방법을 살펴본다.

▌텍스트 피처 엔지니어링

앞에서는 데이터셋을 받아서 의미 있는 피처 서브셋을 추출하는 몇 가지 기법들을 살펴봤다. 이들은 폭넓은 응용력을 지니고 있지만 입력 데이터가 다음과 같을 경우 별 도움이 안 된다. (1) 수치 데이터, (2) 카테고리 분류가 안 되는 데이터, (3) 입력 데이터를 숫자 데이터 또는 카테고리 데이터로 변환하기 어려운 경우, 특히 텍스트 데이터를 가지고 작업할 때에는 그에 맞는 다른 기술을 적용해야 한다.

이 절에서 알아볼 기술은 2개의 영역(데이터 정제 기술과 피처 준비 기술)으로 구분할 수 있다. 이들은 대략 어떤 순서에 맞춰 구현돼 있으며, 이 책에서도 이 순서에 따라 살펴볼 계획이다.

텍스트 데이터 정제

자연어 텍스트 데이터로 작업하려면 다른 접근 방식을 적용해야 한다. 실제 환경에서 자연어 텍스트 데이터셋은 한 마디로 '안전하지 않기' 때문이다. 텍스트 데이터에는 맞춤법 오류, (이모티콘 같은) 사전에 없는 구문, 경우 따라서는 HTML 태그 등이 많이 포함돼 있을 수 있다. 따라서 철저한 정제 작업이 이뤄져야 한다.

이 절에서는 실제 데이터셋을 사용하는 여러 가지 효과적인 텍스트 정제 기술을 가지고 작업할 것이다. 좀 더 자세히 설명하면 2012년 캐글 경진대회의 Impermium 데이터셋을 사용할 것이다. 소셜 댓글에서 비난/부정적 글을 정확하게 찾아내는 모델을 만드는 것이 이 경진대회의 목표였다.

그렇다. 인터넷 트롤^{Internet troll}을 찾아내려는 것이다.

자, 시작해보자!

BeautifulSoup을 이용한 텍스트 정제

맨 먼저 입력 데이터를 수작업으로 검토한다. 이는 매우 중요한 작업이다. 텍스트 데이터를 가지고 먼저 필요한 정제 사항을 파악할 수 있도록 데이터에 어떤 문제점이 있는지 테스트해보고 알아내야 한다.

혐오스러운 인터넷 댓글이 가득한 데이터셋을 본다는 건 상당히 힘든 작업일 것이다. 다음 예를 하나 살펴보자.

ID	Date	Comment
132	201205310319172	"""\xa0@Flip\xa0how are you not ded"""

ID 필드와 Date 필드에 대해서는 별로 작업할 것이 없다. 하지만 텍스트 (Comment) 필드는 상당히 어려워 보인다. 이 예를 보면 맞춤법 오류, HTML 태그 등이 포함돼 있음을 알 수 있다. 심지어 공백 문자와 구두점^{punctuation}도 포함된 걸 보면 데이터셋의 많은 케이스가 필터링에 걸리지 않은 것처럼 보인다. 또 다른 데이터 퀄리티 문제로 여러 개의 모음(단어를 늘리는 데 사용된, 예를 들면

'Good'을 'Goooooood"처럼 쓴 것), 아스키^{ASCII} 문자가 아닌 특수 문자, 하이퍼링크^{hyperlink} 등이 포함돼 있는 경우다. 이에 해당되는 경우는 계속 늘어나고 있다.

이 데이터셋을 정제하는 방법 중 하나로 정규 표현식^{regex, regular expression}이 있다. 즉, 데이터 퀄리티에 영향을 주는 문제점을 제거하기 위해 입력 데이터를 대상으로 이를 실행시킨다. 하지만 문제가 되는 포맷의 규모나 다양성에 따라 정규 표현식^{regex}을 이용한 방법이 별 효과를 못 볼 수도 있다. 많은 경우를 놓치고, 필요한 준비 규모를 잘못 판단하면 결국 정제 작업이 너무 지나치게 되거나 반대로 충분히 정제가 이뤄지지 않을 수 있다. 즉, 특정 조건에서 실제 텍스트 내용이 필터링되는 경우 태그 일부를 그대로 남기는 등의 위험 요소가 있다. 여기서 필요한 해결 방안은 일반적인 데이터 퀄리티에 영향을 미치는 문제점 대부분을 제거하고, 이를 기반으로 스크립트 기반의 접근 방법을 통해 나머지 문제점들에 집중할 수 있게 하는 것이다.

BeautifulSoup부터 알아보자. BeautifulSoup은 매우 강력한 텍스트 정제 라이브러리로, 다른 것들 중에서 HTML 태그만 골라 제거할 수 있다. 인터넷 트롤 데이터상에서 이 라이브러리가 어떻게 작동하는지 살펴보자.

```python
from bs4 import BeautifulSoup
import csv

trolls = []
with open('trolls.csv', 'rt') as f:
    reader = csv.DictReader(f)
    for line in reader:
        trolls.append(BeautifulSoup(str(line["Comment"]), "html.
            parser"))

print(trolls[0])

eg = BeautifulSoup(str(trolls), "html.parser")
```

```
print(eg.get_text())
```

ID	Date	Comments
132	201205310319172	@Flip how are you not ded

보다시피 이미 텍스트 데이터의 퀄리티를 향상시켰다. 그러나 이 예제를 통해 수행해야 할 많은 작업이 남아 있음을 뚜렷하게 알 수 있다! 앞에서 설명한 것처럼 정규 표현식^{regex}을 사용해 데이터를 추가로 정리하고 토큰화 작업^{tokenization}도 해보기로 한다.

구두점과 토큰화 관리

토큰화^{Tokenization}는 텍스트 스트림으로부터 토큰^{token} 집합을 만드는 프로세스다. 대부분의 토큰은 단어로 이뤄져 있지만, 일부 특수 문자 세트도 있다(예를 들면 스마일 :), ???????? 같은 구두점 문자열 등).

데이터셋 초기 상태에서 많은 양의 지저분했던 HTML 태그를 제거했으니, 이제 텍스트 데이터의 정제 수준을 더욱 높일 수 있는 조치를 취할 수 있게 됐다. 이를 위해 re 모듈을 사용할 것이다. 이 모듈은 서브스트링^{substring} 치환 같은 정규 표현식에 대한 연산을 사용할 수 있게 해준다. 이 과정에서 입력 텍스트에 일련의 작업을 수행하는데, 대부분은 변수 또는 문제가 있는 텍스트를 토큰으로 치환하는 데 초점이 맞춰져 있다. 간단하게 이메일 주소를 _EM 토큰으로 치환하는 것부터 시작해보자.

```
text = re.sub(r'[\w\-][\w\-\.]+@[\w\-][\w\-\.]+[a-zA-Z]{1,4}', '_EM',
    text)
```

마찬가지로 URL은 주소를 _U 토큰으로 치환하면 제거할 수 있다.

```
text = re.sub(r'\w+:\/\/\S+', r'_U', text)
```

불필요하게 들어가 있거나 문제가 될 소지가 있는 공백 문자, 줄 바꿈 문자, 하이 픈, 밑줄 문자^{underscore}도 자동으로 제거할 수 있다. 또 비공식적 성격의 대화에서 표현을 강조하는 용도로 종종 사용되는 여러 가지 문자에 대한 문제점도 다뤄보자. 여러 가지 구두점 문자는 _BQ, _BX 같은 코드를 이용해 인코딩한다. (구두점 문자보다 길어 보이는) 이러한 태그를 쓰는 이유는 _Q, _X 같은 태그와 구별하기 위해서다(_Q, _X는 각각 물음표(?)와 느낌표(!)를 의미한다).

또한 정규 표현식을 사용해 다른 추가 문자들도 관리할 수 있다. 이러한 문자열을 최대 두 문자로 줄여서 조합에 대한 경우의 수를 관리 가능한 수준으로 줄이고, _EL 토큰을 사용해 줄어든 그룹을 토큰화할 수 있다.

```
# Format whitespaces
text = text.replace('"', ' ')
text = text.replace('\'', ' ')
text = text.replace('_', ' ')
text = text.replace('-', ' ')
text = text.replace('\n', ' ')
text = text.replace('\\n', ' ')
text = text.replace('\'', ' ')
text = re.sub(' +',' ', text)
text = text.replace('\'', ' ')


#manage punctuation
text = re.sub(r'([^!\?])(\?{2,})(\Z|[^!\?])', r'\1 _BQ\n\3', text)
text = re.sub(r'([^\.])(\.{2,})', r'\1 _SS\n', text)
text = re.sub(r'([^!\?])(\?|!){2,}(\Z|[^!\?])', r'\1 _BX\n\3', text)
```

```
text = re.sub(r'([^!\?])\?(\Z|[^!\?])', r'\1 _Q\n\2', text)
text = re.sub(r'([^!\?])!(\Z|[^!\?])', r'\1 _X\n\2', text)
text = re.sub(r'([a-zA-Z])\1\1+(\w*)', r'\1\1\2 _EL', text)
text = re.sub(r'([a-zA-Z])\1\1+(\w*)', r'\1\1\2 _EL', text)
text = re.sub(r'(\w+)\.(\w+)', r'\1\2', text)
text = re.sub(r'[^a-zA-Z]','', text)
```

다음으로 흥미로운 토큰을 몇 개 생성해보자. 사용 가능한 유용한 지표 중 하나는 스웨어링^swearing을 위한 _SW 토큰이다. 또한 스마일(:))을 식별하고 토큰화하는 데 필요한 정규 표현식을 사용해 크고 행복한 스마일(_BS), 작고 행복한 스마일(_S), 크고 슬픈 스마일(_BF), 작고 슬픈 스마일(_F) 중 하나에 반영한다.

```
text = re.sub(r'([#%&\*\$]{2,})(\w*)', r'\1\2 _SW', text)
text = re.sub(r' [8x;:=]-?(?:\)|\}|\]|>){2,}', r' _BS', text)
text = re.sub(r' (?:[;:=]-?[\)\}\]d>])|(?:<3)', r' _S', text)
text = re.sub(r' [x:=]-?(?:\(|\[|\||\\|/|\{|<){2,}', r' _BF', text)
text = re.sub(r' [x:=]-?[\(\[\|\\/\{<]', r' _F', text)
```

 스마일은 사용할 때마다 자주 바뀌므로 상당히 복잡하다. 앞에서 설명한 문자가 현재로서는 최신이지만, 절대로 완벽하다고 할 수는 없다. 예를 들어 아스키로 표현되지 않는 범위에 있는 emojis를 생각해볼 수 있다. 여러 가지 이유 때문에 이 예제에서는 아스키가 아닌 텍스트는 제거할 것이다(이런 식의 접근법으로 사전을 사용해 컴플라이언스를 강제하는 방법이 있다). 그러나 이 두 가지 방법 모두 데이터셋에서 케이스를 필터링한다는 명백한 단점이 있으며, 이는 결국 이 해결 방안이 불완전하다는 얘기다. 어떤 경우에는 이러한 방법을 이용해 상당한 양의 텍스트가 없어질 수 있다. 일반적으로 텍스트 내용의 문자 기반 이미지에 대한 일반적인 문제를 인식하는 것이 현명하다고 하겠다.

다음으로 텍스트를 몇 개의 구문^phrase으로 분할해보자. 이는 str.split을 사용하면 간단하게 해결된다. 이는 긴 문자열(re) 이 아닌 단어(words)의 벡터로 입력 데이터가 처리되게 한다.

```python
phrases = re.split(r'[;:\.()\n]', text)
phrases = [re.findall(r'[\w%\*&#]+', ph) for ph in phrases]
phrases = [ph for ph in phrases if ph]

words = []

for ph in phrases:
    words.extend(ph)
```

결과는 다음과 같다.

ID	Date	Comments
132	20120531031917Z	[['Flip', 'how', 'are', 'you', 'not', 'ded']]

다음으로 단일 문자 시퀀스를 검색한다. 때때로 강조를 목적으로 인터넷에서는 여러 개의 단일 문자를 체인처럼 묶어서 사용하기도 한다. 이는 저주/비난용 단어를 찾아내지 못하게 하는 방법으로 사용되기도 한다.

```python
tmp = words
words = []
new_word = ''
for word in tmp:
    if len(word) == 1:
        new_word = new_word + word
    else:
        if new_word:
            words.append(new_word)
            new_word = ''
        words.append(word)
```

이렇게 해서 입력 데이터에 대한 정제와 퀄리티 향상을 위한 많은 작업을 완료했다. 하지만 아직 몇 가지 주목할 만한 문제점이 있긴 하다. 앞에서 본 예제를 다시 살펴보자. 아마 다음과 같은 모습일 것이다.

ID	Date	Comments
132	201205310319172	['_F', 'how', 'are', 'you', 'not', 'ded']

이 예제에는 앞에서 살펴본 데이터 정제 작업 중 많은 부분이 반영됐다. 하지만 문장 내용을 벡터화하는 결과뿐만 아니라 정리된 HTML 태그 결과도 함께 확인할 수 있다. 또 여기에 사용된 이모티콘도 _F 태그를 통해 캡처됐음을 알 수 있다. 훨씬 더 복잡한 테스트 케이스를 살펴보면 훨씬 더 실질적인 변경 결과를 확인할 수 있다.

Raw	Cleaned and split
GALLUP DAILY\nMay 24-26, 2012 \u2013 Updates daily at 1 p.m. ET; reflects one-day change\ ?nNo updates Monday, May 28; ?next update will be Tuesday, May 29.\nObama Approval48%-\nObama Disapproval45%-1\nPRESIDENTIAL ELECTION\nObama47%-\nRomney45%-\ n7-day rolling average\n\n It seems the bump Romney got is over and the president is on his game.	['GALLUP', 'DAILY', 'May', 'u', 'Updates', 'daily', 'pm', 'ET', 'reflects', 'one', 'day', 'change', 'No', 'updates', 'Monday', 'May', 'next', 'update', 'Tuesday', 'May', 'Obama', 'Approval', 'Obama', 'Disapproval', 'PRESIDENTIAL', 'ELECTION', 'Obama', 'Romney', 'day', 'rolling', 'average', 'It', 'seems', 'bump', 'Romney', 'got', 'president', 'game']

그러나 앞의 두 예제에서 2가지 중요한 문제점이 드러난다. 첫 번째 경우에는 철자가 잘못됐다. 이를 제거할 방법을 강구해야 한다. 두 번째는 두 예제에서 많이 나타나는 단어(예 are, pm)에는 실제로는 그렇게 중요한 정보는 없다. 특히

텍스트 샘플이 짧을수록 정제 작업을 거쳤을 때 의미 있는 용어가 겨우 1개 내지 2개 정도만 남는다는 문제가 있다. 이들 용어가 전체적으로 중요한 코퍼스^{corpus}가 아닌 경우 분류기를 학습시켜서 이러한 용어의 중요성을 파악하는 것이 매우 어려울 수 있다.

단어의 태깅 및 카테고리화

영어 단어가 (명사, 동사, 부사 등) 여러 형태로 나타날 수 있다고 생각한다. 이를 일반적으로 품사^{POS, part of speech}라고 한다. 어떤 단어가 (동사 또는 불용어^{stop word} (예: a, the, of 등)가 아닌) 형용사라는 점을 알고 있다면 이를 다르게 또는 더 중요하게 처리할 수 있다. 실제로 알고리즘이 그렇게 할 수 있다!

단어의 클래스를 카테고리 변수로 구분하고 인코딩해서 품사 태깅^{POS tagging} 작업을 수행할 수 있다면 가치 있는 콘텐츠만 유지해서 데이터의 퀄리티를 향상시킬 수 있을 것이다. 텍스트 태그 지정 옵션과 기술에 관한 전체 범위가 너무 광범위해서 6장의 한 절에서만 다루는 건 별로 효과적이지 않은 것 같다. 따라서 적용 가능한 태그 지정 기술의 서브셋을 살펴보기로 한다. 특히 n-gram 태깅과 백오프^{backoff} 태거를 집중적으로 알아볼 것이다. 이들은 강력한 재귀형 태깅 알고리즘을 만들 수 있게 해주는 기술이며, 추가 사용료도 없다.

NLTK^{Natural Language Toolkit}이라는 파이썬 라이브러리도 사용한다. NLTK는 다양한 기능을 제공하며, 6장에서는 몇 가지만 다룰 것이다. 이제부터 NLTK를 사용해서 특정 단어 유형에 대한 태그를 지정하고 제거하는 작업을 수행한다. 특히 불용어 필터링을 하겠다.

("왜 불용어를 제거해야 하는가?"라는) 첫 번째 질문에 대한 답은, 불용어가 대부분의 텍스트 분석에 아무 도움도 안 되고 일부 노이즈와 학습 편차를 유발할 수 있기 때문이다. 다행스러운 점은 매우 간단하게 단어를 필터링할 수 있다는 것이

다. 우선 NLTK를 임포트^{import}한 다음, 사전을 다운로드하고 임포트한다. 다음으로 기존 단어 벡터의 모든 단어를 검색해서 찾아낸 단어를 제거한다.

```
import nltk
nltk.download()
from nltk.corpus import stopwords

words = [w for w in words if not w in stopwords.words("english")]
```

별로 어렵지 않게 해냈을 거라고 생각한다! 이제 NLTK가 제공하는 더 많은 기능에 대해 알아보자. 특히 태깅에 주목한다.

NLTK를 이용한 태깅

앞에서 설명한 것처럼 태깅은 품사를 구분하는 프로세스로, 각 용어에 태그를 적용하는 작업이다.

가장 간단하게 보면 태깅은 입력 데이터를 대상으로 사전을 적용하는 것처럼 매우 쉽게 할 수 있다. 앞에서 불용어 처리를 한 것처럼 말이다.

```
tagged = ntlk.word_tokenize(words)
```

아무리 간단한 고려 사항이라 하더라도 이를 명확히 해 둘 필요가 있다. 자연 언어는 생각 이상으로 복잡하기 때문이다. (ferry 같은) 단어는 여러 종류의 품사로 쓰일 수 있으며, 이는 매 경우에 있어 각 단어를 어떤 품사로 처리해야 할지 결정하는 것이 간단하지 않을 수 있다는 걸 의미한다. 많은 시간을 들여 제대로 태깅된 결과를 통해서만 다른 단어가 주어졌거나 구문에서 위치 등을 맥락 관점에서 이해할 수 있다.

다행스럽게도 이렇게 언어 분야의 매우 어려운 문제 해결에 쓸 수 있는 유용한 기술이 많다.

순차형 태깅

순차형 태깅^{Sequential tagging} 알고리즘은 입력 데이터셋을 왼쪽에서 오른쪽 방향으로 토큰 단위로(즉 순차적으로) 실행하고, 각 토큰에 연속적으로 태그를 붙이는 작업을 수행한다. 어느 토큰을 할당할지는 (1) 해당 토큰, (2) 바로 앞에 있는 토큰, 그리고 (3) 앞에 있는 토큰에 대해 예측했던 태그를 종합적으로 고려해 결정한다.

이 절에서는 n-gram 태거^{tagger}를 이용할 것이다. n-gram 태거는 적절한 태그를 구분해 처리할 수 있게 미리 준비된 순차형 태거의 한 종류다. n-gram 태거는 (n-1)개의 이전 품사 태그^{POS tag}와 현재 토큰을 고려해서 태그를 생성한다.

 좀 더 명확하게 설명하면 n-gram은 주어진 엘리먼트 세트에서 n개의 연속된 엘리먼트에 사용할 용어를 의미한다. 이는 글자, 단어, 숫자 코드(예를 들면 상태 변경을 표현하는), 또는 기타 엘리먼트가 연속으로 나타나는 시퀀스일 수 있다. n-gram은 (구문 집합이나 인코딩된 상태 변환과 같은 결과가 나오게) n개의 엘리먼트를 사용해 엘리먼트 세트의 조합을 통한 의미를 캡처해내는 수단으로 널리 사용된다.

n-gram의 가장 단순한 형태는 n=1인 경우로, 이를 보통 유니그램 태거^{unigram} ^{tagger}라고 한다. 유니그램 태거는 각 토큰에 대한 조건부 빈도 분포^{conditional frequency} ^{distribution}를 유지하는 형태로, 매우 단순하게 동작한다. 여기서 사용된 조건부 빈도 분포는 용어에 대한 학습 코퍼스로부터 생성된다. NLTK의 `NgramTagger` 클래스에 있는 `train` 함수를 사용해 학습 모듈을 구현할 수 있다. 태거는 주어진 시퀀스에서 각각 주어진 토큰에 대해 가장 많이 나타난 태그가 해당 토큰에 대한 정확한 태그라고 가정한다. carp(carp: (명) 잉어, (동) (-에 대해) (-에게) 투덜거리

다)라는 용어가 명사^{noun}로 4번, 동사^{verb}로 2번 나왔다면 유니그램 태거는 명사 태그를 carp에 할당한다.

이렇게 1차로 통과한 태그를 지정하는 것이 충분할 수도 있겠지만, 동음 이의어 homonyms 각각에 대해 하나의 태그만 제공하는 방법이 항상 이상적이지는 않다. 이에 대해 값을 더 크게 설정한 n-gram을 사용하는 방안을 생각해볼 수 있다. 예를 들어 n=3인(트라이그램 태거^{trigram tagger}) 경우 태거가 다음과 같은 2개의 입력 에 대해 더 쉽게 구분할 수 있을 것이다. "He tends to carp on a lot"(그는 대단히 투덜대는 경향이 있다), "He caught a magnificent carp!"(그는 엄청 큰 잉어 를 잡았다!).

다시 한 번 말하지만, 태그 지정의 정확도와 태그 지정 기능 사이에는 분명히 트레이드오프가 있다. 값을 늘릴수록 점점 더 희귀한, 즉 거의 사용되지 않는 엄청 긴 n-gram을 만들게 된다. 시간이 짧을 경우 학습 데이터에서 n-gram이 나타나지 않은 상태로 끝나게 된다. 이는 결국 현재 토큰에 대해 적절한 태그를 얻지 못하는 결과를 초래한다!

앞의 결과를 통해 실질적으로 태거 집합이 필요하다는 것을 알았다. 가장 신뢰할 만큼 정확한 태거가 주어진 데이터셋에 태그를 할당하자. 실패한 경우에 대해서 도 일단은 믿어보지만 정확도가 떨어지는 태거가 시도해볼 수 있게 한다.

다행히도 이를 해결하는 태거인 **백오프 태깅**^{backoff tagging}이 이미 있다. 이에 대해 자세히 알아보자!

백오프 태깅

때로는 주어진 태거가 제대로 동작하지 않을 수도 있다. 특히 태거가 높은 정확도를 요구하거나 학습용 데이터에 제약이 있는 경우 이런 현상을 많이 보게 된다. 이럴 경우 보통 여러 개의 태거를 동시에 사용할 수 있는 앙상블^{ensemble} 구조를 만든다.

이를 위해 서브태거^{Subtagger}와 백오프 태거^{Backoff tagger}라는 2가지 유형의 태거를 따로따로 생성한다. 서브태거는 앞에서 봤던 순차형 태거, 브릴 태거^{Brill tagger} 같은 태거다. 태깅 구조에는 여러 가지 태거가 하나 내지는 여러 개 포함될 수 있다.

서브태거가 주어진 토큰에 대해 태그를 결정할 수 없으면 백오프 태거의 결과를 대신 참조할 수 있다 백오프 태거는 (하나 이상의) 서브태거의 앙상블 결과를 결합하는 데 사용된다. 다음 그림을 보면 이해하기 쉬울 것이다.

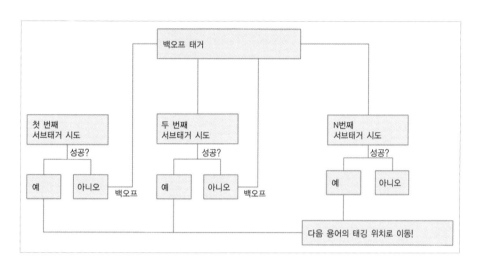

단순 구현에서 백오프 태거는 (맨 처음 널^{null}이 아닌 태그를 받아서) 순서대로 서브태거를 폴링한다. 주어진 토큰에 대해 모든 서브태거가 널 값을 리턴하면 백오프 태거는 해당 토큰에 아무 태그도 할당하지 않는다. 이 순서는 임의로 정할 수 있다.

백오프 태거는 대개 여러 개의 다른 형태를 지닌 서브태거를 사용한다. 이를 통해 데이터 과학자는 여러 종류의 태거가 지닌 장점을 동시에 활용할 수 있다. 백오프 태거는 필요에 따라 다른 백오프 태거를 참조할 수 있으므로, 잠재적으로 많이 중복되거나 정교한 형태의 태깅 구조를 만들어낸다.

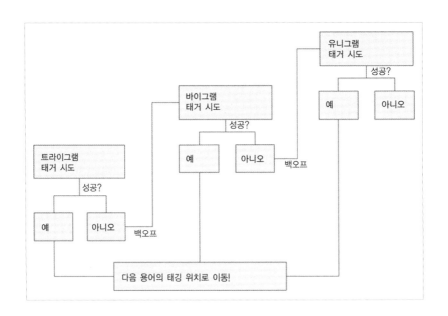

일반적으로 백오프 태거는 중복성을 제공하며, 복합 솔루션에서 여러 개의 태거를 사용할 수 있게 해준다. 주어진 문제를 해결하기 위해 여러 개의 n-gram 태거를 중첩시켜 구현해보자. 우선 트라이그램 태거[trigram tagger]로 시작하는데, 여기에 백오프 태거로 바이그램 태거[bigram tagger]를 사용할 것이다. 이들 태거 중 어느 것으로도 해결되지 않으면 유니그램 태거[unigram tagger]를 추가 백오프 태거로 사용할 것이다. 이는 매우 쉽게 할 수 있다. 다음과 같이 말이다.

```
brown_a = nltk.corpus.brown.tagged_sents(categories= 'a')

tagger = None
for n in range(1,4):
    tagger = NgramTagger(n, brown_a, backoff = tagger)

words = tagger.tag(words)
```

텍스트 데이터에서 피처 생성

잘 정리된 텍스트 정제 기법을 사용했다면 텍스트가 유용한 피처를 갖게 추가 조치를 취해야 한다. 이를 위한 자연어 처리의 또 다른 주요 기술을 알아보자.

- 어근 추출^{stemming}
- 원형 복원^{lemmatizing}
- 랜덤 포레스트를 이용한 배깅^{bagging}

어근 추출

언어 데이터셋으로 작업할 때 어려운 문제점은 여러 단어의 어근, 즉 스템^{stem}에 여러 개의 단어 형태가 있을 수 있다는 점이다. 예를 들어 댄스^{dance}라는 단어를 원형^{root}으로 놓았을 때 댄싱^{dancing}, 댄서^{dancer}, 댄스들^{dances} 등 여러 개의 다른 단어가 여기서 파생될 수 있으며, 이를 스템으로 표현할 수 있을 것이다. 이러한 복수 형태를 어근 형태로 줄이는 방법을 찾아내면 n-gram 태깅을 향상시킬 수 있고, 원형 복원^{lemmatizing} 같은 새로운 기술을 적용할 수 있다.

단어를 스템으로 줄이는 기술을 스테머^{stemmer}라고 한다. 스테머는 단어를 자음/모음 문자열로 구분 분석을 수행하고, 일련의 규칙을 적용해 작동한다. 가장 많이 사용되는 스테머는 **포터 스테머**^{porter stemmer}로, 다음과 같은 수행 모듈로 구성돼 있다.

1. 접미사의 범위를 단순화(예를 들면 영어에서 'ies'를 'i'로)해 더 작은 세트로 간략화시킨다.
2. 여러 단계를 거쳐 접미사를 제거한다. 각 단계를 통해 일련의 접미어 유형을 제거한다(예를 들면 'ousness'나 'alism' 같은 과거 분사^{past participle}, 복수형 접미사^{plural suffixes} 같은 것들이 있다).

3. 모든 접미사가 제거되면 필요에 따라 'e'를 추가해 단어 끝부분을 정리한
   다(예를 들면 'ceas'를 'cease'(중단되다)로 수정하는 식이다).

4. 'l'이 두 번 사용된 것들을 제거한다.

포터 스테머는 매우 효과적으로 동작한다. 실제 결과를 바탕으로 얼마나 좋은
지 확인해보자!

```python
from nltk.stem import PorterStemmer

stemmer = PorterStemmer()

stemmer.stem(words)
```

앞의 예제에서 본 것처럼 단어의 원형이 stemmer의 결과로 나타난다. 이는 실제
단어일 수도 있고, 아닐 수도 있다. 예를 들면 댄싱(dancing)의 결과가 danci로
나타나는 식이다. 딱히 문제는 아니지만, 이상적인 결과는 아니다. 좀 더 나은
결과를 만들어보자!

일관성 있게 실제 단어 형태를 얻기 위해 약간 다른 기술인 원형 복원을 적용해
보자. 원형 복원은 단어 스템을 결정하는 약간 더 복잡한 프로세스다. 포터 스테
머와는 달리 다른 품사에 대한 정규화 프로세스를 이용한다. 또한 포터 스테머와
는 다르지만, 이 기법도 단어 원형을 찾아낸다. 스템의 경우 실제 단어일 필요는
없지만, 렘마(lemma)는 반드시 실제 단어여야 한다. 또한 원형 복원은 동의어를 단
어 원형으로 줄이는 어려운 문제를 다룬다. 예를 들어 스테머는 'term books'를
'term book'으로 변환하지만, 'term tome'(tome: (일종의) 두꺼운 책)이라는 용어를
처리할 준비는 안 돼 있다. 원형 복원은 'books'와 'tome' 모두 처리할 수 있으므
로, 2개의 용어 모두 'book'으로 줄일 수 있다.

미리 수행해야 할 필요가 있는 작업으로, 각 입력 토큰에 대한 형태소 분석을

수행해야 한다. 다행스러운 점은 이미 형태소 분석기를 적용하고 있으며, 이 프로세스의 결과가 그대로 작동할 수 있다는 것이다!

```
from nltk.stem import PorterStemmer, WordNetLemmatizer

lemmatizer = WordNetLemmatizer()

words = lemmatizer.lemmatize(words, pos = 'pos')
```

이제 예상했던 대로 출력 결과가 나온다.

Source Text	Post-lemmatisation
The laughs you two heard were triggered by memories of his own high-flying exits off moving beasts	['The', 'laugh', 'two', 'hear', 'trigger', 'memory', 'high', 'fly', 'exit', 'move', 'beast']

이렇게 해서 입력 텍스트 데이터에 대해 제대로 어근 추출^{stemming} 작업을 수행했다. 이 데이터를 다루기 위해 알고리즘에 대한 많은 성능 향상이 이뤄졌음을 알 수 있다(예를 들면 많은 사전 기반 접근 방법 등). 불용어를 제거했고, 정규 표현식 기법을 써서 다양한 노이즈를 토큰화했다. 또한 HTML 태그도 제거했다. 즉, 텍스트 데이터에 대해 합리적인 프로세스 상태를 완료했음을 알 수 있다. 한편 학습에 필요한 핵심 기술이 하나 더 있다. 이는 텍스트 데이터에서 피처를 생성하기 위해 사용될 것이다. 특히 용어가 얼마나 사용됐는지 정량화하는 데 배깅을 쓰면 많은 도움이 된다.

좀 더 자세히 알아보자!

배깅과 랜덤 포레스트

배깅은 서브스페이스 기법으로 알려진 기술 계열 중 하나다. 이 기술들은 다양한 형태를 띠고 있는데, 그에 따라 이름도 제각각이다. 샘플에서 무작위로 서브샘플 셋을 만들려면 복사해서 붙여 넣는 작업이 이뤄진다. 대체 데이터가 있는 케이스를 샘플링하는 경우 이를 배깅^{bagging}이라고 한다(배깅의 정의는 다음을 참고한다. https://ko.wikipedia.org/wiki/bagging). 반면 케이스에서 데이터를 만드는 대신 피처 서브셋으로 작업할 경우 어트리뷰트 배깅$^{attribute\ bagging}$을 수행한다. 또한 샘플과 피처를 함께 추출할 경우 **랜덤 패치**$^{random\ patch}$라는 기술을 적용한다.

피처 기반 기술인 어트리뷰트 배깅, 랜덤 패치 같은 기법은 어떤 면에서는 매우 중요하다. 특히 고차원 데이터를 다룰 경우 그렇다. 의학 데이터, 유전자 데이터 같은 것들은 대개 (피처 개수가 엄청나므로) 차원이 극도로 높은 데이터인 경우가 많다. 따라서 이런 맥락에서 보면 피처 기반 기술이 매우 효과적이다.

자연어 처리 관점에서는 보통 배깅을 이용해 작업을 한다. 언어 데이터를 대상으로 처리한 결과를 '백오브워드$^{bag\ of\ words}$'라고 한다. 백오브워드는 데이터셋에 있는 각기 다른 단어 (또는 토큰) 전체를 구분한 다음, 각 샘플 데이터의 빈도를 계산해서 텍스트 데이터를 준비하는 작업이다. 데이터셋에서 몇 개의 예제를 수행한 결과를 갖고 시작해보자.

ID	Date	Words
132	201205310319172	['_F', 'how', 'are', 'you', 'not', 'ded']
69	201205311730302	['you', 'are', 'living', 'proof', 'that', 'bath', 'salts', 'effect', 'thinking']

다음과 같이 총 12개의 용어로 결과가 나타난다.

```
[
    "_F"
    "how"
```

```
    "are"
    "you"
    "not"
    "ded"
    "living"
    "proof"
    "that"
    "bath"
    "salts"
    "effect"
    "thinking"
]
```

이 목록에 인덱스를 붙여 앞에서 본 문장 각각에 12개의 벡터를 생성할 수 있다. 이 벡터 값은 데이터셋을 구성하는 각 문장별로 용어들이 각각 몇 번씩 나타나는지 센 다음, 앞의 목록을 검색해 값을 반영한 결과다. 기존 예제 문장과 생성해 놓은 목록이 있을 경우 다음과 같은 백[bag]이 만들어진다.

ID	Date	Comment	Bag of words
132	20120531031917Z	_F how are you not ded	[1, 1, 1, 1, 1, 1, 0, 0, 0, 0, 0, 0, 0]
69	20120531173030Z	you are living proof that bath salts effect thinking	[0, 0, 1, 1, 0, 0, 1, 1, 1, 1, 1, 1, 1]

이것이 백오브워드를 구현하는 핵심 개념이다. 즉, 텍스트의 언어 내용을 수치 벡터로 변환하고 나면 이 텍스트를 분류에 사용하는 방법에 정교한 기술을 추가해 사용할 수 있다.

각 용어별로 가중치가 반영된 결과를 이용하는 방안을 생각할 수 있다. 용어 가중치 기법을 이용해 각 벡터 내에 있는 값을 수정한다. 이렇게 하면 분류에 결정적이거나 도움이 되는 것들을 강조해서 쉽게 파악이 가능할 수 있다. 가중치 기법은 (단순히 '있다', '없다'로만 구분하는) 바이너리 마스킹[binary masking]처럼 쉽게 할 수 있는 마스킹 작업이라고 하겠다.

비이너리 마스킹은 특정 용어가 평소보다 훨씬 자주 사용되는 경우 유용할 수 있다. 이런 경우 바이너리 마스크를 사용하지 않으면 (로그 스케일링처럼) 특정 스케일링이 필요할 수 있다. 하지만 단어의 사용 빈도 역시 매우 유용할 수 있다 (예를 들면 강조 정도를 나타낼 수 있다). 바이너리 마스크를 적용할지 여부는 결정이 그렇게 간단하지는 않다.

또 다른 가중치 옵션으로 TF-IDF(TF: 용어 빈도[term frequency], IDF: 역 문서 빈도[inverse document frequency])가 있다. 이 방법은 우선 특정 문장 내에서의 사용 빈도와 데이터셋 전체를 비교한다. 그런 다음 주어진 샘플 내에서 용어가 전체 코퍼스에서 사용된 것보다 더 많은 경우 증가한 값을 사용한다.

TF-IDF의 변형도 검색 엔진을 비롯한 텍스트 마이닝 관점에서 자주 사용된다. scikit-learn에서는 `TfidfVectoriser`를 통해 TF-IDF를 제공한다. 이 책에서도 TF-IDF를 사용한다.

백오브워드에 숨겨진 이론을 배웠으며, 사용된 단어를 정리한 벡터를 만들면 여러 가지 기술을 적용할 수 있게 됐다. 이제 백오브워드를 어떻게 구현할 수 있는지 알아보자. 백오브워드는 이미 잘 알고 있는 분석 모델에 대해 래퍼로 쉽게 적용할 수 있다. 일반적으로 서브스페이스 기법은 다양한 기본 분석 모델(SVM, 선형 회귀분석 모델 등)을 사용할 수도 있지만, 백오브워드를 구현할 때에는 (간단한 스크립트를 이용해 준비 작업과 학습 작업을 래핑한) 랜덤 포레스트[random forest]를 쓰는 것이 가장 일반적이다. 이제 백오브워드를 각각 따로따로 사용할 것이다. 이유는 (다음 절에서 사용할 수 있게) 랜덤 포레스트를 통한 분류 결과를 저장하기 위해서다!

랜덤 포레스트에 대해서는 8장에서 더 자세히 설명하겠지만, 랜덤 포레스트는 의사 결정 트리(decision tree) 집합이라는 점에 유의할 필요가 있다. 이들은 (투표 또는 다른 결과에서 사용하기 위해) 병렬로 실행되거나 (기존 트리 세트가 할 수 없었던 솔루션 부분을 모델링하기 위해 새로운 트리를 반복적으로 추가해서) 서로 부스팅(boosting)하는 형태를 지닌 강력한 앙상블 모델이라고 할 수 있다. 사용하기도 쉽고 강력한 성능을 지닌 덕분에 랜덤 포레스트 알고리즘은 보통 벤치마킹 알고리즘으로 많이 사용된다.

백오브워드의 구현 과정은 매우 간단하다. 배깅 툴을 초기화한다(이를 벡터라이저 vectorizer라고 한다). 이 예제에서는 시간 절약을 위해 피처 벡터feature vector의 크기에 제한을 뒀다. 각 문서는 피처 목록에 있는 각 아이템과 비교 과정을 거친다. 따라서 분류기 실행 과정에서 다소 시간이 걸릴 수 있다!

```
from sklearn.feature_extraction.text import TfidfVectorizer

vectorizer = TfidfVectorizer(analyzer = "word",        \
                             tokenizer = None,         \
                             preprocessor = None,      \
                             stop_words = None,        \
                             max_features = 5000)
```

다음 단계로 fit_transform을 통해 단어를 벡터라이저에 맞추는 작업을 한다. 피팅 프로세스를 통해 데이터를 피처 벡터로 변환한다.

```
train_data_features = vectorizer.fit_transform(words)

train_data_features = train_data_features.toarray()
```

이렇게 해서 텍스트 데이터의 전처리 작업을 완료했다. 텍스트 데이터 마이닝 기술을 통해 이 데이터셋을 가져와서 각 기술의 이론에 대해 살펴보고, 강력한 파이썬 스크립트를 사용해 데이터셋을 처리했다. 이제 캐글의 비난/부정적 글을 찾아내는 작업에 도전할 수 있는 단계까지 온 것 같다!

준비된 데이터의 테스팅

자, 데이터셋에 대한 초기 준비 작업이 끝났으니 실제 문제를 해결하기 위해 어떤 것을 하면 될지 생각해보자. 무언가 머릿속으로 그림을 그려볼 수 있게 (머신 러닝 기술 기반 사이버 보안 사업을 하는 IT 회사인) Impermium에서 제공하는 가이드와 데이터 설명을 잠깐 살펴보자.

이는 단일 클래스 분류 문제다. 레이블은 0 이나 1로 나타난다. 0은 정상적인 댓글을 의미하고, 1은 비난/부정적 댓글을 의미한다(정상적이라는 것은 비난/부정적인 댓글 클래스에 속하지 않았다는 것을 의미). 예측(prediction) 결과는 사이의 부동소수점으로 나타나며, 1은 확실히 이 댓글이 모욕적이고 부정적이라고 100% 예측한 결과임을 의미한다.

- 큰 블로그/포럼의 게시판에 포함돼 있는 타인에게 모욕이나 불쾌감을 주는 댓글을 찾는다.
- 이 게시판 등에 직접 관여하지 않은 사람들(유명인사, 연예인, 정/관계 인사 등)에 대한 모욕적인 글은 고려 대상에서 제외한다.
- 모욕적인 글에는 인격 모독, 인종 차별 또는 기타 모욕적인 언어가 포함될 수 있지만, 안 그럴 수도 있다.
- 욕설이나 인종 차별을 포함하고 있는 댓글이어도 다른 사람에게 모욕적이지는 않다고 볼 수 있는 댓글은 모욕적인 것이 아니라고 간주한다.
- 댓글이 모욕적인지 아닌지 분명하고, 미묘하지 않아야 한다.
- 레이블을 잘 정제하지 않아서 일부 노이즈가 섞여 있을 수 있다. 그러나 이 댓글 게시판/블로그/포럼의 참가자(Contestant)는 학습 데이터와 테스트 데이터의 에러율이 1% 미만이라고 확신할 수 있다.

참가자(Contestants)는 이 문제가 지나치게 과장될 수 있다는 점에 유의해야 한다. 제공된 데이터는 일반적으로 전체 테스트셋을 나타내지만, 어떤 방법으로도 완벽하게는 할 수 없다. Impermium은 광범위한 샘플에서 가져온 이제까지 공개되지 않았던 데이터셋을 기반으로 최종 평가를 수행한다.

이는 두 가지 특별한 주의 사항을 환기시킨다는 점에서 상당히 좋은 지침이라 하겠다. 계산 결과로 얻는 스코어는 AUC$^{\text{Area Under the Curve}}$로, 이는 위양성$^{\text{false positive}}$과 틀린 부정적 결과 모두에 민감한(즉 특이성 및 민감성 관련) 측정 기준이라고 할 수 있다.

관련 지침을 보면 같은 바이너리 형태의 결과보다는 연속형 예측 결과가 훨씬 바람직하다고 설명하고 있다. 이는 AUC를 사용할 때 매우 중요하다. 심지어 부정확한 예측 분석 결과가 매우 적은 경우에도 범주화된 값만 사용한 경우라면 스코어가 급격하게 낮아질 것이다. 따라서 RandomForestClassifier 알고리즘을 사용하는 것보다는 회귀^{regression}에 초점을 둔 방법인 RandomForestRegressor를 사용하고 0과 1 사이의 값으로 결과의 스케일을 재조정하는 편이 훨씬 나을 것이다.

실제 캐글 경진대회는 훨씬 더 어렵고, 실제와 같은 환경에서 실행된다. 즉, 모범 답안 같은 솔루션을 사용할 수 없는 환경이라는 얘기다. 8장에서는 최고 수준의 데이터 과학자가 이러한 환경에서 어떻게 대응하고 결과를 만들어내는지 알아볼 것이다. 이제 테스트 데이터셋에서 제대로 작동하는지 확인하는 기능을 이용하려고 한다. 이 기능은 장점뿐만 아니라 위험한 결과를 초래할 수 있다는 점에 유의하기 바란다. 문제에서 심할 정도로 오버피팅이 일어나면 테스트 데이터에 대해 너무 많은 학습을 하지 않아야 한다.

또한 실제 참가자의 결과를 볼 수 있다는 장점도 있다. 8장을 위한 실질적인 설명은 뒤에서 하겠지만, 상위에 랭크된 참가자가 실패한 결과를 많이 제출했으면 하는 바람이 있다. 벤치마킹을 통해 지금 생각하는 접근 방법이 올바른지 판단하는 데 많은 도움이 되기 때문이다.

특히 개인 (테스트) 리더보드의 상위 14명의 AUC 스코어는 0.8보다 높다. 최고 스코어는 0.84이고, 50팀 중 절반 이상이 0.77 이상을 기록했다.

앞에서 설명한 것처럼 랜덤 포레스트 회귀 모델을 이용해 시작해보자.

 랜덤 포레스트는 의사 결정 트리 알고리즘에 대한 앙상블 버전이라고 할 수 있다. 하나의 의사 결정 트리는 편차(variance) 또는 바이어스 관련 문제로 어려움을 겪을 수 있는 반면, 랜덤 포레스트는 여러 개의 병렬 테스트를 바탕으로 가중치 평균값을 이용하므로, 모델링 결과의 균형을 맞출 수 있다.

랜덤 포레스트는 적용하기 매우 쉽고, 새로운 데이터 문제에 대해 처음 적용하기에 매우 우수한 기술이라고 할 수 있다. 데이터에 랜덤 포레스트 분류기를 초기 단계에서 적용하면 기준이 어떻게 형성되는지에 대한 귀중한 통찰력을 얻을 수 있을 뿐만 아니라, 초기 분류 정확도가 어떤 모습이 될지를 잘 이해할 수 있다. 데이터셋 작업의 초기 단계에서 이러한 통찰력은 실로 대단히 중요하다 하겠다. scikit-learn은 RandomForestClassifier를 통해 랜덤 포레스트 알고리즘을 쉽게 사용할 수 있게 지원하고 있다.

첫 번째 단계에서 100개의 트리를 사용할 것이다. 트리의 개수를 늘리면 분류의 정확도는 향상되겠지만 계산을 위한 추가 시간이 필요하다. 일반적으로 모델 생성의 초기 단계에서 빠른 반복 작업을 해보는 것이 좋다. 반복적으로 더 빠르게 모델을 실행할 수 있으면 결과가 어떻게 나타날지, 어떻게 하면 개선시킬 수 있을지 등을 빠르게 알아낼 수 있다!

우선 모델을 초기화하고 학습 과정을 시작한다.

```
trollspotter = RandomForestRegressor(n_estimators = 100, max_depth =
    10, max_features = 1000)
y = trolls["y"]
```

```
trollspotted = trollspotter.fit(train_data_features, y)
```

그런 다음 테스트 데이터를 가져와서 모델을 적용해 각 테스트 케이스에 대해 스코어를 예측한다. 간단한 스트레칭 기술을 이용하면 스코어의 스케일을 재조정할 수 있다.

```
moretrolls = pd.read_csv('moretrolls.csv', header=True, names=['y',
    'date', 'Comment', 'Usage'])
moretrolls["Words"] = moretrolls["Comment"].apply(cleaner)

y = moretrolls["y"]

test_data_features = vectorizer.fit_transform(moretrolls["Words"])
test_data_features = test_data_features.toarray()

pred = pred.predict(test_data_features)
pred = (pred - pred.min())/(pred.max() - pred.min())
```

마지막으로 roc_auc 함수를 적용해 분석 모델에 대한 AUC 스코어를 계산한다.

```
fpr, tpr, _ = roc_curve(y, pred)
roc_auc = auc(fpr, tpr)
print("Random Forest benchmark AUC score, 100 estimators")
print(roc_auc)
```

다음 결과에서 보듯이 (지금은) 원하는 수준에는 턱없이 못 미친다.

```
Random Forest benchmark AUC score, 100 estimators
0.537894912105
```

다행히도 환경설정에 여러 가지 옵션을 생각할 수 있다.

- 입력 데이터를 이용하는 방법(데이터 전처리 과정, 정규화 과정 등)
- 랜덤 포레스트에 대한 추정치 개수
- 사용할 수 있는 분류기classifier
- 백오브워드 구현 관련 속성(특히 용어의 최대 개수)
- n-gram 태거tagger의 구조

다음 단계로 백오브워드 구현 결과의 크기를 조정해보자. 이를 위해 대략 5,000개에서 최대 8,000개까지 용어의 개수를 늘린다. 단순히 값 하나를 보는 것을 넘어서 새롭게 얻을 수 있는 것이 있을 것이다. 또 트리의 수를 좀 더 합리적인 숫자로 높인다(이 예제에서는 1,000개까지 올렸다).

```
Random Forest benchmark AUC score, 1000 estimators
0.546439310772
```

이 결과는 앞에서 본 결과보다는 조금 나아졌지만, 대단한 수준은 아니다. 아직 목표에 도달하려면 한참 남았다! 다른 분류기를 준비해보자. 앞에서 이미 공부한 SVM을 적용해보자. SVM을 이용하기 위해 우선 다음과 같이 준비한다.

```
class SVM(object):

  def __init__(self, texts, classes, nlpdict=None):

    self.svm = svm.LinearSVC(C=1000, class_weight='auto')
    if nlpdict:
        self.dictionary = nlpdict
    else:
        self.dictionary = NLPDict(texts=texts)
    self._train(texts, classes)
```

```
def _train(self, texts, classes):
    vectors = self.dictionary.feature_vectors(texts)
    self.svm.fit(vectors, classes)

def classify(self, texts):
    vectors = self.dictionary.feature_vectors(texts)

    predictions = self.svm.decision_function(vectors)
    predictions = p.transpose(predictions)[0:len(predictions)]
    predictions = predictions / 2 + 0.5
    predictions[predictions > 1] = 1
    predictions[predictions < 0] = 0
    return predictions
```

SVM은 알고리즘 자체가 효과적으로 동작하므로 인간의 판단에 거의 영향을 주지는 않지만, 최적의 클래스를 정하는 범위 경계선에서 복잡한 형태의 하이퍼플레인을 생성하기 위해 데이터셋을 여러 개의 추가 차원을 이용해 반복적으로 변환하는 작업을 거친다. 분류 결과의 퀄리티가 향상됐다고 해서 크게 놀랄 필요는 없다.

```
SVM AUC score
0.625245653817
```

아마도 결과에 대해 충분한 가시성을 얻지는 못하고 있을 것이다. 성능 측정에 다른 기법을 사용해 이 결과를 흔들어 보기로 하자. 특히 모델의 레이블 예측 결과와 실제 대상 간의 차이점을 살펴보면서 모델이 특정 유형의 입력 데이터에 대해 더 자주 실패하는지 확인한다.

예측 결과가 상당히 많아졌다. 여전히 여러 가지 옵션이 있지만, 좀 더 정교한 모델의 앙상블을 옵션으로 고려해보는 것이 좋다. 이 경우 하나가 아닌 여러 개의 모델을 활용하면 각각의 상대적인 이점을 얻을 수 있다. 이 예제에 대해 앙상블을 테스트하려면 score_trolls_blendedensemble.py 스크립트를 실행하면 된다.

 이 앙상블 기법은 블렌드형/스택형 앙상블 기법이라고 할 수 있다. 8장에서 앙상블 기법이 어떻게 동작하는지 더 자세히 알아볼 것이다!

이를 그래프로 그리면 성능이 많이 향상됐음을 알 수 있지만, 기대했던 만큼은 아니다.

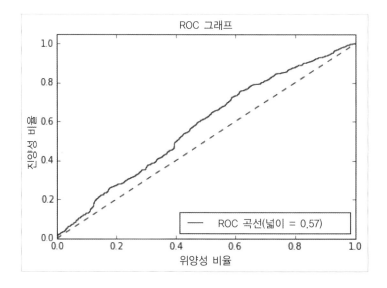

확실히 이 데이터에 대한 모델을 구축하는 데 있어 몇 가지 문제가 있다. 그러나 이 시점에서 문제점에 대해 더 개발된 모델을 던진다고 해서 그에 상응하는 가치는 별로 없다. 피처로 돌아가서 피처 세트를 확장시킬 필요가 있다.

이 시점에서 캐글 경진대회의 가장 성공적인 참가자 중 한 명으로부터 몇 가지 조언을 받는 것이 좋다. 일반적으로 최고 스코어를 나타낸 항목은 입력 데이터에 반영된 모든 트릭을 찾아내 만드는 경향이 있다. 이 데이터셋에 대한 공식적인 캐글 경진대회에서 2등을 차지한 결과를 낸 참가자는 Tuzzeg라는 사용자였다. 이 참가자는 https://github.com/tuzzeg/detect_insults에 사용 가능한 코드를 제공하고 있다.

Tuzzeg가 구현한 결과는 훨씬 더 꼼꼼하고 강력해서 이 책에서 만든 결과와는 다르다. POS 태깅을 사용해 구축한 기본 기능 외에도 POS 기반 바이그램^{bigram} 및 트라이그램^{trigram}과 (n-gram 용어의 슬라이딩 윈도우에서 생성되는) 하위 시퀀스를 사용했다. Tuzzeg는 n-gram을 최대 7-gram까지 적용했으며 2-gram, 3-gram, 4-gram의 문자 n-gram을 생성했다.

또한 Tuzzeg는 2가지 유형의 복합 모델을 작성했다. 2가지 모두 솔루션 문장 레벨 및 랭킹 모델^{ranking model}에 통합시켰다. 랭킹은 데이터의 각 케이스를 랭킹의 연속 값으로 변환해 문제의 본질에 대해 합리적인 추론을 이끌어낼 수 있게 했다.

한편 Tuzzeg가 개발한 혁신적인 문장 수준의 모델은 학습 데이터에서 단일 문장의 경우에 대해 학습이 이뤄졌다. 테스트 데이터에 대한 예측을 위해 사례를 문장으로 분할하고, 각각을 개별적으로 평가하고, 사례 내의 문장에 대해서만 최고 스코어를 취했다. 왜 이렇게 했을까? 자연어 관점에서 보면 화자는 어떤 발언에 대해 모욕적인 발언으로 한정할 것이라는 기대를 반영한 것으로 생각된다.

Tuzzeg의 모델은 100개 이상의 피처 그룹(스템 기반 바이그램은 피처 그룹의 한 예다. 여기서 그룹이라고 한 이유는, 바이그램 프로세스가 피처 벡터를 생성한다는 의미에서다)에서 가장 중요한 것들(영향도에 따라 순위를 매긴)은 다음과 같다.

```
stem subsequence based          0.66
stem based (unigrams, bigrams)  0.18
```

```
char ngrams based (sentence)    0.07
char ngrams based               0.04
all syntax                      0.006
all language models             0.004
all mixed                       0.002
```

이 결과는 매우 흥미롭다. 현재 사용하지 않는 피처의 해석 세트가 사용 가능한 결과를 생성하는 데 중요하다는 점을 보여주기 때문이다. 특히 서브시퀀스 기반 피처는 초기 피처 세트에서 일부 단계만 거쳐서 나온 것이다. 기존 피처 외에 다른 피처를 추가하기만 하는 것으로 말이다.

```python
def subseq2(n, xs):
    l = len(xs)
    return ['%s %s' % (xs[i], xs[j]) for i in xrange(l-1) for j in
            xrange(i+1, i+n+1) if j < l]

def getSubseq2(seqF, n):
    def f(row):
        seq = seqF(row)
        return set(seq + subseq2(n, seq))
    return f

Subseq2test = getSubseq2(line, 2)
```

이와 같은 방법을 통해 매우 좋은 결과를 얻을 수 있다. 이 책에서는 가급적 Tuzzeg의 방법을 익스포트해서 적용하려고 하겠지만, 좀 더 강력한 피처를 반영하고자 한다면 프로젝트 저장소에 있는 score_trolls_withsubseq.py 코드를 이용해도 좋다.

이러한 추가 피처를 반영해서 놀라울 만큼 향상된 AUC 스코어를 확인할 수 있다.

228

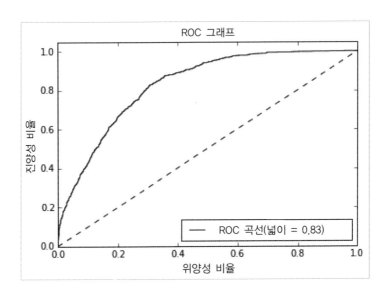

이 코드를 실행하면 0.834라는 매우 좋은 AUC 스코어를 얻을 수 있다. 이는 매우 많은 고민이 반영되고 혁신적인 피처 엔지니어링의 강력한 성능을 보여준다. 6장에서 만든 특정 피처는 다른 상황에서도 유용하게 쓰일 수 있지만, 특정 가설(예를 들면 여러 문장의 댓글 중 특정 문장에서 적대적인 의견이 따로 취급되는 경우 등)는 매우 효과적인 피처를 이끌어낼 수 있다.

6장의 전반에 걸쳐 작업했던 추론 결과는 테스트 데이터를 대상으로 대조해볼 수는 일종의 '혜택'을 누릴 수 있었다는 점에서, 실제 환경에서 작업한 것이라고 말하기엔 무리가 있다. 자체 테스트를 통해 테스트 데이터에 액세스할 수 있는 이점을 얻지는 못했지만 개인 리더보드가 이러한 어려운 문제에 대해 높은 스코어를 보여줄 수 있었던 비결이 무엇인지 알아내고, 이를 통해 올바르게 수정 작업을 쉽게 할 수 있었다. 8장에서는 더 까다롭고 어려운 캐글[Kaggle] 문제를 대상으로 훨씬 더 엄격하고 현실적인 방법을 동원해 작업해볼 계획이다. 또한 앙상블 기법에 대해서도 더 심도 있게 살펴볼 생각이다!

▌참고 문헌

6장의 앞부분에서 인용했던 문구들은 캐글 블로그 No Free Hunch에서 확인할
수 있다.

http://blog.kaggle.com/2014/08/01/learning-from-the-best/

자연어 처리 작업에 대해 궁금한 분들은 다음 자료를 보기 바란다. 상당히 자세
하게 8부로 구성돼 있다.

http://textminingonline.com/dive-into-nltk-part-i-getting-started-with-nltk

좀 더 관심이 많다면 캐글의 자연어 처리 지식을 참고하기 바란다. 6장에서 설명
한 기술의 테스트 베드로 안성맞춤이다.

https://www.kaggle.com/c/word2vec-nlp-tutorial/details/part-1-for-
beginners-bag-of-words

6장에서 인용한 캐글 경진대회는 다음 주소를 참고한다.

https://www.kaggle.com/c/detecting-insults-in-social-commentary

ROC와 AUC에 대해 관심 있다면 탐 포쎄트[Tom Fawcett]의 자료를 참고한다. 아주
설명이 잘 돼 있다.

https://ccrma.stanford.edu/workshops/mir2009/references/ROCintro.pdf

230

█ 요약

6장에서는 많은 유용하고 적용 가능한 기술에 대해 소개했다. 일련의 복잡한 텍스트 데이터를 가져다가 일련의 엄격한 단계를 거쳐 큰 결과 세트로 변환했다. 많은 노이즈 및 문제 요인을 제거한 일련의 데이터 정제 기술을 시작한 다음, POS^{품사} 태깅 및 단어 모음을 사용해 텍스트를 피처로 변환하는 작업을 수행했다. 이 과정에서 많은 자연어 처리 환경에서 어려운 문제를 해결할 수 있게 폭넓게 적용 가능하고 강력한 일련의 기술을 적용하는 방법을 익혔다.

여러 개의 개별 모델 및 앙상블 기법을 사용한 실험을 통해 더 똑똑한 알고리즘으로도 좋은 결과를 얻지 못할 수 있고, 꼼꼼하고 창의적인 피처 엔지니어링을 통해 분석 모델의 성능을 대폭적으로 향상시킬 수 있음을 확인했다.

피처 엔지니어링 II

▌ 소개

피처 엔지니어링의 중요성은 이미 충분히 알고 있다. 6장에서는 다양한 피처를 선택하고, 데이터 원본을 피처로 변환하는 데 효과적으로 작동하는 기술을 알아봤다. 이는 이제까지 다룬 고급 머신 러닝 알고리즘을 통해 효과적으로 처리할 수 있다.

'입력이 쓰레기면 결과도 쓰레기(garbage in, garbage out)'라는 격언은 이와 맥락을 같이 한다. 6장에서 이미지 인식 내지는 자연어 처리를 하려면 데이터를 얼마나 신중하게 준비해야 하는지 배웠다. 7장에서는 좀 더 다양한 데이터 타입을 알아보려고 한다. 예를 들면 실제 애플리케이션을 통해 수집된 정량적quantitative 데이터, 범주형categorical 데이터 등이다.

7장에서 다룰 데이터 타입은 여러 경우에 공통적으로 사용되는 것들이다. 숲속의 센서, 게임 콘솔, 또는 금융업무 처리기 등에서 수집된 원격 측정telemetry

데이터에 대해 알아본다. 연구를 통해 수집된 지질 조사 정보 또는 생물학 검정 데이터로도 작업할 수 있다. 이렇게 다룰 수 있는 데이터가 다양하지만, 핵심 원칙과 기법은 동일하다.

7장에서는 데이터를 조사해 퀄리티 문제점을 제거하거나 완화하는 방법, 머신 러닝 학습에 도움이 되는 양식으로 변환하는 방법 및 데이터를 창의적으로 향상 시키는 방법을 알아본다.

7장에서 다루는 내용은 다음과 같다.

- 피처 세트 생성에 대한 또 다른 방법과 피처 엔지니어링의 한계
- 초기 데이터셋을 개선하기 위한 여러 가지 기술의 사용 방법
- 기존 데이터를 좀 더 명확해지게 변환하고 개선하는 데 유용한 옵션들을 이해하기 위해 어떻게 도메인 지식과 연계하면 되는지와 어떻게 사용하면 되는지에 대한 방법
- 각각의 피처와 피처의 조합에 대한 값을 테스트하는 방법(이를 통해 필요한 것만 유지할 수 있게)

내면의 개념에 관한 자세한 사항도 설명하겠지만, 7장의 끝부분에서 여러 가지 반복적인 시도를 할 계획이다. 아울러 특화된 테스트도 수행할 예정이다. 이를 통해 앞으로 어떻게 피처를 생성하는지 이해하는 데 도움이 될 것이다.

▌ 피처 세트 생성

머신 러닝이 잘 되기 위해 가장 중요한 요소는 입력 데이터의 퀄리티라고 할 수 있다. 즉, 아무리 좋은 모델을 사용한다고 해도 데이터 퀄리티가 낮으면(예를 들면 잘못 만들어진 데이터, 부적절하게 표준화 된 데이터, 정보가 없는 데이터 등) 적절

히 잘 준비된 데이터를 대상으로 임의의 모델을 실행시킨 결과와 비교했을 때와 동일한 수준의 성공적인 결과를 얻기 어렵다.

경우에 따라서는 데이터 집합을 지정하는 기능이 있을 것이다. 뿐만 아니라 유용하고 규모도 크며, 다양한 형태의 소스 데이터 집합에 액세스할 수 있는 기능도 있을 것이다. 적절한 지식과 스킬 세트를 사용하면 이 데이터를 사용해 매우 유용한 피처 세트를 만들 수 있다.

일반적으로 좋은 피처 세트를 구성하는 방법에 대해 확실한 지식이 있으면 누락된 경우에 대해 새로운 데이터셋을 검토하고 평가할 수 있으므로 매우 유용하다. 7장에서는 효과적인 피처 세트를 좀 더 쉽게 만드는 데 필요한 디자인 프로세스 및 기술 세트를 소개하려고 한다.

이에 따라 기존 피처를 확장하거나 재해석하는 데 사용할 수 있는 몇 가지 기술부터 설명한다. 이를 통해 모델에 포함시킬 유용한 파라미터를 많이 만들 수 있다.

그러나 피처 엔지니어링 기술의 효과적인 사용에는 한계가 있으며, 피처 엔지니어링을 거친 데이터셋에 대한 위험 요소에 대해 항상 주의해야 한다.

머신 러닝 애플리케이션을 위한 피처 엔지니어링

앞에서 데이터를 대상으로 데이터 퀄리티 문제를 해결하는 방법에 대해 설명했다. 또한 외부 데이터에 대해 포함시켜야 하는 차원을 어떻게 창의적으로 사용하는지에 대해서도 설명했다.

합리적으로 잘 이해할 수 있고 퀄리티도 검증된 데이터셋을 확보하려면 해당 데이터로 효과적인 모델을 만들기에 앞서 보통 상당한 양의 작업이 필요하다.

피처의 학습 정도 향상을 위한 리스케일링 기술의 이용

수많은 머신 러닝 모델에 대해 제대로 준비 작업을 거치지 않은 데이터를 직접 대입했을 때 발생하는 주요 문제는, 알고리즘이 여러 변수의 상대적인 크기에 상당히 민감해진다는 점이다. 데이터셋에 범위가 다른 여러 파라미터가 있는 경우 일부 알고리즘은 편차가 더 크게 나타나는 변수들을 더 중요한 변경 사항을 나타내는 것으로 간주한다. 해당 변수들에 대해 작은 값과 작은 편차를 나타내는 다른 알고리즘들보다 말이다.

이 잠재적인 문제를 해결하는 핵심 사항으로 스케일 재조정 방법이 있다. 이는 각 파라미터 값의 상대적인 크기를 초기 순서를 그대로 유지하면서 조정하는 방법이다(일종의 단조로운 변환 작업이다).

그래디언트 하강 알고리즘Gradient descent algorithm(대부분의 딥러닝 알고리즘이 해당되는 http://sebastianruder.com/optimizing-gradient-descent/)은 입력 데이터가 학습 과정 전에 조성되는 경우 훨씬 효율적이다. 왜 그런지 궁금하다면 다음 그림을 보면 쉽게 이해가 갈 것이다. 일련의 학습 과정은 다음과 같이 나타날 수 있다.

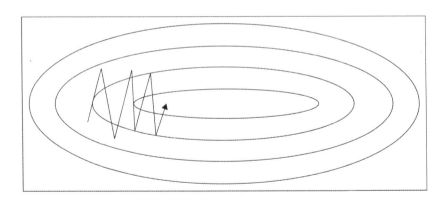

스케일링이 되지 않은 데이터를 적용했을 때 이러한 학습 단계는 효과적으로 수렴이 안 될 가능성이 있다(다음 그림의 왼쪽 예를 보기 바란다).

236

각 파라미터의 스케일이 각각 다르기 때문에 모델이 학습하려고 하는 파라미터 공간$^{parameter\ space}$이 매우 왜곡되고 복잡해질 수 있다. 이 공간이 더 복잡할수록 그 안에서 모델을 학습시키는 것이 점점 더 어려워진다. 이는 일반적인 용어로 비유를 들어 효과적으로 설명이 가능하다. 더 자세한 설명을 원한다면 7장의 맨 뒤에 있는 참고 문헌에서 유용한 정보를 참고하기 바란다. 지금은 그래디언트 하강 모델의 학습 과정을 구슬이 경사면을 굴러다니는 것처럼 생각하는 정도도 충분하다고 본다. 이 (학습 과정의 히스토리를 나타내는) 구슬이 안장점$^{saddle\ point}$(더 이상 움직이지 않는 곳으로, 여기에 다다르면 학습이 더 이상 진행되지 않을 수 있다. 앞에서 본 '국소 최소치$^{local\ minima}$'와도 관련이 있다) 또는 경사면의 다른 복잡한 위치 (즉 모델의 목적 함수$^{objective\ function}$에 의해 생성된 표면이다. 여기서 말하는 목적 함수란 모델의 결과가 일반적으로 최소화하기 위해 학습^{train}하는 러닝 함수$^{learning\ function}$를 의미 한다)에 빠지는 경향이 있다. 그러나 크기가 조정된 데이터를 사용하면 표면이 좀 더 규칙적으로 변하고 학습도 훨씬 더 효과적으로 이뤄질 수 있다.

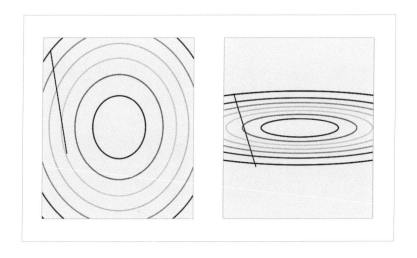

고전적인 예를 들면 0과 1 사이의 값으로 스케일을 선형 재조정하는 것을 생각해 볼 수 있다. 이 방법을 이용하면 가장 큰 파라미터 값은 1로 재조정되고, 가장 작은 값은 0으로, 나머지 값들은 0과 1 사이에 놓이게 된다. 가장 큰 값과 가장 작은 값을 기준으로 원래 크기에 비례해서 말이다. 예를 들면 이러한 변환 조건 하에서 벡터 [0, 10, 25, 20, 18]은 [0, 0.4, 1, 0.8, 0.72]로 바뀐다.

이렇게 변환하면 원래 형태에서 여러 데이터 요소의 크기가 제각각일 수 있는데, 피처의 스케일이 재조정되면 모두 동일한 범위에 있게 된다. 이를 통해 머신 러닝 알고리즘이 의미 있는 정보 내용의 학습이 가능해진다.

이 방법은 가장 간단한 스케일 재조정 옵션이다. 이 외에 적절한 상황에서 훨씬 도움이 될 수 있는 비선형 스케일링 방법을 알아보자. 예를 들면 제곱 스케일링 square scaling, 제곱근 스케일링 square root scaling, (가장 일반적으로 사용되는) 로그 스케일링 log scaling 등이 있다.

파라미터 값에 대한 로그 스케일링은 물리학에서 많이 사용된다. 또한 기본 데이터가 거듭제곱의 법칙 power law(예, x가 선형적으로 증가할 때 y는 지수적으로 증가하는 경우)에 의해 자주 영향을 받는 상황에도 많이 적용된다.

선형적 스케일 재조정과 달리 로그 스케일링은 데이터 케이스 간의 상대적인 간격을 조정한다. 이는 일종의 '양날의 검'과 같다. 반면 로그 스케일링은 외부 케이스를 아주 잘 처리한다. 어떤 인구 구성원에 대한 개별 순자산을 나타내는 예제 데이터셋에 대해 다음과 같은 통계량 정보로 요약돼 있다고 하자.

통계량	값
최소치(Min)	1
1 사분위수(상위 25%)	42.5
평균(Mean)	3205433.343
중앙값(Median)	600
3 사분위수(상위 75%)	1358
최대치(Max)	10000000000

스케일 재조정 전에 이 데이터 집합은 상당히 왜도가 심하다. 불합리해 보이는

순자산 값이 보일 정도로 말이다. 10분위로 분포를 재조정한 결과는 다음과 같다.

범위	케이스 개수
0 〉 0.1	3060
0.1 〉 0.2	0
0.2 〉 0.3	0
0.3 〉 0.4	0
0.4 〉 0.5	0
0.5 〉 0.6	0
0.6 〉 0.7	0
0.7 〉 0.8	0
0.8 〉 0.9	0
0.9 〉 1	1

로그 스케일링을 적용하면 분포가 좀 더 알아보기 쉬워진다.

범위	케이스 개수
0 〉 0.1	740
0.1 〉 0.2	1633
0.2 〉 0.3	544
0.3 〉 0.4	141
0.4 〉 0.5	0
0.5 〉 0.6	1
0.6 〉 0.7	0
0.7 〉 0.8	1
0.8 〉 0.9	0
0.9 〉 1	1

더 많은 스케일링을 선택하고, 이를 통해 데이터 분포의 전반부를 끌어낼 수

있었다. 이 경우 log-10 정규화 작업은 이상치^{outlier}의 영향을 크게 줄여주므로, 데이터 분포의 아래쪽에 있는 상세 정보를 유지하면서도 데이터셋에서 이상치를 보존할 수 있다.

일부 상황에서 주의할 점이 있다. 클러스터된 케이스와 동일하게 향상되면 변형된 파라미터의 노이즈 값도 함께 증가하고, 값 사이에 큰 간격이 부여되는 잘못된 현상을 유발할 수 있다. 이는 로그 스케일링이 이상치를 처리하는 방법에 부정적인 영향을 주지 않기 때문이다. 이와 관련돼 영향을 받은 결과는 보통 원래 값이 매우 비슷한 작은 값의 케이스에서 나타난다.

로그 스케일링을 통해 비선형성^{nonlinearities}을 도입해서 발생하는 문제는 상당히 중요하다. 일반적으로 비선형 스케일링을 적용하고자 한다면 해당 변수에 깔려 있는 비선형적인 상관관계와 트렌드를 이해하고 있다는 조건하에서만 적용하기를 권한다.

도출된 변수의 효과적인 생성

리스케일링은 많은 머신 러닝 애플리케이션(예, 거의 모든 신경망)에서 데이터 전처리의 표준 중 하나다. 리스케일링 외에도 모델에 입력되는 파라미터의 수를 전략적으로 줄여서 모델의 성능을 향상시킬 수 있는 다른 데이터 준비 기술이 있다. 가장 일반적인 예로 여러 개의 기존 데이터 요소를 사용해 단일 측정값 내에서 이를 나타내는 파생된 측정 기준이 있다.

이들은 대단히 폭넓게 사용된다. 주요 예로는 가속도(두 시점의 속도 값의 함수), 체질량 지수(신장, 체중 및 연령을 이용한 함수) 및 주가 지수에 대한 가격 수익(P/E) 비율 등이 있다. 요약하면 이제까지 경험했던 도출된 스코어, 비율, 또는 복잡한 측정값들은 여러 구성 요소들을 조합해 나온 스코어라고 할 수 있다.

익숙한 데이터셋의 경우 기존의 많은 측정 방법을 사용하면 된다. 그러나 비교적 잘 알려진 영역에서도 도메인 지식과 기존 데이터를 혼합해 새로운 지원 방법이나 변형을 찾는 것이 매우 효과적일 수 있다. 기존 방법에서 도출한 측정 옵션을 통해 생각할 때 유용한 개념으로 다음과 같은 것들이 있다.

- **두 가지 변수 조합** m 파라미터의 함수로 n 파라미터를 곱셈, 나눗셈 또는 정규화한다.

- **시간 경과에 따른 변화의 측정** 전형적인 예로 측정에서 가속 또는 7D 변화를 생각해볼 수 있다. 좀 더 복잡한 상황에서 기본 시계열 함수의 기울기는 현재 값과 이전 값으로 직접 계산하는 대신 유용한 파라미터가 될 수 있다.

- **기준선을 놓고 편차를 제거** 기본 기대치(기준 해지율과 같은 평범한 기대치)를 사용해 기준선을 기준으로 파라미터를 다시 조정하면 동일한 변수를 좀 더 유익하게 볼 수 있다. 변동 사례[churn example]에 대해 기대치에서 벗어난 관점에서 변동을 설명하는 파라미터를 생성할 수 있다. 마찬가지로 주식 거래의 경우 개시 가격 측면에서 종가를 볼 수도 있다.

- **정규화** 앞의 사례에 이어 다른 변수의 속성을 기준으로 동적으로 계산된 다른 파라미터 또는 기준선의 값에 따라 파라미터의 값을 정규화한다. 한 가지 예로 실패한 트랜잭션 비율을 들 수 있다. 이 값을 원래(또는 재조정된) 카운트로 보는 것 외에도 시도된 트랜잭션 측면에서 이것을 정규화하는 경우를 종종 생각해볼 수 있다.

이러한 여러 요소를 창조적으로 재조합하면 매우 효과적인 스코어를 얻을 수 있다. 예를 들어 시간이 지남에 따라 고객 참여의 정도(감소 또는 증가)를 알려주는 파라미터의 경우 이전에 참여도가 높았는지 또는 거의 없었는지에 따라 달라질 수 있다. 참여 정도가 약간 감소했을 때 이는 각 상황에 따라 매우 다른 결과를 의미할 수 있다. 주어진 도메인에 대해 세세한 사항을 포착해내는 효과적이고 창의적인 피처 세트를 만드는 것이 데이터 과학자가 해야 할 일이다.

지금까지 설명한 내용은 주로 수치 데이터에 초점을 맞춰져 있다. 그러나 종종 유용한 데이터는 코드 또는 범주형 데이터와 같은 숫자가 아닌 파라미터에 고정 돼 있다. 숫자가 아닌 피처를 사용 가능한 파라미터로 바꾸는 효과적인 기술에 대해 알아보자.

숫자가 아닌 피처의 재해석

문제를 일으킬 수 있는 일반적인 문제는 숫자가 아닌 피처를 어떻게 처리하면 되는지 여부다. 종종 가치 있는 정보는 수치로 표현되지 않는 속기 값으로 인코 딩된다. 예를 들어 주식 거래의 경우 주식 종목의 ID(예, 애플^{Apple}을 AAPL로, 아마 존^{Amazon}을 AMZN으로 표현함)도 그렇고, 구매자와 매도자의 ID 등도 흥미로운 정 보다. 이 사례를 좀 더 살펴보면 일부 종목이 업계 내에서조차도 다른 종목과 다르게 거래될 것으로 기대할 수 있으며, 일부 시점 또는 모든 시점에서 발생할 수 있는 기업 내 조직의 차이점 또한 중요한 맥락을 제공한다.

일부 경우에 작동하는 간단한 옵션 중 하나는 집계 또는 일련의 집계를 작성하는 것이다. 확실한 예제 중 하나로 앞 절에서 설명한 것처럼 확장된 측정 기준(예를 들면 두 개의 타임 윈도우 사이의 변화 등)을 만들 확률이 포함된 발생 횟수를 생각 할 수 있다.

요약 통계를 작성하고 데이터셋의 행수를 줄이면 모델에서 학습할 수 있는 정보 의 양이 줄어들어 위험이 커질 수 있다(모델 취약성과 오버피팅의 위험이 증가한다). 따라서 입력 데이터를 광범위하게 집계하고 축소하는 것은 일반적으로 바람직하 지 않다. 이는 2 ~ 4장에서 설명하고 사용한 알고리즘과 같은 딥러닝 기법에서 확실히 맞는 얘기다.

집계 기반 접근 방식을 광범위하게 사용하는 대신, 문자열로 인코딩된 값을 수치 데이터로 변환하는 다른 방법을 살펴보자. 폭넓게 사용되는 또 다른 기술로 인코딩이 있다. 가장 일반적인 인코딩 기술로 원핫 인코딩One-hot encoding이 있다. 원핫 인코딩은 일련의 카테고리 결과(예, 연령 그룹)를 이진 변수 집합으로 바꾸고 각 결과 옵션(예, 18-30)을 고유한 이진 변수로 나타내는 프로세스다. 이는 시각적으로 표현할 때 좀 더 직관적이다.

Case	Age	Gender
1	22	M
2	25	M
3	34	F
4	23	M
5	25	F
6	41	F

인코딩 후 이 데이터셋의 카테고리 변수와 연속형 변수는 이진 변수의 텐서tensor로 변환됐다.

Case	Age_22	Age_23	Age_25	Age_34	Age_41	Gender_F	Gender_M
1	1	0	0	0	0	0	1
2	0	0	1	0	0	0	1
3	0	0	0	1	0	1	0
4	0	1	0	0	0	0	1
5	0	0	0	0	0	1	0
6	0	0	0	0	1	1	0

여기서 나타나는 장점은 매우 중요하다. 데이터셋이나 데이터의 정보가 줄어들 위험 없이 많은 데이터셋에 포함된 매우 가치 있는 태그 정보를 이용할 수 있게 해준다. 또한 원핫을 사용하면 인코딩된 변수에 대해 특정 결과 코드를 별도의 피처로 분리할 수 있으므로, 특정 변수에 대해 의미 있는 코드를 식별하고 중요

한 값만 유지할 수도 있다.

주로 텍스트 코드에 사용되는 또 다른 효과적인 기술로 **해시 트릭**^{hash trick}이 있다. 해시는 간단히 설명하면 데이터를 숫자로 변환하는 함수다. 해시는 민감한 파라미터를 인코딩하고 규모가 큰 데이터를 요약하는 데 자주 사용되므로, 많은 사람들에게 익숙한 개념이다. 그러나 해시 트릭을 최대한 활용하려면 트릭이 어떻게 동작하고 어떻게 해야 하는지를 이해하는 것이 중요하다.

해싱을 사용해 테스트 구문을 해당 구문의 식별자로 사용할 수 있는 숫자 값으로 바꿀 수 있다. 이러한 맥락에서 여러 가지 해시 알고리즘을 기반으로 한 많은 애플리케이션들이 있지만, 간단한 해시를 사용하면 문자열 키^{key}와 코드를 효과적으로 모델링할 수 있는 숫자 파라미터로 변환할 수 있다.

아주 간단한 해시 함수로 각 알파벳 문자를 해당 숫자로 바꾸는 것을 생각해볼 수 있다. 이를테면 a는 1, b는 2와 같은 식이다. 이러한 값을 모두 모아서 단어와 구문에 대해 해시를 생성할 수 있다. 예를 들어 cat gifs라는 단어는 이 기법을 이용하면 다음과 같이 변환된다.

```
Cat: 3 + 1 + 20
Gifs: 7 + 9 + 6 + 19
Total: 65
```

이것은 상당히 안 좋은 해시인데, 이유는 크게 두 가지를 생각해볼 수 있다(입력에 쓸데없는 단어가 들어 있다는 건 무시한다!). 첫째, 출력 개수에 실질적인 제한이 없다. 해시 트릭의 핵심이 차원 축소화를 제공한다는 점을 기억한다면 해시에서 출력할 수 있는 수를 제한해야 한다. 대부분의 해시는 출력되는 숫자의 범위를 제한하므로, 해시 선택과 관련된 결정의 일부는 모델에서 선호하는 피처의 수와 관련이 있다.

일반적인 방법 중 하나는 해시 범위로 2의 제곱을 선택하는 것이 있다. 이는 해싱 프로세스 중에 비트 연산을 통해 작업 속도를 높일 수 있다.

이 해시가 안 좋은 또 다른 이유는 단어에 대한 변경 사항이 별로 영향을 주지 않는다는 점이다. cat이 bat으로 됐다면 보통 해시 값이 크게 바뀔 것으로 기대한다. 하지만 여기서는 하나만 변경돼 결과가 64가 된다. 일반적으로 좋은 해시 함수는 입력 텍스트의 작은 변화에도 출력이 크게 바뀌는 것이다. 이는 부분적으로는 언어 구조가 매우 균일하지만(따라서 비슷한 스코어가 나온다), 주어진 구조 내에서 약간 다른 명사와 동사 세트가 서로 다른 의미를 부여하는 경향이 있기 때문이다('the cat sat on the mat(고양이가 매트 위에 앉아 있다)'와 'the car sat on the cat(자동차가 고양이를 치었다)'의 문장을 비교해보기 바란다).

자, 이렇게 해서 해싱에 대한 설명을 마친다. 해시 트릭은 시간이 좀 더 걸린다. 모든 단어를 해시된 숫자 코드로 바꾸면 해시 충돌이 많이 발생하게 된다. 두 단어가 동일한 해시 값을 갖는 경우다. 당연히 매우 안 좋다.

손쉽게 다른 조건이 얼마나 자주 사용되는지에 관련돼 사용되는 확률 분포가 있다. Zipf 분포로, n번째로 가장 일반적인 용어와 만날 확률은 $p(n)=0.1/n$에서 약 1,000까지 근사화된다(Zipf의 법칙). 이는 각 용어가 이전 용어보다 훨씬 적게 출현했다는 것을 의미한다. 이후에는 용어들이 하나의 데이터셋에서 동일한 해시 값을 가진 두 용어가 충돌할 가능성이 거의 없을 것이란 예상을 모호하게 한다.

마찬가지로 좋은 해싱 함수는 제한된 범위를 가지며, 입력의 작은 변화에 의해 크게 영향을 받는다. 이러한 속성은 해시 충돌 기회를 용어 사용 빈도에 영향을 거의 받지 않게 한다.

이러한 두 가지 개념, 즉 Zipf의 법칙과 해시 충돌 기회 및 용어 사용 빈도의 좋은 해시 독립성은 해시 충돌 가능성이 거의 없음을 의미하며, 발생하는 경우 자주 사용되지 않는 두 단어 사이에 압도적일 가능성이 있다.

이것은 해시 트릭을 독특한 속성으로 만들어준다. 즉, 해시를 적용시키지 않은 백오브워드의 피처에 대해 학습한 결과와 비교했을 때 해시된 데이터에 대해 학습된 모델의 성능을 저하시키지 않으면서 텍스트 입력 데이터셋의 차원을 자연스럽게 줄여준다(출현 단어 개수를 수만 개에서 몇 백 개 이하로).

해시 트릭을 적절하게 사용하면 앞에서 설명한 기술(특히 백오브워드)을 포함해 많은 가능성을 실현할 수 있다. 다른 해싱 구현에 대해서는 7장의 끝에 있는 참고 문헌에서 확인하기 바란다.

피처 셀렉션 기술의 이용

피처 생성을 위한 옵션 선택 방법과 피처 엔지니어링에 대해 이해했으니 기존의 피처에서 효과적인 변형 결과를 만들어보자. 새롭게 등장한 피처 엔지니어링 스킬 세트가 주어졌을 때 광범위하고 다루기 어려운 데이터셋을 생성할 위험이 있다.

제한 없이 피처를 추가하면 모델의 취약성에 대한 위험이 증가하고 특정 유형의 모델에 대해 오버피팅이 일어날 가능성이 있다. 이는 모델링하려는 트렌드의 복잡성과 관련이 있다. 가장 간단한 케이스를 생각해보자. 두 개의 큰 그룹 사이에 중요한 차이점을 구분하려고 할 경우 모델은 많은 수의 피처를 지원할 가능성이 있다. 그러나 (1) 이러한 차이점을 구분하기 위해 필요한 모델이 더 복잡해짐에 따라, 그리고 (2) 작업해야 하는 그룹의 크기가 점점 작아짐에 따라 더 많은 피처를 추가하는 것은 (일관되고 효과적으로 분류하기 위한) 모델의 성능에 해가 될 수 있다.

이 과제는 작업에 가장 적합한 파라미터 또는 변형이 항상 명확하지 않다는 점

때문에 복잡해졌다. 적합성은 모델에 따라 다를 수 있다. 예를 들어 의사 결정 포레스트는 스케일링되지 않은 기본 데이터보다 단조로운 변환(즉, 데이터 사례의 초기 순서를 유지하는 변환, 이를테면 로그 스케일링)을 이용해 더 잘 수행한다는 보장은 없다. 그러나 다른 알고리즘의 경우 리스케일 적용 여부와 (사용된) 리스케일링 기법 모두 매우 영향력 있는 방법이다.

전통적으로 피처의 개수와 파라미터 규모의 제약은 예상된 결과 스코어에 대해 핵심 입력을 연관 짓는 함수를 개발하는 것과 밀접한 관련이 있었다. 이러한 맥락에서 추가 파라미터는 변수를 옮기거나 성가신 (제거해야 하는) 변수로 통합될 필요가 있었다.

각각의 새 파라미터는 또 다른 차원을 도입하게 되는데, 이는 모델링된 연관관계를 더 복잡하게 만들고, 결과 모델이 기존 데이터에 대해 오버피팅할 가능성이 있다. 아주 평범한 예로 각각의 케이스에 대해 유일한 레이블인 파라미터를 도입하는 경우를 생각해볼 수 있다. 여기서 알고리즘은 관련 레이블을 학습하며, 따라서 새로운 데이터셋이 들어오면 모델의 결과가 제대로 안 나올 가능성이 높다.

이런 예는 별 문제가 되지 않는다. 피처가 각 케이스를 매우 작은 그룹으로 분할했을 때 피처에 대한 케이스의 비율은 점점 중요해진다. 한 마디로 모델링된 함수의 복잡도가 증가할수록 모델에 오버피팅이 일어나기 쉬워지고, 피처를 추가할수록 결과가 점점 더 악화될 수 있다. 따라서 아주 작은 데이터셋으로 시작하고, 모델이 명백하게 개선될 수 있음이 확인됐을 때만 파라미터를 추가한다.

그러나 최근 정반대의 방법론이 등장했으며, 현재는 이것이 데이터 과학을 수행하는 일반적인 방식의 일부로 간주되고 있다. 이 방법론은 어떤 면에서 상당히 좋은 아이디어인데, 매우 큰 피처 세트를 추가해 잠재적으로 중요한 모든 피처를 통합하고 작업을 수행하는 더 작은 피처 세트로 동작할 수 있게 한다.

이 방법론은 (잠재적으로 수백 또는 수천 개의) 거대한 피처 세트에 대한 결정을 가능하게 하는 기술을 지원한다. 상당히 단순 무식한 방식으로 작동하는 경향이 있다. 이러한 기술은 가장 효과적인 파라미터 서브셋이 식별될 때까지 일련의 방식으로 (또는 병렬 방식으로) 모델을 실행해 피처의 조합을 철저히 테스트한다.

이러한 기술이 효과적이기 때문에 이 방법론이 널리 보급됐다. 이 기술을 사용하지 않는다면 7장의 뒷부분에서 이 기술을 어떻게 적용하는지 익히기 바란다. 이 기술은 알아두면 확실히 좋다.

피처 셀렉션을 위해 단순 무식한 기술을 사용하면 실제로 선택한 피처가 무엇인지에 상관없이 알고리즘의 결과를 쉽게 믿는 단점이 있다. 도메인 지식에 대해 매우 효과적인 블랙박스 알고리즘의 사용과 수행 중인 작업에 대한 이해 사이에 적절한 균형을 유지하는 것이 현명하다. 따라서 7장에서는 두 가지 패러다임의 기술(빌드업 및 빌드다운 등)을 사용해 다른 컨텍스트에 맞출 수 있다. 우선 여러 피처에서 가장 중요한 피처 서브셋에 이르기까지 작업해야 하는 피처 세트의 범위를 어떻게 줄여 나가는지 알아보자.

피처 셀렉션 수행

대규모 데이터셋을 만들었다. 이제 다음 문제로 가장 효과적인 데이터만 유지하게 옵션을 선별하는 방법을 생각해보자. 이 절에서는 피처 셀렉션feature selection을 지원하는 다양한 기술을 알아보기로 한다. 이들은 그 자체로 동작하기도 하고, 기존의 익숙한 알고리즘에 대해 래퍼로도 동작한다.

이들 기술 중 대표적인 것으로 상관관계 분석, 정규화 기술, RFERecursive Feature Elimination 등이 있다. 7장을 마치고 나면 피처 세트 선택을 지원하는 이들 기술을 확실히 이용할 수 있게 될 것이다. 또한 이를 통해 새로운 데이터넷을 갖고 작업할 때마다 상당한 시간을 줄일 수 있을 것이다!

상관관계

우선 회귀 모델 관련 주요 문제점들의 원인인 다중 공선성^{multicollinearity}에 대해 알아보자. 다중 공선성은 데이터셋을 구성하는 피처들 간에 일정 수준 내지는 높은 수준의 상관관계를 의미한다. 주요 예로 피자 조각 개수는 피자 가격과 상관관계가 있는 걸 생각해볼 수 있겠다(레귤러(6조각), 라지(8조각), 엑스라지(12조각) 같은...).

다중 공선성은 크게 구조 기반, 데이터 기반 2가지로 구분할 수 있다. 구조적 다중 공선성$^{\text{Structural multicollinearity}}$은 신규 피처를 생성할 때 발생한다. 예를 들면 피처 f에서 피처 $f1$을 만드는 식인데, 이때 서로 높은 상관관계를 갖는 여러 개의 피처를 생성하는 것이다. 데이터 기반 다중 공선성$^{\text{Data-based multicollinearity}}$은 2개의 변수가 동일한 원인 요소에 의해 영향을 받을 때 발생하는 경향이 있다.

이들 2가지 다중 공선성 모두 별로 좋지 않은 결과를 초래할 수 있다. 특히 어떤 피처를 조합해서 사용했는지에 따라 모델의 성능에 영향을 받는다. 이는 보통 모델의 성능을 저하시킨다.

우선 (1) 다중 공선성을 테스트하고, (2) 성능을 저하시키는 피처를 제거하는 방법을 간단히 다뤄보자. 당연한 얘기지만 성능을 저하시키는 피처들은 모델의 성능에 거의 도움이 안 된다. 이들은 다른 피처에서 사용 가능한 정보를 복제하기 때문에 성능 저하를 일으킨다. 또한 문제에 대한 의미 있는 데이터를 제공하지 못할 수 있다. 이렇게 안 좋은 피처를 테스트하기 위한 다양한 방법이 있다. 여러 가지 피처 셀렉션 기술은 다중 공선성을 나타내는 피처의 조합을 밝혀내고, 이들이 성능을 저하시킬 경우 제거하게 한다.

또한 다중 공선성을 테스트하는 특별한 기법을 생각해볼 수 있는데, 데이터의 상관관계 행렬에 대해 아이겐밸류^{eigenvalues}를 검토하는 방법이다. 아이겐벡터^{eigenvectors}와 아이겐밸류는 행렬 이론의 핵심 개념 중 하나며, 많은 애플리케이션에 적용돼 왔다. 이에 관한 더 자세한 사항은 7장의 맨 뒤에 있는 참고 문헌을 통해 확인하기 바란다. 자, 데이터셋에서 생성한 상관관계 행렬에서 얻은 아이겐밸류가 다중 공선성 여부를 어떻게 정량적으로 측정할 수 있는지 알아보자. 피처가 데이터셋에 대해 '새로운 정보'를 얼마나 많이 제공하는지를 나타내는 좋은 지표로, 아이겐밸류 집합을 생각해볼 수 있다. 아이겐밸류의 값이 작으면 해당 데이터는 다른 피처와 상관관계가 있을 수 있다는 것을 의미한다. 예를 들어 다음 코드를 살펴보자. 이 코드는 피처 세트를 생성한 다음, 0번째, 2번째, 4번째 피처에 다중 공선성을 추가한다.

```
import numpy as np

x = np.random.randn(100, 5)
noise = np.random.randn(100)
x[:,4] = 2 * x[:,0] + 3 * x[:,2] + .5 * noise
```

상관관계 행렬을 생성하고 아이겐밸류를 계산할 때, 다음을 참고한다.

```
corr = np.corrcoef(x, rowvar=0)
w, v = np.linalg.eig(corr)

print('eigenvalues of features in the dataset x')
print(w)

eigenvalues of features in the dataset x
[ 0.00716428  1.94474029  1.30385565  0.74699492  0.99724486]
```

확실히 0번째 피처는 의심스럽다! 다음으로 v를 호출해서 피처의 아이겐밸류를 검사해보자.

250

```
print('eigenvalues of eigenvector 0')
print(v[:,0])

eigenvalues of eigenvector 0
[-0.35663659 -0.00853105 -0.62463305  0.00959048  0.69460718]
```

1번째, 3번째의 위치에 있는 피처의 작은 값을 보면 2번째 피처와 4번째 피처는 0번째 피처와 대단히 높은 다중 공선성이 있음을 알 수 있다. 따라서 다음 단계로 진행하기 전에 3개의 피처(0번째, 2번째, 4번째) 중 2개는 제거해야 한다!

라쏘

정규화 기법은 피처 셀렉션 기술 중 가장 효과적인 방법 중 하나다. 별 도움이 안 되는 피처에 대해서는 0을 리턴해서 나머지 피처 서브셋의 실제 상관계수 값만 남게 한다(남겨진 결과의 크기가 작아서 효율적이다). 가장 많이 사용되는 정규화 모델로 L1, L2 정규화가 있다. 선형 회귀 관점에서 L1 정규화 기법은 라쏘LASSO, L2 정규화 기법은 릿지 회귀ridge regression라고도 한다.

정규화 기법은 손실 함수loss function에 페널티를 추가하는 역할을 한다. 손실 함수 $E(X,Y)$를 최소화하는 대신, $E(X,Y) + a\|w\|$를 페널티 값으로 낸다. 여기서 하이퍼파라미터는 정규화 규모와 관련이 있다(정규화 강도와 선택된 원본 피처의 비율을 조정할 수 있게 해준다).

라쏘 정규화에서 사용된 페널티 함수는 $a\sum n_i = I |w_i|$다. 0이 아닌 계수는 페널티 항목의 크기에 추가된다. 도움이 되지 않는 피처의 계수 값은 0으로 반영된다. 페널티 항목을 적절하게 선택하려면 하이퍼파라미터에 대해 scikit-learn의 파라미터 최적화 기능을 사용하면 된다. 여기에는 적절한 하이퍼파라미터 값을 위해 그리드 검색을 수행하는 `estimator.get_params()`를 사용한다. 그리드 검색 연산

에 대한 더 자세한 사항은 7장 맨 끝에 있는 참고 문헌을 보기 바란다.

scikit-learn에서 로지스틱 회귀는 분류를 위한 L1 페널티를 제공하고 있다. 한편 라쏘 모듈은 선형 회귀 모듈에서 지원하고 있다. 자, 라쏘를 예제 데이터셋에 적용해보자. 이 예제에서는 보스턴 부동산 데이터셋^{Boston housing dataset}을 사용한다.

```
fromsklearn.linear_model import Lasso
fromsklearn.preprocessing import StandardScaler
fromsklearn.datasets import load_boston

boston = load_boston()
scaler = StandardScaler()
X = scaler.fit_transform(boston["data"])
Y = boston["target"]
names = boston["feature_names"]

lasso = Lasso(alpha=.3)
lasso.fit(X, Y)

print "Lasso model: ", pretty_print_linear(lasso.coef_, names, sort =
    True)

Lasso model: -3.707 * LSTAT + 2.992 * RM + -1.757 * PTRATIO + -1.081
    * DIS + -0.7 * NOX + 0.631 * B + 0.54 * CHAS + -0.236 * CRIM + 0.081 *
    ZN + -0.0 * INDUS + -0.0 * AGE + 0.0 * RAD + -0.0 * TAX
```

원본 피처 세트에서 일부 피처는 상관계수가 0이다. 상관관계가 증가하면 점차적으로 희소성^{sparsity}이 증가한다. 예를 들어 alpha = 0.4일 때 다음과 같은 결과를 얻을 수 있다.

```
Lasso model: -3.707 * LSTAT + 2.992 * RM + -1.757 * PTRATIO + -1.081
```

```
* DIS + -0.7 * NOX + 0.631 * B + 0.54 * CHAS + -0.236 * CRIM + 0.081
* ZN + -0.0 * INDUS + -0.0 * AGE + 0.0 * RAD + -0.0 * TAX
```

피처 셀렉션 기술로 L1 정규화 기법의 결과를 바로 확인할 수 있다. 그러나 L1 정규화 기법이 반영된 회귀 모델은 안정성이 약하다는 점에 주의할 필요가 있다. 데이터 내의 피처에 상관관계가 있을 경우 데이터에 작은 변화만 생겨도 계수 값들이 매우 심하게 바뀐다.

이 문제는 L2 정규화 기법인 릿지 회귀 기법을 통해 효과적으로 해결할 수 있다. 여러 애플리케이션을 가지고 피처 계수를 만들어내는 특징을 지니고 있기 때문이다. L2 정규화는 손실 함수에 L2 노름^{norm} 페널티를 추가 페널티로 반영한다. L2 노름 페널티를 수식으로 표현하면 $a\sum n_i = I w_i^2$이다. 눈썰미가 좋다면 L1 페널티 함수($a\sum n_i = I|w_i|$)와의 차이점을 바로 알 수 있을 것이다. 그렇다. L2는 제곱 계수를 사용하고 있다. 이렇게 하면 계수의 값이 더 균일하게 분포되고, 따라서 상관관계가 있는 피처들이 비슷한 계수 값을 보이게 할 수 있다. 이는 데이터에 대한 작은 변화에 대해서도 계수 값이 크게 바뀌지 않게 해서 안정성을 훨씬 더 높여준다.

그러나 L2 정규화는 L1 정규화만큼 피처 셀렉션에 직접적으로 효과를 보이지는 않는다. 대신 (예측 파워를 지닌) 눈에 띄는 피처는 0이 아닌 계수를 나타내는 경향이 있다. 따라서 분류에서 피처의 퀄리티에 대한 추론을 할 때 유용한 탐색 분석 툴로 L2를 사용할 수 있다. L1 정규화보다 더 안정적이고 신뢰도가 높은 장점을 지니고 있다.

RFE

RFE$^{Recursive Feature Elimination}$는 탐욕적^{greedy}이고 반복적인 프로세스로, SVM (SVM-RFE) 같은 다른 모델을 대상으로 래퍼 역할을 한다. 이는 입력 데이터의 여러 서브셋에 대해 반복적으로 실행된다.

라소나 릿지 회귀와 마찬가지로 가장 좋은 결과를 나타내는 피처 서브셋을 찾는 것이 목표다. 이름에서 알 수 있듯이 각 반복 단계에서 피처를 별도로 설정해 데이터셋의 모든 피처가 제거될 때까지 나머지 피처 세트를 가지고 반복 작업을 수행한다. 어느 피처가 제거되는지 순서를 매긴 결과가 랭크rank가 된다. 점점 더 작은 서브셋으로 여러 차례 반복 수행하고 나면 각 피처는 정확한 스코어를 얻게 되고, 관련 서브셋을 선택해 사용할 수 있게 된다.

이것이 어떻게 동작하는지 간단한 예를 통해 좀 더 자세히 알아보자. 이 접근 방식이 실제로 어떻게 동작하는지 이해하기 위해 (앞에서 봤던) 숫자 데이터를 사용한다.

```
print(__doc__)

from sklearn.svm import SVC
fromsklearn.datasets import load_digits
fromsklearn.feature_selection import RFE
importmatplotlib.pyplot as plt

digits = load_digits()
X = digits.images.reshape((len(digits.images), -1))
y = digits.target
```

SVCSupport Vector Classification에 대한 SVC 연산자를 통해 기본 추정치로 SVM을 사용한다. 다음으로 이 모델에 RFE 래퍼를 적용한다. RFE는 여러 개의 입력 인자를 받는다. 첫 번째는 어떤 추정치를 선택할 것인지를 참조한다. 두 번째는 n_features_to_select로, 변수 이름에 의미가 그대로 드러나 있다. 피처 세트가 매우 효과적인 분류 피처인 다변량 확률 분포multivariate distribution를 포함한 많은 상호 연관된 피처를 포함할 경우 둘 이상의 피처 조합을 선택할 수 있다.

스테핑^{Stepping}을 사용하면 반복할 때마다 여러 피처를 제거할 수 있다. 0.0에서 1.0 사이의 값이 주어지면 각 단계에서 피처 세트의 백분율을 제거할 수 있다. 단, 여기서 각 스텝 인자가 주어진 비율을 고려해야 한다.

```python
svc = SVC(kernel="linear", C=1)
rfe = RFE(estimator=svc, n_features_to_select=1, step=1)
rfe.fit(X, y)
ranking = rfe.ranking_.reshape(digits.images[0].shape)

plt.matshow(ranking)
plt.colorbar()
plt.title("Ranking of pixels with RFE")
plt.show()
```

앞에서 본 숫자 데이터셋이 주어졌을 때 각 인스턴스는 8×8 크기의 손으로 쓴 숫자 이미지다. 다음 그림을 보자. 각 이미지는 8×8 그리드의 중심에 위치해 있다.

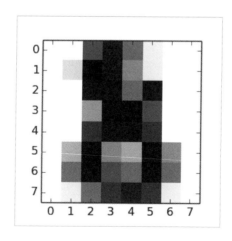

숫자 데이터셋에 대해 RFE를 적용할 때 랭킹을 적용해 이 정보를 광범위하게 파악한다는 것을 알 수 있다.

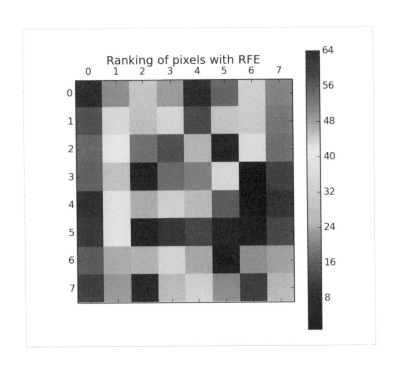

우선 잘려 나간 픽셀은 이미지의 세로 부분 가장자리(대개 빈 공간인) 부근이다. 다음으로 알고리즘은 보통 이미지의 양옆이나 맨 위쪽의 비어 있는 영역을 제외시킨다. 가장 오랫동안 남아있는 픽셀이 숫자나 문자를 구분하는 데 가장 중요한 역할을 한다. 이 픽셀은 대개 몇 개 정도고, 다른 픽셀에서는 나타나지 않는 것들이다.

이 예제를 보면 RFE를 적용하기 매우 좋은 조건이라는 것을 알 수 있다. 얼마나 일관되게 이 기술이 동작할지에 대해서는 아직 알 수 없다. RFE의 안정성은 기본 모델의 안정성에 달려 있다. 경우에 따라 릿지 회귀가 더 안정된 결과를 낼 수도 있다(어떤 경우와 어떤 조건들이 있는지는 7장의 맨 뒤에 있는 참고 문헌을 참고하기 바란다).

유전자 모델

앞에서 매우 큰 파라미터 세트를 가지고 피처 셀렉션을 수행할 수 있는 알고리즘에 대해 알아봤다. 여기서 가장 눈에 띄는 기술로 유전자 알고리즘이 있다. 이 알고리즘은 점점 더 효과적인 모델을 생성하는 데 자연 선택$^{natural\ selection}$을 모방한 기법이다.

피처 셀렉션을 위해 유전자 알고리즘은 다음과 같이 동작한다.

- 초기 변수 세트(보통 예측기라고 함)가 여러 서브셋(후보군)으로 결합되고, 각 후보들에 대해 성능 측정치를 계산한다.
- 최고의 성능을 지닌 후보군을 통해 생성된 예측기는 모델에 대해 계속 새롭게 반복할 때마다 무작위로 재조합이 이뤄진다.
- 재조합 과정에서 각 서브셋은 돌연변이^{mutation}의 확률이 존재하므로, 예측기를 추가하거나 서브셋에서 제거할 수 있다.

이 알고리즘은 일반적으로 여러 세대에 걸쳐 반복된다. 적절한 반복 횟수는 데이터셋과 모델의 복잡도에 따라 다르다. 그래디언트 하강$^{gradient\ descent}$ 기법과 마찬가지로 성능과 반복 횟수 간의 일반적인 관계 역시 유전자 알고리즘에서도 똑같이 존재한다. 반복 횟수가 늘어날수록 성능 향상 정도는 비선형적으로 감소하며, 결과적으로 오버피팅 위험이 증가하기 전에 최소치를 나타내게 된다.

효과적인 반복 횟수를 얻기 위해서는 학습용 데이터를 이용해 테스트해보면 된다. 여러 번 반복해서 모델을 실행시키고 이를 RMSE$^{Root\ Mean\ Squared\ Error}$로 그래프 상에 표시한다. 이렇게 하면 입력 데이터와 모델의 구성에 따라 적절한 반복 횟수를 알아낼 수 있을 것이다.

각 세대 내에서 일어나는 일에 대해 좀 더 자세히 알아보자. 후보군 생성 방법, 성능 스코어 측정 방법, 재조합 방법 등에 대해서 말이다.

후보군은 초기에 사용 가능한 예측 변수와 무작위 샘플을 사용하게 설정된다. 1세대에서 얼마나 많은 예측 변수를 사용할지에 대해 어렵고 빠르게 처리하는 룰은 없다. 사용할 수 있는 피처의 수에 따라 다르지만, 사용 가능한 피처의 50%~80%를 1세대 후보군에 사용하는 것이 일반적이다(더 많은 피처를 사용할 경우 사용되는 비율이 더 작아지므로).

적합성 측정 기준은 정의가 매우 어려울 수 있다. 하지만 일반적으로 두 가지 형식의 교차 검증 기법을 이용한다. 내부 교차 검증^{internal cross-validation}(모델을 비교하지 않고 각 파라미터의 컨텍스트에 대해서만 각각의 모델을 테스트) 기법은 일반적으로 주어진 반복 횟수에서 성능 향상 정도를 추적하는 데 사용된다. 다음 세대에서 재조합할 모델을 선택하기 위해 내부 교차 검증을 통한 적합도 측정 기준이 사용된다. 외부 교차 검증^{external cross-validation} 기법은 반복 시도에서 검증에 사용되지 않은 데이터셋을 대상으로 테스트하는 방법이다. 외부 교차 검증은 검색 프로세스가 특정 모델을 생성하는지를 확인하기 위한 용도로 사용되는데, 여기서 말하는 모델은 내부 학습용 데이터에 대해 오버피팅이 일어나지 않는 조건을 만족해야 한다.

재조합 방법은 돌연변이^{mutation}, 교차 확률^{cross-over probabilities}, 엘리트주의^{elitism}라는 3개의 파라미터에 의해 제어된다. 나머지 파라미터는 일종의 옵션으로, 현재 세대에서 가장 성능이 좋은 모델 n개를 예약하는 데 사용할 수 있다. 이렇게 하면 재조합 과정에서 후보군에 대해 전체적으로 손실이 일어나는 것을 막고, 후보군을 효과적으로 보존할 수도 있다. 이는 돌연변이가 일어난 개체에서 해당 후보를 사용하거나 차세대 후보군에서 부모^{parents}(즉, 이전 세대를 의미)로 사용할 수도 있다.

돌연변이 확률은 임의로 재조정될 차세대 모델의 기회를 정의하는 파라미터로 정의할 수 있다(재조정은 일부 예측기를 통해 일반적으로 추가되거나 제거되는 형태로 이뤄진다). 돌연변이는 유전자 알고리즘이 후보 변수의 광범위한 적용 범위를 유지하면서 파라미터 로컬 솔루션에 빠지는 (일종의 '국소 최소치$^{local\ minima}$') 위험을 낮추는 데 도움이 된다.

크로스오버 확률은 한 쌍의 후보가 차세대 모델로 재결합하게 선택될 가능성으로 정의된다. 크로스오버 관련해 몇 가지 알고리즘이 있는데, (1) 각 부모 피처 세트의 일부가 (예를 들면 전반부/후반부 형태로) 자식으로 연결되거나, (2) 각 부모의 피처가 무작위로 선택돼 사용될 수도 있다. 또한 (3) 두 부모 모두에게 공통된 피처가 기본적으로 사용될 수도 있다. 보통은 부모의 고유한 예측 변수 집합에서 무작위로 샘플링하는 방법을 많이 이용한다.

이들은 일반적인 유전자 알고리즘의 주요 구성 요소로, (로지스틱 회귀, SVM 등) 기존 모델에 대해 래퍼로도 사용할 수 있다. 여기에서 설명한 기법들은 여러 가지 방법에 따라 다양한 형태로 만들어져 있다. 또한 여러 개의 정량적인 필드에 대해 약간씩 다르게 사용되는 피처 셀렉션 기법과도 관련이 있다. 자, 이제까지 살펴본 이론을 바탕으로 실제 예제에 이들을 적용해보자.

▌ 실제 문제에서 피처 엔지니어링

사용 중인 모델링 기술에 따라 이 작업 중 일부는 다른 부분보다 더 중요할 수 있다. 딥러닝 알고리즘은 일반 모델보다 덜 엔지니어링된 데이터에서 더 나은 성능을 보이는 경향이 있으며, 결과를 향상시키는 데 많은 작업을 하지 않아도 될 수 있다.

필요한 것이 무엇인지 이해하는 핵심 요소는 데이터셋의 확보에서 모델링에 이르는 전체 프로세스에 걸쳐 빠르게 반복하는 것이다. 모델 정확성에 대한 명확한 목표를 가진 첫 번째 단계에서 처리할 최소한도의 규모를 찾고 이를 수행한다. 또한 결과에 대해 할 수 있는 모든 것을 익히고, 다음 반복 수행을 위한 계획을 수립한다.

실제로 어떻게 나타나는지 보여주기 위해 앞에서 본 적이 없는 새로운 고차원의 데이터셋으로 작업을 해보자. 점진적으로 효과적인 모델을 생성하기 위해 반복 수행 프로세스를 이용한다.

나는 최근 밴쿠버에서 살았다. 많은 긍정적인 퀄리티가 있었지만, 도시에서 살아 가는 데 있어 가장 힘든 점은 통근 시간을 예측할 수 없다는 것이었다. 자동차로 이동을 하든, 트랜스링크^{Translink}의 스카이트레인^{Skytrain} 시스템(모노레일-롤러코스 터 급행선)을 이용하든 나는 예측하기 힘든 시간 지연과 혼잡 상황을 경험했다.

새로운 피처 엔지니어링 스킬 세트를 실제로 적용하기 위해 다음 단계를 수행해 경험을 향상시킬 수 있는지 알아보자.

- 텍스트 및 기후 스트림을 포함한 여러 API에서 데이터를 수집하는 코드 작성
- 초기 데이터에서 변수를 유도하기 위해 피처 엔지니어링 기술을 사용
- 통근 시간 지연에 대한 위험 정도 스코어를 생성해 피처 세트를 테스트

이 예제에서는 성능이 뛰어난 모델을 만들고 스코어링하는 데 집중한다. 다만 스스로 충분하다고 판단되는 결과를 만드는 데 중점을 두려고 한다. 이를 통해 현재 환경에 적용할 수 있게 말이다. 이 방법을 사용하는 것이 7장의 목표와도 잘 맞긴 하지만, 2가지 중요한 이유가 더 있다.

첫째, 트위터^{Twitter} 데이터를 공유하고 사용하는 데 있어 몇 가지 어려움이 있다. 트위터 API 사용 약관 중에는 개발자가 타임라인이나 데이터셋의 상태(트윗의 삭제 같은)에 대한 조정이 트위터에서 추출되고 공개적으로 사용 가능한 데이터 셋에서 재현되도록 보장해야 한다는 것이 있다. 따라서 7장과 관련된 깃허브 저장소에 있는 실제 트위터 데이터를 사용하는 것은 비효율적이라고 할 수 있다. 궁극적으로는 사용자가 스트림을 직접 만들고 데이터를 축적해야 하고 (계절 변 화 같은) 상황 변화 등이 모델의 성능에 영향을 줄 수 있으므로, 스트림된 데이터

를 기반으로 모든 다운 스트림 모델에서 재현 가능한 결과를 제공하기는 어렵다.

두 번째 사항은 꽤 간단하다. 모든 사람이 밴쿠버에 살고 있는 건 아니라는 점이다! 최종 사용자에게 가치 있는 무언가를 만들기 위해서는 지리적으로 특화된 솔루션보다는 조정 가능한 일반적인 솔루션이라는 관점에서 생각할 필요가 있다.

따라서 다음 절에 있는 코드는 이러한 의도로 개발한 것이다. 성공적인 상업용 앱이나 단순히 유용한 데이터 중심의 해킹을 위한 기초로도 잠재성을 제공한다. 이를 염두에 두고 각자의 상황과 지역에서 사용 가능한 데이터 및 개인적인 요구 사항에 맞는 새로운 애플리케이션을 찾고 생성하는 방안을 통해 7장의 내용을 학습하고 관련 코드 디렉토리에 있는 코드를 활용해보자.

RESTful API를 통한 데이터 확보

우선 데이터 수집부터 하자! 모델 학습을 위해 (통근 기간당 적어도 하나의 레코드가 있게) 충분한 빈도로 수집되도록 많은 타임스탬프 데이터를 알아봐야 한다.

트위터 API부터 사용해서 최근 트위터 데이터를 수집할 수 있다. 이 API는 두 가지 용도로 사용할 수 있다.

첫째, 공식적인 대중 교통국(버스 및 기차 회사)의 트윗을 확보할 수 있다. 이들은 사용자에게 도움이 되는 통근 지연 및 서비스 중단에 대한 대중교통 서비스 정보를 제공하며, 이는 태깅 작업에 일관된 형식을 취한다.

둘째, 지리적 관점에서 관심 영역에서 트윗을 듣고 통근에 관한 감성 상태(좋다, 화난다 등)를 다룰 수 있다. 이를 위해 사용자 정의 사전을 이용하는데, 방해 사례 또는 그 원인과 관련된 용어들을 청취할 수 있다.

모델을 지원하는 데이터를 위해 트위터 API를 마이닝하는 것 외에도 다른 API를 활용해 풍부한 정보를 추출할 수 있다. 특히 중요한 데이터 소스 중 하나로 Bing

Traffic API가 있다. 이 API는 사용자에게 특화된 지리적 영역에서 교통 혼잡이나 혼란을 제공하는 용도로 쉽게 호출할 수 있다.

또한 Yahoo Weather API를 통해 날씨 데이터를 활용할 수 있다. 이 API는 우편 번호 또는 위치 입력을 통해 특정 위치에 대한 현재 날씨를 제공한다. 이 시스템 은 온도, 풍속, 습도, 대기압 및 가시성을 비롯해 다양한 지역 기후 정보를 제공 한다. 또한 예측 정보 외에도 현재 조건에 대한 텍스트 문자열 설명도 제공한다.

분석에 반영 가능할 것으로 생각되는 다른 데이터 소스가 있지만, 여기서는 이 데이터로 작업을 시작해 어떻게 해 나가는지를 보려고 한다.

모델의 성능 테스트

통근 방해 예측을 의미 있게 평가하기 위해 시험 기준과 적절한 성능 스코어를 정의해야 한다.

여기서 하려고 하는 것은 매일 현재의 통근에 방해되는 위험 요인을 파악하는 것이다. 가급적이면 통근 시 발생할 수 있는 위험 요인이 사전에 예고됐으면 하는 것이다. 이렇게 하면 (일찍 집에서 나온다든지 하는) 조치를 취할 수 있기 때문이다.

이를 위해 다음과 같은 3가지가 필요하다.

- 모델의 결과물에 대한 이해
- 모델의 성능을 수치화하는 데 사용 가능한 측정 기준
- 측정 기준에 따라 모델의 성능에 스코어를 부여하는 데 사용할 수 있는 일부 목표 데이터

왜 이것이 중요한지 자세히 알아보자. 어떤 모델은 정보라는 것에 이의가 있을 수 있다. 통근 위험 관련 스코어는 이전에는 없었던 정보를 만들어내므로 나름 유용하다고 볼 수 있다.

그러나 현실 상황은 성능 측정 기준이 반드시 존재할 것이라는 점이다. 이 경우 모델의 결과가 만족스러울 수도 있겠지만, 항상 일부 성능 측정 기준이 있다는 것을 알아둬야 한다. 따라서 모델이 유용하다는 점에서 (또는 비지도 방식이라는 점에서) 성능 측정을 정량화해 얻는 것이 대단히 가치가 있다. 이렇게 성능 테스트를 포기하려는 유혹을 뿌리치는 것이 현명하다. 적어도 이 방법을 사용하면 반복적으로 개선할 수 있는 정량화된 성능 측정값을 얻을 수 있기 때문이다.

나름 괜찮은 시도로, 모델이 0-1 범위의 수치화된 스코어로 결과를 낸다고 해보자. 이 결과는 하루가 주어졌을 때 아웃바운드(재택근무) 통근을 위한 스코어다. 이 스코어를 얻기 위한 몇 가지 방법이 있다. 가장 확실한 옵션은 로그 리스케일링log-rescaling을 데이터에 적용하는 것이라 하겠다. 로그 스케일이 지닌 몇 가지 장점이 있고, 이 상황에서 그리 나쁜 선택이 아닐 수 있다(통근 지연 시간의 데이터 분포가 거듭제곱의 법칙power law에 그럭저럭 맞을 것 같기 때문이다). 지금은 이 스코어 세트를 고치지 않는다. 대신 모델의 결과를 검토하기 위해 잠시 뒤로 미뤄두기로 한다.

실질적인 지침을 제공한다는 측면에서 0-1 스코어가 반드시 도움이 되는 것은 아니다. 여기서는 0-1의 범위에서 구체적인 경계를 바탕으로 버킷 경계를 설정한 (높은 수준의 위험, 중간 수준의 위험, 낮은 수준의 위험 등) 버킷 시스템을 사용하려고 한다. 말하자면 연속형 결과를 지닌 회귀 문제로 처리하기보다는 (클래스 레이블 같은) 범주형 결과를 가진 다중 클래스 분류 문제로 처리할 수 있게 전환한다.

이를 통해 모델의 성능을 향상시킬 수 있다(좀 더 구체적으로 설명하면 에러가 없는 마진이 관련 버킷의 너비까지 증가하기 때문이다. 이는 상당히 관대한 성능 측정 기준이라 하겠다). 하지만 이러한 변경 사항을 첫 번째 반복 작업에 적용하는 것은 별로 좋은 생각은 아니다. 실제 통근 지연에 대한 데이터 분포의 검토 작업이 이뤄질 때까지 각 클래스들 간의 경계선이 어떻게 만들어질지는 알 수 없다!

다음으로 모델의 성능을 어떻게 측정할 것인지 고려해야 한다. 적절한 스코어 평가 척도를 선택하는 것은 문제의 특성에 달려 있다. 분류기의 성능 스코어를 매기는 데는 여러 가지 옵션이 있다(머신 러닝 알고리즘의 성능 측정에 대한 더 자세한 내용은 7장 맨 뒤의 참고 문헌을 보기 바란다).

현재 수행 중인 작업에 적합한 성능 측정 방법을 결정하는 방안 중 하나로, 혼동 행렬confusion matrix(또는 분류 행렬)이 있다. 혼동 행렬은 가능한 한 모든 상황을 고려해 정리한 테이블로, 통계적 모델링 관점에서 이들은 전형적으로 레이블을 예측한 결과 대비 실제 레이블 결과를 설명한다. 장애 유형 또는 클래스별로 분류 결과가 실패한 것에 대해 중요한 정보를 얻을 수 있기 때문에 보통 학습된 모델에 대해 혼동 행렬을 많이 만든다(특히 클래스 개수가 많은 다중 클래스 문제의 경우 더 그렇다).

이러한 맥락에서 혼동 행렬을 참조하는 것이 훨씬 더 이해하기 쉬울 것이다. 다음과 같은 간단한 행렬을 통해 우발적인 사고가 있는지 여부를 판단할 수 있다.

		실제 결과	
		참	거짓
예측	참	진양성(True Positive)	위양성(False Positive)
	거짓	위음성(False Negative)	진음성(True Negative)

이 예제에서 총 4개의 경우의 수를 생각해볼 수 있다. 위음성False negatives은 예상하지 못한 지연이 발생했을 경우를 의미한다. 반면 위양성False positives은 필요 이상으로 통근을 일찍 했음을 의미한다. 이는 높은 민감성(진양성True positive), 높은 특이성(위양성False positive) 두 가지 모두를 나타내는 성능 측정 기준이 필요함을 의미한다. 현재 조건에서 가장 이상적인 측정 기준은 AUCArea Under the Curve다.

두 번째 문제점으로는 이 스코어를 어떻게 측정할지 여부다. 어떤 것을 예측할지에 대한 명확한 대상이 필요하다. 다행히도 이건 비교적 쉽게 해결할 수 있다. 어쨌든 매일 출퇴근하고 있으니 말이다! 단순히 스톱워치를 이용해 통근 시간을 직접 기록했다. 출발 시간, 출퇴근 경로를 항상 같게 유지하면서 말이다.

이러한 접근 방안이 지닌 한계를 알아둘 필요가 있다. 데이터 소스를 보면 내 생활 트렌드가 어느 정도 녹아 있다. 예를 들어 아침에 모닝커피를 마시기 전에는 느릿느릿 행동을 한다. 마찬가지로 일정한 통근 경로가 로컬상에서 어떤 패턴을 나타날 수 있다. 다른 경로에서는 이러한 패턴이 나타나지 않는다. 많은 사람들과 여러 경로를 통해 통근 데이터를 수집하면 훨씬 더 좋을 것이다.

그러나 어떤 면에서는 이러한 데이터를 사용하는 것이 훨씬 좋다. 최소한 나 자신의 통근 경로에 대한 방해 요인을 분류하는 것이기 때문이다. 아울러 출퇴근하는 사람들의 그룹 또는 경로의 그룹을 통해 설정된 대상에 대한 학습을 바탕으로 나의 통근 시간이 잘못 해석될 만큼 편차가 나타나지 않을 것이라는 이유도 있다. 뿐만 아니라 매일 나타나는 약간의 편차가 주어질 경우 함수 기반 모델에서 무시된다.

모델 성능 면에서 충분히 좋다고 하기는 무리다. 좀 더 정확하게 말하면 이 모델은 기대보다 좋아지는 시점이 언제인지 알아내기가 쉽지 않다는 얘기다. 안타깝게도 나 자신의 통근 시간 지연 예측 결과의 정확성에 관해서는 대단히 신뢰할 만한 정도도 아닌데다가 한 사람의 예측 결과를 다른 지역에 있는 다른 사람들에게 일반화할 수 있을 것 같지도 않기 때문이다. 상당히 주관적인 목표를 뛰어넘게 모델을 학습시키는 것은 바람직하지 않은 것 같다.

대신에 아주 단순한 한계점보다 나은 결과를 보이게 하려고 한다. 즉, 날마다 통근 시간 지연이 포함돼 있지는 않을 거라고 제안하는 모델이다. 이는 실제 행동을 반영하는 어느 정도 괜찮은 속성을 지니고 있다(매일 일어나서 대중교통에

시달리지 않은 것처럼 행동하는 경향이 있으므로).

85개의 대상 데이터에서 14개의 통근 지연이 관찰됐다. 이를 바탕으로 대상 데이터와 스코어를 계산한다. 목표치는 0.5다.

트위터

밴쿠버 시에 대한 예제 분석을 중점적으로 다뤘으니 두 번째 트위터 데이터 소스를 활용할 수 있는 기회를 얻었다. 특히 밴쿠버의 대중 교통기관인 트랜스링크의 서비스 공지 사항을 이용할 수 있다.

트랜스링크 트위터

설명한 것처럼 데이터는 이미 잘 정리돼 있고, 텍스트 마이닝과 시퀀스 분석에 유용하다. 앞에서 본 기술을 이용해 이 데이터를 처리하면 텍스트를 정제하고 유용한 피처를 인코딩할 수 있다.

트랜스링크의 트윗을 장기간에 걸쳐 수집하기 위해 Twitter API를 적용한다. Twitter API는 상당히 친숙한 도구로, 파이썬을 이용해 작업하기 매우 쉽게 돼 있다(Twitter API로 작업하는 방법에 대해서는 7장의 끝에 있는 참고 문헌을 참고한다!). 이를 통해 트윗에서 날짜 및 본문 텍스트를 추출하려고 한다. 본문에는 다음 사항을 포함해서 알아야 할 거의 모든 것이 담겨 있다.

- 트윗의 속성(지연됨 또는 지연 안 됨)
- 영향을 받은 정류장
- 지연의 원인에 관한 정보

약간의 복잡성을 추가해보자. 스카이트레인과 버스 노선에 대해서 트랜스링크 계정의 트윗 서비스와 동일한 통근 지연 정보를 가져와 추가로 반영한다. 다행히 이 계정은 각 서비스 유형에 대해 서비스 이슈를 설명하는 용어가 상당히 똑같다. 특히 트위터 계정은 서비스 방해 요인에 맞게 구분할 수 있게 특정 해시태그를 사용한다(버스 노선에서는 #RiderAlert를 사용하고, 철도/지하철 관련 정보에서는 #SkyTrain을 사용하며, 국경일(휴무)처럼 두 서비스 모두 공통적으로 해당되는 경우는 #TransitAlert를 사용하는 등).

마찬가지로 지연delay, 우회로detour, 전환deversion이라는 단어를 사용해 언제나 지연 상태를 설명할 수 있다. 이는 특정 핵심 용어를 사용해 필요 없는 트윗을 필터링할 수 있다. 트랜스링크, 댕큐!

 7장에서 사용된 데이터는 깃허브에서 받을 수 있다. translink_tweet_data.json 파일을 참고한다. 스크래퍼 스크립트도 제공된다. 이를 위해 트위터 계정을 만들어야 한다. 별로 어렵지 않다. 과정이 잘 설명돼 있으니 등록하면 된다.

트윗 데이터를 확보했다면 다음 단계로 무엇을 해야 하는지 알고 있을 것이다(그렇다). 본문 텍스트를 정제하고 정규화해야 한다! 6장에서 했던 것처럼 입력 데이터에 대해 NLTK와 BeautifulSoup을 실행시키자.

```
from bs4 import BeautifulSoup

tweets = BeautifulSoup(train["TranslinkTweets.text"])

tweettext = tweets.get_text()

brown_a = nltk.corpus.brown.tagged_sents(categories= 'a')

tagger = None
for n in range(1,4):
    tagger = NgramTagger(n, brown_a, backoff = tagger)

taggedtweettext = tagger.tag(tweettext)
```

(앞 장에서 다룬 인터넷 트롤 데이터셋만큼) 정제 작업을 깐깐하게 할 필요까지는 없을 듯하다. 트랜스링크의 트윗은 형식이 상당히 잘 짜여 있다. 또한 아스키ASCII 코드로 표현이 어려운 문자나 이모티콘도 없다. 따라서 6장에서 사용해야 했던 특화된 '딥 클렌징deep cleansing'용 정규 표현식 스크립트를 굳이 안 써도 될 것 같다.

소문자로만 돼 있고, 정규화돼 있으며, 사전에서 확인 가능한 용어들로 구성된 데이터셋이 제공된다. 이제 이 데이터를 이용해 만들어야 하는 피처가 무엇인지 진지하게 생각해보자.

데이터에서 서비스에 방해가 되는 요소를 추적하는 기본적인 방법은 트윗 속에 지연에 관련된 용어가 사용됐는지를 보는 것이다. 보통 다음과 같은 상황에서 지연이 발생한다.

- 지연 당시의 위치Location
- 지연 당시 시간time
- 지연 발생 원인
- 지연 지속시간

맨 뒤의 '지연 지속시간'을 제외한 나머지 3개는 트랜스링크 트윗에서 꾸준히 추적할 수 있다. 그러나 데이터 퀄리티가 실제로 파악할 만한 가치가 있는지는 고민할 필요가 있다.

위치Location는 보통 도로명이나 정류장 이름(예를 들면 22번가 정류장)을 참고한다. 이럴 경우 분석 목적에 완벽하게 맞지는 않는다. 따라서 도로명과 노선 경로의 시작 지점/끝 지점을 (추가 작업 없이) 지연이 발생한 지역으로 바꾸기가 쉽지 않다. 또 이 정보를 기반으로 특정 영역을 그릴 수 있게 해주는 편의를 제공하는 마땅한 툴도 없다.

시간Time은 트윗에 기록된 날짜/시간으로는 부족하다. 트윗이 통근 서비스 지연에 대해 일관성 있는 시간 기준으로 생성됐는지 여부는 겉으로 드러나지 않는 반면, 트랜스링크는 특성 대상에 대해 서비스 공지가 나타나는 경향이 있다. 따라서 트윗 생성 시각이 충분히 정확하다는 가정하에서 작업을 진행하는 것이 합리적일 것 같다.

한 가지 예외로 생각할 점은 지속시간이 긴 이슈나 문제에 대해서는 (처음에는 통근 서비스 지연이 그리 크지 않을 것으로 예상했으나 의외로 심각해진 경우처럼) 심각한 정도가 달라질 가능성이 있다는 것이다. 이런 경우 트랜스링크 팀이 이 문제를 트윗으로 퍼뜨릴 만한 가치가 있다고 깨닫는 시간만큼 트위터상에서 (트윗 전파의) 지연이 발생할 수 있다. 데이터 퀄리티에 관련된 또 다른 문제는 트랜스링크의 내부 의사소통 과정에서 일관성을 잃어버릴 수 있다는 점이다. 엔지니어링 팀 또는 플랫폼 팀 등이 고객의 서비스 공지를 항상 동시에 알린다는 보장이 없기 때문이다(시간차로 인한 불일치 등이 발생할 수 있다).

실시간의 정확한 트랜스링크 서비스 지연 데이터셋 없이 이러한 서비스 지연 결과를 측정할 수 있을 만큼 상당히 많은 양의 데이터가 없기 때문에 어떤 규모에 대해 믿음을 지니고 있어야 한다(사실 데이터가 충분히 많으면 당연히 그 데이터를 사용할 것이다!).

스카이트레인 서비스가 지연을 일으키는 원인은 트랜스링크를 통해 설명이 가능하며, 대략 다음 항목들 중 하나에 해당된다.

- 레일
- 트레인
- 스위치
- 제어장치(컨트롤)
- 알려지지 않은 객체Unknown
- 침입intrusion

- 의료^{Medical}
- 경찰
- 힘, 동력^{Power}

각 카테고리별로 앞의 목록 중 해당하는 적절한 용어를 사용해 트윗 본문이 작성된다. 이들 중 (경찰, 힘/동력, 의료 같은) 일부는 도로 상황에 대해 유용한 정보로 보기엔 관련도가 낮은 편이다. 철도, 트랙, 스위치 고장 같은 것들이 우회 가능성과 훨씬 더 연관성이 높다. 이는 분류를 위해 각 케이스를 유지하려고 할 수도 있음을 의미한다.

한편 버스 서비스는 유사한 코드셋을 갖고 있다. 대부분이 이 모델의 목적과 관련이 있다. 코드는 다음과 같다.

- **차량 사고**^{MVA, Motor Vehicle Accident}
- 공사 작업^{Construction}
- 화재^{Fire}
- 수도관^{Watermain}
- 교통^{Traffic}

이러한 사건 유형을 인코딩하면 꽤 유용할 것 같다! 특히 특정 서비스의 지연 유형이 다른 서비스의 지연 유형보다 영향을 미칠 수 있으므로, 이로 인해 서비스 지연 시간이 길어질 수 있다. 서비스 지연 유형을 인코딩하고 후속 모델링에서 파라미터로 이용한다.

이를 위해 다음 사항을 수행할 수 있게 원핫 인코딩을 적용해보자.

- 각 서비스 위험 유형에 대한 조건부 변수를 만들고 모든 값을 0으로 설정한다.
- 각 서비스 위험 유형 용어에 대해 트윗 내용을 확인한다.

- 특정 위험 요소가 포함된 각 트윗에 대해 관련 조건부 변수를 1로 설정한다.

이렇게 하면 일반적으로 처리할 위험 요소 변수를 생성하는 번거로운 중간 단계를 거치지 않으면서도 원핫 인코딩을 효과적으로 수행할 수 있다.

```
from sklearn import preprocessing

enc = preprocessing.OneHotEncoder(categorical_features='all', dtype=
    'float', handle_unknown='error', n_values='auto', sparse=True)

tweets.delayencode = enc.transform(tweets.delaytype).toarray()
```

사건/사고별로 피처를 사용할 수 있는 것 외에도 서비스 중단 위험과 중단 빈도 간의 관계도 명확하게 파악할 수 있다. 생각해보자. 일주일에 2번의 통근 서비스 방해 상황을 경험한다면 3번째 상황이 일어날 확률이 높을까, 아니면 낮을까?

이러한 식의 질문은 꽤 흥미롭고, 잠재적으로는 유익하다. 하지만 일반적으로 첫 번째 단계에서는 제한된 피처 세트와 간단한 모델을 만드는 데 더 신중하게 된다. 제한된 피처 세트를 갖고 작업을 바로 하기보다는 말이다. 따라서 초기에 사건/사고 발생률에 대한 피처를 갖고 실행한 다음, 어떻게 결론이 나는지를 보려고 한다.

소비자의 코멘트

2010년 문화적 측면에서 큰 발전이 있었다면 자기 표현을 위한 공공 온라인 도메인이 폭넓게 사용된 것이라 하겠다. 이와 관련해 더 좋은 결과라면 다양한 주제에 대해 자체적으로 리포트한 다양한 정보를 사용할 수 있다는 것이다.

통근 지연이 일어날 경우 이로 인해 주로 개인 수준의 반응이 발생한다. 이는 소셜 미디어에서 폭넓게 보고되는 경향이 있다. 주요 용어 검색에 필요한 적절한 사전을 만들면 트위터를, 특히 도시 주변의 교통 및 대중교통 문제에 대한 시간 정보를 자체적으로 활용할 수 있다.

이러한 데이터를 수집하기 위해 딕셔너리 기반의 검색 기법을 이용해보자. 문제로 주어진 기간 동안의 트윗 대부분은 별로 관심 대상이 아니다(Restful API를 이용할 때 고려해야 할 리턴 결과에 대한 제약 사항이 있다). 대신 정체congestion 또는 지연delay과 관련된 주요 용어가 포함된 트윗 데이터를 식별하는 데 중점을 둔다.

안타깝게도 여러 사용자를 대상으로 수집한 트윗 데이터의 형식은 분석 작업에 쓸 수 있게 딱 맞지 않을 수도 있다. 앞에서 개발한 기술 중 일부를 적용해서 이 데이터를 좀 더 쉽게 분석할 수 있게 분류해야 한다.

딕셔너리 기반 검색 기법을 사용하는 것 외에도 검색 범위를 줄이기 위한 몇 가지 작업을 수행할 수 있다. 이와 관련해 가장 좋은 방법 중 하나는 Twitter API에 대한 입력 인자로 바운딩 박스bounding box를 이용해 관련 검색어가 이 지역에서 수집된 결과만 리턴하게 하는 것이다.

항상 그렇듯이 첫 단계는 단순하게 시작한다. 현재 기간의 트래픽 방해와 관련된 트윗의 수를 계산한다. 이어서 이 데이터를 사용해 이익을 얻을 수 있는 몇 가지 추가 작업이 있다. 트랜스링크 데이터에서 명확하게 정의된 통근 지연 원인 카테고리가 포함돼 있는 것처럼 특수 용어 딕셔너리를 이용해 주요 용어들(예를 들면 건설 관련 용어 및 동의어 사전 등)을 기반으로 통근 지연 유형을 따로 구분할 수 있다.

또한 단순히 최근 횟수를 계산하는 것보다 통근 지연과 관련한 트윗 비율의 미묘한 정량화된 측정 기준을 정의할 수 있다. 예를 들어 비선형 가중치를 통해 (잠재적으로 심각한 지연이 일어날 수 있음을 나타내는) 동시에 발생한 여러 트윗의 영향도를 높이게 가중치를 적용한 카운팅 피처를 생성할 수도 있다.

Bing Traffic API

다음으로 Bing Traffic API를 다뤄보자. 이 API는 일단 액세스가 쉽다는 장점이 있다. (일부 경쟁사의 API는 유료로 사용할 수 있는 반면) 자유롭게 사용 가능하다. 또한 상세 수준의 세부 정보와 데이터를 리턴해준다. 이들 중 API가 주로 리턴하는 것으로는 사고 위치 코드, 사고 정보, 혼잡 정보, 사고 타입 코드, 시작/종료 시간 등이 있다.

다행히도 사고 유형 코드는 다음과 같이 각 사고 유형을 설명하는 API를 통해 제공된다.

1. Accident
2. Congestion
3. DisabledVehicle
4. MassTransit
5. Miscellaneous
6. OtherNews
7. PlannedEvent
8. RoadHazard
9. Construction
10. Alert
11. Weather

추가로 심각한 정도를 나타내는 코드는 다음과 같은 값으로 제공한다.

1. LowImpact
2. Minor
3. Moderate
4. Serious

그러나 이 API는 여러 지역을 대상으로 했을 때 수집한 정보가 일관성을 갖지 못한다는 단점이 있다. 예를 들어 프랑스에서 쿼리를 하면 여러 가지 다른 사건/사고 유형의 코드를 결과로 리턴하지만(프랑스 북부의 도시에 대해 1개월 기간을 설정해서 쿼리했을 때 결과는 1, 3, 5, 8번의 유형을 받을 수 있었다), 모든 코드가 표시되지는 않았다. 다른 곳에서 사용할 수 있는 데이터는 이보다 훨씬 적다. 안타깝게도 밴쿠버는 5번 또는 9번 코드에 대한 데이터만 표시하는 경향이 있는데, 다른 코드화된 사건들조차도 건설 관련된(즉 9번 코드에 관련된) 사건이라고 표시하는 문제가 있다.

Closed between Victoria Dr and Commercial Dr - Closed. Construction
work. 5

이는 다소 번거로운 작업을 요구하는 제약 사항이라고 하겠다. 안타깝게도 이건 쉽게 해결할 수 있는 사항이 아니다. Bing의 API는 단순히 원하는 모든 데이터를 제공하지 않기 때문이다! 좀 더 완벽한 데이터셋(또는 해당 지역에서 더 완벽한 데이터를 확보할 수 있는 API)을 얻기 위해 어떤 비용을 들이지 않을 경우 계속해서 작업을 해야만 한다.

이 API에 대한 쿼리 예제는 다음과 같다.

```
importurllib.request, urllib.error, urllib.parse
import json

latN = str(49.310911)
latS = str(49.201444)
lonW = str(-123.225544)
lonE = str(-122.903931)

url = 'http://dev.virtualearth.net/REST/v1/Traffic/Incidents/'
      +latS+','+lonW+','+latN+','+lonE+'?
```

```
     key='GETYOUROWNKEYPLEASE'

response = urllib.request.urlopen(url).read()
data = json.loads(response.decode('utf8'))
resources = data['resourceSets'][0]['resources']

print('----------------------------------------------------')
print('PRETTIFIED RESULTS')
print('----------------------------------------------------')
for resourceItem in resources:
    description = resourceItem['description']
typeof = resourceItem['type']
    start = resourceItem['start']
    end = resourceItem['end']
print('description:', description);
print('type:', typeof);
print('starttime:', start);
print('endtime:', end);
print('----------------------------------------------------')
```

This example yields the following data;

```
----------------------------------------------------
PRETTIFIED RESULTS
----------------------------------------------------
description: Closed between Boundary Rd and PierviewCres - Closed due
to roadwork.

type: 9
severity 4
starttime: /Date(1458331200000)/
endtime: /Date(1466283600000)/
----------------------------------------------------
description: Closed between Commercial Dr and Victoria Dr - Closed due
to roadwork.
type: 9
```

```
severity 4
starttime: /Date(1458327600000)/
endtime: /Date(1483218000000)/
-------------------------------------------------------
description: Closed between Victoria Dr and Commercial Dr - Closed.
Construction work.
type: 5
severity 4
starttime: /Date(1461780543000)/
endtime: /Date(1481875140000)/
-------------------------------------------------------
description: At Thurlow St - Roadwork.
type: 9
severity 3
starttime: /Date(1461780537000)/
endtime: /Date(1504112400000)/
-------------------------------------------------------
```

서로 다른 지리적 영역에 걸쳐 동일하지 않은 코드의 가용성에 대한 단점을 확인했더라도 이 API를 통해 확보한 데이터에서 어떤 가치를 얻어내야 한다. 교통 혼잡 사건/사고의 부분적인 그림을 통해 나름 추론 가능한 기간 동안의 데이터를 얻을 수 있다. 자체적으로 정의한 영역에서 발생한 교통사고를 현지 성격에 맞게 조정하고, 현재 날짜와 관련된 데이터를 리턴하는 기능을 통해 모델의 성능을 향상시킬 수 있다.

피처 엔지니어링 기술을 이용한 변수 도출 및 선택

입력 데이터에 대한 첫 번째 단계에서 초기의 피처 세트를 작게 유지하도록 반복적으로 선택하는 작업을 했다. 데이터에서 많은 기회를 봤지만, 이러한 기회를 이용하기보다는 초기 결과를 더 우선시했다.

그러나 첫 번째 데이터셋이 문제를 효과적으로 해결하거나 대상을 다루는 데별 도움이 안 된 것 같다. 이 경우 새로운 피처를 생성하고 새로운 피처 세트를모색해서 피처 생성 프로세스의 주요 출력 결과의 크기를 줄일 수 있도록 반복작업이 필요하다.

이와 관련해 유용한 방법으로 원핫 인코딩과 RFE가 있다. 7장에서는 원핫 인코딩을 이용해 데이터와 트윗 딕셔너리를 $m×n$ 크기의 텐서로 변환한다. 데이터에서 m개의 새로운 칼럼을 생성해서 일부 새로운 피처로 인해 엉뚱한 모델 결과가나오지 않게 한다(예를 들면 여러 개의 피처가 동일한 신호를 강화하거나 오해의 소지를 높이는 경우도 있다. 그러나 공통적으로 사용되는 용어는 6장에서 설명한 데이터 정제프로세스를 통해 정제되지 않는다). 이는 7장의 앞부분에서 설명한 피처 셀렉션 기술인 RFE를 사용하면 효과적으로 해결할 수 있다.

일반적으로 (앞에서 설명한) 확장 계약 프로세스expand-contract process를 사용하는 기술을 적용한 방법론을 사용하면 작업이 훨씬 수월할 수 있다. 첫째, 변환 및 인코딩처럼 잠재적으로 중요한 새 피처를 생성해 피처 세트를 확장할 수 있는 기술을사용한다. 그런 다음 성능이 가장 안 좋은 피처를 제거하기 위해 해당 피처의가장 중요한 서브셋을 식별할 수 있는 기술을 사용한다. 이 프로세스 전반에걸쳐 다른 대상 피처를 테스트해 서로 다른 수의 피처에서 사용 가능한 가장좋은 피처 세트를 식별해낸다.

일부 데이터 과학자들은 어떻게 이것을 다른 것들과 다르게 만들었는지를 파악한다. 일부는 앞에서 설명한 피처 생성 기술에 대해서 반복 수행을 통해 모든피처를 만든 다음, 해당 피처 세트의 크기를 줄여나가는 식이다. 즉, 이러한 워크플로우를 통해 데이터 손실의 위험을 최소화할 수 있다는 것이다. 나머지에 대해서는 전체 프로세스를 반복 수행한다. 어떻게 할지 여부는 전적으로 각자의 판단에 달려 있다!

입력 데이터에 대한 초기 단계에서 다음과 같은 피처셋을 다룬다.

```
{
    'DisruptionInformation': {
        'Date': '15-05-2015',
        'TranslinkTwitter': [{
            'Service': '0',
            'DisruptionIncidentCount': '4'
        }, {
            'Service': '1',
            'DisruptionIncidentCount': '0'
        }]
    },
    'BingTrafficAPI': {
        'NewIncidentCount': '1',
        'SevereIncidentCount': '1',
        'IncidentCount': '3'
    },
    'ConsumerTwitter': {
        'DisruptionTweetCount': '4'
    }
}
```

왠지 이 데이터셋이 잘 수행될 것 같지가 않다. 앞에서 했던 것처럼 기본 알고리즘을 실행시키고 목표에 얼마나 가까운 결과를 내는지를 확인해서 일반적인 아이디어를 얻어 보기로 하자. 이렇게 하면 빠른 속도로, 또한 최소한의 오버헤드를 들여 해결 방안을 얻을 수 있을 것이다!

편의상 아주 간단한 회귀 알고리즘을 이용해 첫 번째 단계를 실행시켜보자. 기술이 간단할수록 더 빨리 실행시킬 수 있다(종종 어디가 잘못됐는지, 그 이유가 무엇인지도 투명하게 알 수 있다). 이러한 이유로 (그리고 이 문제는 (분류 문제가 아니라)

278

연속적인 출력 결과를 만들어내는 회귀 문제이므로) 첫 번째 단계에서 간단한 선형 회귀 모델을 이용해 작업한다.

```python
from sklearn import linear_model

tweets_X_train = tweets_X[:-20]
tweets_X_test = tweets_X[-20:]

tweets_y_train = tweets.target[:-20]
tweets_y_test = tweets.target[-20:]

regr = linear_model.LinearRegression()

regr.fit(tweets_X_train, tweets_y_train)

print('Coefficients: \n', regr.coef_)
print("Residual sum of squares: %.2f" % np.mean((regr.
predict(tweets_X_test) - tweets_y_test) ** 2))

print('Variance score: %.2f' % regr.score(tweets_X_test, tweets_y_
    test))

plt.scatter(tweets_X_test, tweets_y_test, color='black')
plt.plot(tweets_X_test, regr.predict(tweets_X_test),
color='blue',linewidth=3)

plt.xticks(())
plt.yticks(())

plt.show()
```

여기서 AUC 스코어는 대단히 안 좋다. 모델의 AUC 결과는 0.495 정도로 나온다. 실제로 목표로 했던 것보다 훨씬 더 나쁘다. 혼동 행렬을 이용해서 이 모델의 어디가 잘못됐는지 알아보자.

		예측	
		참	거짓
실제 결과	참	1	9
	거짓	18	136

이 혼동 행렬을 보면 모든 결과가 별로 좋지 않다. 사실 거의 모든 기록이 실제 통근 지연의 90%가 누락될 정도로 아무런 사건/사고도 나타나지 않는다고 말하고 있다!

모델, 피처, 입력 데이터의 불확실한 효용성 등을 고려했을 때 초기 단계에서 이 정도의 결과는 사실 나쁜 수준은 아니다. 동시에 사건/사고 발생률을 6%로 예상하고 있다(학습 데이터를 보면 매 차례 16번 통근 때마다 한 번식 사건/사고가 발생하는 것으로 나왔으므로). 결국 여전히 매일 통근 과정에서 지연 상황이 일어날 것이라고 예상하는 것이 나을 것이다(매일 집에서 일찍 출발하는 생활 방식에 대한 페널티를 무시한다면 말이다).

다음 과정에서 어떤 것을 바꿀 수 있는지 생각해보자.

1. 입력 데이터를 더 향상시킬 수 있다. 다양한 변형 기술을 사용해 기존 소스에서 만들 수 있는 많은 새로운 피처를 확인했다.
2. 둘째, 추가 정보를 사용해 데이터셋을 확장시킬 수 있다. 특히 온도와 습도를 나타내는 날씨 데이터셋은 모델 개선에 큰 도움이 될 것 같다.
3. 끝으로 알고리즘을 좀 더 강력한 기술인 랜덤 포레스트나 SVM 같은 것을 통해 업그레이드시킬 수 있다. 아직까지 이렇게 하지 않은 이유가 있다. 일단 선형 회귀를 통해 많은 것을 배울 수 있기 때문이다. 앞의 결과와 비교해서 변경했을 때 얼마나 많은 가치가 더해지는지 파악할 수 있다. 빠른 반복 루프[loop] 작업과 단순한 스코어링 기법을 유지하면서

도 말이다. 피처 준비 과정에서 최소한의 결과를 얻으려면 모델을 업그레이드할 필요가 있다.

지금부터는 데이터셋을 계속 업그레이드할 것이다. 이를 위한 여러 가지 옵션이 있다. 위치 정보를 Bing API의 '설명description' 필드에서 발생한 사건/사고 데이터와 트랜스링크의 트윗에 모두 인코딩할 수 있다. 트랜스링크의 경우 스카이트레인 노선보다 버스 노선에 더 유용할 수 있다(분석의 범위를 교통 통근에만 초점을 맞춰 제한을 뒀다).

다음 두 가지 방법 중 하나를 이용할 수 있다.

- 도로명/위치 관련 코퍼스를 이용해 입력 데이터를 파싱하고 원핫 행렬을 구축할 수 있다.
- 단순하게 트윗 전체 본문과 API 데이터의 전체 세트를 대상으로 원핫 인코딩을 실행한다.

흥미로운 점은 원핫 인코딩을 수행한 다음 차원 축소화 기술을 사용하려고 할 경우 큰 문제없이 2가지 텍스트 정보의 정보 전체를 인코딩할 수 있다는 것이다. 트윗과 텍스트에 사용된 다른 단어와 관련이 있는 피처들이 관련이 없다면 RFE 처리 과정에서 간단하게 제거된다.

이는 약간의 자유방임적 접근 방식이지만, 미묘한 장점이 있다. 즉, 잠재적으로 유용한 기능이 있다. 이제까지 잠재적인 피처라고 간과해왔던 데이터 소스에 잠재적으로 유용한 콘텐츠가 있을 경우 이 프로세스는 해당 정보를 기반으로 피처를 만드는 추가 장점을 제공한다.

통근 지연 상황에 관련된 유형을 인코딩했던 것과 같은 방식으로 위치에 대해서도 인코딩해보자.

```
from sklearn import preprocessing

enc = preprocessing.OneHotEncoder(categorical_features='all', dtype=
    'float', handle_unknown='error', n_values='auto', sparse=True)

tweets.delayencode = enc.transform(tweets.location).toarray()
```

또한 트랜스링크와 Bing의 사건/사고 기록을 매핑해서 얻게 한 최근 카운트 변수를 생성한 의도에 맞춰 후속 조치가 있어야 한다. 이 집계 결과를 위한 코드는 7장에서 함께 제공하는 깃허브 저장소를 확인한다.

이렇게 업데이트된 데이터로 모델을 재실행하면 결과가 약간 나아진다. 예상 편차/분산 스코어는 0.56으로 나왔다. 놀라울 만큼은 아니지만, 제대로 잘 가고 있다고 할 수 있다.

다음으로 두 번째 옵션인 날씨 데이터를 제공하는 새로운 데이터 소스를 추가하는 방법을 알아보자.

Yahoo weather API

앞에서 출퇴근에 방해가 일어났는지 여부를 알 수 있는 데이터, 즉 기존 지연을 확인하는 반응 데이터 소스를 파악했다. 지연과 혼잡의 원인과 관련된 데이터를 찾기 위해 좀 더 작업을 변경해보려고 한다. Roadworks와 construction 정보는 다른 Bing Traffic API 코드와 함께 이 카테고리에 속한다.

통근 시간이 길어지는 것과 관련된 요소 중 하나로 악천후를 생각할 수 있다. 때때로 이는 상당히 명백하다. 엄청난 서리 또는 강한 바람 등은 통근 시간에 확실히 영향을 미친다. 그러나 다른 많은 경우에 있어 통근 시간이 주어졌을 때 기후 요인과 방해 가능성 사이의 관련 강도와 속성이 무엇인지 명확하지가 않다.

충분히 세분화된, 그리고 지리적인 범위가 포함된 데이터 소스에서 적절한 기상 데이터를 추출해서 제대로 된 기상 신호를 사용해 올바른 혼란 예측을 개선하는 데 도움이 될 수 있다.

이 문제를 해결하기 위해 현재와 미래의 기후, 기압, 압력 등 기후 데이터의 범위를 제공하는 Yahoo Weather API를 사용한다. 다음과 같이 키 또는 로그인 프로세스 없이 Yahoo Weather API를 통해 쿼리할 수 있다.

```
import urllib2, urllib, json

baseurl = https://query.yahooapis.com/v1/public/yql?

yql_query = "select item.condition from weather.forecast where
    woeid=9807"
yql_url = baseurl + urllib.urlencode({'q':yql_query}) + "&format=json"
result = urllib2.urlopen(yql_url).read()
data = json.loads(result)
print data['query']['results']
```

API가 무엇을 제공할 수 있는지 알아보기 위해 item.condition을 *로 대체한다 (기본으로 SQL 쿼리에 내장돼 있다). 이 쿼리를 실행시키면 많은 정보가 결과로 나타나지만, 현재 상황을 포함해 중요한 정보를 보여준다.

```
{
   'channel': {
      'item': {
         'condition': {
            'date': 'Thu, 14 May 2015 03:00 AM PDT', 'text': 'Cloudy',
            'code': '26', 'temp': '46'
         }
      }
```

```
    }
  }
```

다음 정보는 7일 예보와 관련된 것이다.

```
{
  'item': {
    'forecast': {
      'code': '39', 'text': 'Scattered Showers', 'high': '60',
      'low': '44', 'date': '16 May 2015', 'day': 'Sat'
    }
  }
}
```

그리고 다른 현재 날씨 정보는 다음과 같다.

```
'astronomy': {
  'sunset': '8:30 pm', 'sunrise': '5:36 am'

  'wind': {
    'direction': '270', 'speed': '4', 'chill': '46'
```

학습용 데이터를 만들기 위해 2015년 5월부터 2016년 1월까지 자동 스크립트를
실행시켜서 매일 데이터를 추출해냈다. 예측 작업은 별로 좋지 않을 수 있다.
모델이 예측에 의존하는 게 아니라 일일 기준으로 현재 데이터를 재실행할 가능
성이 높기 때문이다. 하지만 wind.direction, wind.speed, wind.chill 변수, 그리
고 condition.temperature, condition.text 변수도 사용할 것이다.

이 정보를 어떻게 처리할지에 관해 한 가지 좋은 옵션이 있다. 날씨 태그를 원핫
인코딩One-hot encoding하면 6장과 마찬가지로 기상 조건 정보를 범주형 변수로 사용

할 수 있다. 이는 마치 수행해야 하는 필수 단계와 같다. 이로 인해 피처 세트가 상당히 커지게 되며, 결과적으로 다음과 같은 데이터가 남는다.

```
{
    'DisruptionInformation': {
        'Date': '15-05-2015',
        'TranslinkTwitter': [{
            'Service': '0',
            'DisruptionIncidentCount': '4'
        }, {
            'Service': '1',
            'DisruptionIncidentCount': '0'
        }]
    },
    'BingTrafficAPI': {
        'NewIncidentCount': '1',
        'SevereIncidentCount': '1',
        'IncidentCount': '3'
    },
    'ConsumerTwitter': {
        'DisruptionTweetCount': '4'
    },
    'YahooWeather':{
        'temp: '45'
        'tornado': '0',
        'tropical storm': '0',
        'hurricane': '0',
        'severe thunderstorms': '0',
        'thunderstorms': '0',
        'mixed rain and snow': '0',
        'mixed rain and sleet': '0',
        'mixed snow and sleet': '0',
'freezing drizzle': '0',
'drizzle': '0',
```

```
'freezing rain': '0',
'showers': '0',
'snow flurries': '0',
'light snow showers': '0',
'blowing snow': '0',
'snow': '0',
'hail': '0',
'sleet': '0',
'dust': '0',
'foggy': '0',
'haze': '0',
'smoky': '0',
'blustery': '0',
'windy': '0',
'cold': '0',
'cloudy': '1',
'mostly cloudy (night)': '0',
'mostly cloudy (day)': '0',
'partly cloudy (night)': '0',
'partly cloudy (day)': '0',
'clear (night)': '0',
'sunny': '0',
'fair (night)': '0',
'fair (day)': '0',
'mixed rain and hail': '0',
'hot': '0',
'isolated thunderstorms': '0',
'scattered thunderstorms': '0',
'scattered showers': '0',
'heavy snow': '0',
'scattered snow showers': '0',
'partly cloudy': '0',
'thundershowers': '0',
'snow showers': '0',
'isolated thundershowers': '0',
```

```
    'not available': '0',
}
```

Yahoo weather API에서 제공하는 날씨 데이터를 더욱 풍부하게 하기 위해 많은 시간이 소요될 가능성이 매우 높다. 첫 단계에서는 언제나처럼 앞에서 설명한 피처를 사용하는 모델을 만드는 데 집중한다.

 이 데이터로 어떻게 더 작업할 것인지 잘 생각해볼 필요가 있다. 이 경우 교차 열(cross-column) 데이터 변환과 교차 행(cross-row) 변환을 구별하는 것은 매우 중요하다.

교차 열 변환은 동일한 입력 케이스에 있는 다른 피처로부터 나온 변수들을 다른 변수들을 기반으로 변환한 것이다. 예를 들어 어떤 케이스의 시작 날짜와 끝 날짜를 받아서 지속시간을 계산하는 데 사용할 수 있다. 흥미로운 점은 이 책에서 공부한 기술 대부분은 이러한 변환 작업에서 많은 것을 얻지 못한다는 것이다. 비선형 결정 범위를 생성해낼 수 있는 대부분의 머신 러닝 기술은 데이터셋의 모델링에서 변수들 간의 상관관계를 인코딩하는 경향이 있다. 딥러닝 기술은 종종 이 기능을 한 단계 더 발전시킨다. 이는 일부 피처 엔지니어링 기술(특히 기본 변형 기술)이 딥러닝 애플리케이션에 대한 더 작은 값을 추가하는 이유다.

한편 교차 행 변환은 보통 집계 작업이라고 할 수 있다. 예를 들어 마지막 n-many 지속시간 값이 중앙으로 집중되는 경향(central tendency)은 여러 행에 대한 연산을 통해 파생될 수 있는 피처다. 당연히 일부 피처는 열 기준(column-wise) 또는 행 기준(row-wise) 연산의 조합을 통해 도출될 수 있다. 교차 행 변환에서 흥미로운 점은 대개 일반적으로 모델이 모델을 인식하게 학습할 가능성이 거의 없기 때문에 매우 특정한 상황에서 값을 계속 추가할 가능성이 있다는 것이다.

이러한 정보가 관련성이 있는 이유는 최근 기상이 교차 행 변환 작업에서 파생된 피처가 모델에 새로운 정보를 추가할 수 있기 때문이다. 마지막 시간 동안 기압 또는 기온의 변화는 현재의 압력이나 온도보다 유용한 변수일 수 있다(이를테면 현재 구현 중인 모델이 통근 시간이 같은 날 나중에 일어날 것이라고 예측하는 경우를 생각해보라!).

다음 단계로 모델을 재실행한다. 그러면 AUC 스코어를 보면 0.534로 조금 높아질 것이다. 혼동 행렬로 봐도 향상 정도를 확인할 수 있을 것이다.

		예측	
		참	거짓
실제 결과	참	3	7
	거짓	22	132

문제점이 기상 요인과 관련돼 있으면 기상 데이터를 계속 수집하는 것이 좋은 해결 방안일 수 있다. 이 방법을 장시간 실행하게 설정하면 각 소스에서 세로 방향의 입력을 수집해 점차 더 안정적인 예측 결과를 제공할 수 있다.

이제 MVP 목표에서 그리 멀지 않은 위치까지 왔다. 입력 데이터셋을 계속 확장할 수 있지만, 현명한 솔루션은 문제에 접근하는 다른 방법을 찾는 것이다. 의미 있게 할 수 있는 방안이 2가지 있다.

 인간이기 때문에 데이터 과학자는 가정을 단순화하는 쪽으로 생각하는 경향이 있다. 이러한 작업 중 하나는 비용 대비 효과 분석 결정에 기본적으로 파레토 (Pareto) 원리를 적용하는 것이다. 기본적으로 파레토 원리는 많은 사건에서 약 80%의 값 또는 결과가 파레토 분포라는 확률 분포를 따르거나 입력 값의 20%에서 비롯된 것이라고 본다. 이 개념은 효율성을 향상시킬 수 있기 때문에 여러 분야 중 소프트웨어 엔지니어링 관점에서 매우 많이 사용된다.

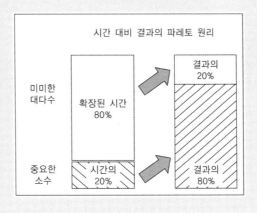

이 이론을 현재의 경우에 적용하기 위해 피처 엔지니어링을 더 정교하게 하는 데 더 많은 시간을 할애해야 한다는 것을 알고 있다. 현재까지 적용하지 않은 기술과 생성할 수 있는 다른 피처가 있다. 그러나 동시에 아직 다루지 않은 전체 영역, 즉 외부 데이터 검색 및 모델 변경, 특히 빠르게 시도할 수 있는 영역이 있음을 알고 있다. 다음 데이터베이스에서 이렇게 저렴하지만 잠재적으로 영향을 미칠 수 있는 옵션을 찾아내 추가 데이터셋 준비 작업을 시작하는 것이 좋다.

탐색적 분석 기법 과정에서 변수가 상당히 드물다는 점을 느꼈을 것이다. 이게 모두 도움이 될지는 사실 명확하지 않다(주어진 유형에 해당하는 사고 발생이 적은 스테이션station의 경우 특히 그렇다).

6장에서 다뤘던 기술을 몇 개 사용해 변수를 테스트해보자. 특히 우월성을 보이는 서브셋에 대한 피처 세트를 줄이는 문제를 해결하는 데 라쏘를 적용해보자.

```
fromsklearn.preprocessing import StandardScaler

scaler = StandardScaler()
X = scaler.fit_transform(DisruptionInformation["data"])
Y = DisruptionInformation["target"]
names = DisruptionInformation["feature_names"]

lasso = Lasso(alpha=.3)
lasso.fit(X, Y)

print "Lasso model: ", pretty_print_linear(lasso.coef_, names, sort =
    True)
```

이 결과는 바로 효과를 볼 수 있을 만큼 가치가 있어 보인다. (충분히 자주 나타나지 않았거나 필요할 때 사용할 수 있는게 없다고 알려주는 등의) 많은 날씨 관련 피처는 모델에 아무것도 추가하지 않으며, 따라서 당연히 제거돼야 한다. 또한 트래픽 집계에서 많은 값을 얻지 못하고 있다. 이것들이 특정 시점에 남아 있을 수 있지만(더 많은 데이터를 수집하면 유용한 정도가 향상될 것이긴 하다), 다음 단계에서는 라쏘를 사용해 얻은 스코어가 낮은 피처들을 제외하고 모델을 다시 실행시킬 것이다.

여기서 해야 할 상당히 비용 효율적인 추가 변경 사항이 있다. 비선형적으로 데이터에 맞춰가는 방식으로 모델을 업그레이드해야 하므로, 모든 피처를 대략적으로 조정하는 것이 가능하다. 이는 일부 피처가 비선형 기본 추세를 나타내는 한쪽으로 치우친 확률 분포를 보여주기 때문에 상당히 중요하게 다룰 필요가 있다. 이 데이터셋에 랜덤 포레스트 알고리즘을 적용해보자.

```python
fromsklearn.ensemble import RandomForestClassifier,
ExtraTreesClassifier
rf = RandomForestRegressor(n_jobs = 3, verbose = 3, n_estimators=20)
rf.fit(DisruptionInformation_train.targets,DisruptionInformation_
        train.data)

r2 = r2_score(DisruptionInformation.data, rf.predict(
        DisruptionInformation.targets))
mse = np.mean((DisruptionInformation.data - rf.predict(
        DisruptionInformation.targets))**2)

pl.scatter(DisruptionInformation.data, rf.predict(
        DisruptionInformation.targets))
pl.plot(np.arange(8, 15), np.arange(8, 15), label="r^2=" + str(r2),
        c="r")
pl.legend(loc="lower right")
pl.title("RandomForest Regression with scikit-learn")
pl.show()
```

혼동 행렬을 이용해 다시 결과를 정리해보자.

		예측	
		참	거짓
실제 결과	참	4	6
	거짓	15	134

자, 상당히 잘 진행되고 있다. 지금까지 만든 모델의 간단한 업그레이드를 통해 출퇴근 지연 사고의 40% 가량을 식별할 수 있게 됐다(이젠 제법 쓸 만하다고 말할 수 있겠다!). 일부 케이스에 대해 아직 잘못 분류한 결과를 내긴 하지만 말이다.

하지만 대단히 안타깝게도 이 모델은 잘못된 결과가 더 많다. 물론 거짓으로 (더 일찍) 출발 시간을 알려주는 것보다 출근 지연을 더 많이 예측한다면 금상첨화이겠지만 말이다! 일정 기간 동안 피처 데이터를 계속 수집한다면 목표로 한 결과를 얻을 수 있을 것이라고 기대할 수 있겠다. 이 모델의 가장 큰 약점은 출퇴근을 방해하는 사건이 드물다는 점을 감안했을 때 샘플링 사례가 거의 없다는 것이다.

그러나 서로 다른 소스의 다양한 데이터를 수집하고 결집시켰다. 이를 통해 눈에 잘 띄는 실질적인 이점을 제공하는 장점을 지닌, 무료로 사용 가능한 데이터를 이용해 모델을 만들 수 있었다(예정 시간보다 늦는 경우를 40%나 줄이는 시킬 정도로). 이건 정말 대단한 성과라고 할 수 있다!

▌참고 문헌

피처 셀렉션에 대해 궁금하다면 안도 사바스[Ando Sabaas]의 자료를 추천한다. 4부에 걸쳐 피처 셀렉션 기법을 자세히 소개하고 있으며, 파이썬 코드도 함께 제공하고 있다.

http://blog.datadive.net/selecting-good-features-part-i-univariate-selection/

6장과 7장에서 다룬 피처 셀렉션과 피처 엔지니어링에 대한 더 자세한 정보를 원한다면 알렉상드르 부하르드-꼬떼^{Alexandre Bourhard-Côté}의 슬라이드 자료를 참고하기 바란다.

http://people.eecs.berkeley.edu/~jordan/courses/294-fall09/lectures/feature/slides.pdf

또한 제프 하우버트^{Jeff Howbert}의 슬라이드 자료도 참고하기 바란다.

http:// courses.washington.edu/css490/2012.Winter/lecture_slides/05a_feature_creation_selection.pdf

피처 생성에 관한 전반적인 학습이 부족했다. 특히 차원 축소화 기술 내지는 (특정 도메인에서 요구하는) 피처 생성 기술 등에 대해서는 많은 자료를 참고할 필요가 있다. 가능한 한 변환 범위를 좀 더 일반적으로 이해하는 데 코드 문서를 읽어 보기 바란다. 기존 지식에 바탕으로 공부할 수 있는 Spark ML의 피처 변환 알고리즘 관련 문서는 다음 주소의 자료를 참고한다.

https://spark.apache.org/docs/1.5.1/ml-features.html#feature-transformers

여기서는 수치 데이터, 텍스트 데이터상에서 가능한 변환 방법을 폭넓게 설명하고 있다. 하지만 피처 생성은 종종 특정 문제, 특정 도메인, 그리고 대단히 높은 수준의 창의적인 프로세스가 필요하다는 것을 기억해야 한다. 일단 다양한 기술 옵션을 익혔다면 이 기술을 현재 문제에 적용하는 방법을 알아내는 것이 관건이다!

하이퍼파라미터 최적화에 관심이 있다면 Turi(https://turi.com/) 블로그에 있는 앨리스 젱^{Alice Zheng}의 게시글을 참고하기 바란다. 아주 설명이 잘 돼 있다.

http://blog.turi.com/how-to-evaluate-machine-learning-models-part-4-hyperparameter- tuning

그리드 검색 기법에 관해서는 scikit-learn 문서 자료가 대단히 유용할 것 같다.

http://scikit-learn.org/stable/modules/grid_search.html

▌ 요약

7장에서는 머신 러닝을 위한 데이터셋을 효과적으로 구축하고 정제하는 기술에 대해 아주 작은 데이터를 이용해서 배우고 응용해봤다. 이러한 강력한 기술은 겉으로 보기에는 평범해 보이는 데이터에 대해 데이터 과학자가 새로운 기회로 바꿀 수 있게 해준다. 출퇴근/여행을 방해하는 예측 분석기를 만들기 위해 고객 서비스 트윗 데이터셋을 이용해 이러한 능력을 확인할 수 있었다.

이러한 솔루션을 프로덕션 환경으로 가져오기 위해서는 몇 가지 기능을 추가해야 한다. 페널티를 부과하는 단계에서 일부 위치^{location}를 제거한 것은 약간 문제의 소지가 있다. 이러한 방법이 출퇴근/여행의 방해 위험 요인을 파악하기 위해 의도했던 것이라면 위치를 제거하는 것이 썩 좋은 방안은 아닌 것처럼 보인다! 특히 연간 데이터도 없는 상태에서 (장기간 유지 보수 작업이나 특정 정류장의 폐쇄가 계획돼 있는 경우처럼) 계절적인 트렌드, 위치상에서 트렌드의 결과를 파악할 수 없다는 건 어쩔 수 없는 사실이다. 이러한 요소를 제거하는 데 조금 성급했다. 더 좋은 솔루션을 얻으려면 좀 더 오래 기다릴 필요가 있다.

이러한 사항들을 참고해서 현재까지 만든 솔루션에 약간의 다이내믹한 성질을 반영해야 할 것으로 보인다. 계절이 바뀌어 봄이 흘러가고, 데이터셋이 새로운 기후 조건을 추가로 얻기 시작하면 모델이 효과적으로 적응하지 못할 가능성이

높아진다. 8장에서는 더 정교한 모델 앙상블을 만들고, 이 모델이 데이터에 대해
적절한 일관성을 보이게 하는 방법^{robustness}에 대해 알아보기로 한다.

8

앙상블 기법

이 책의 여러 장에 걸쳐 다양한 신기술을 어떻게 적용하는지 배웠고, 고급 머신 러닝 알고리즘을 이용할 수 있게 개발했다. 또한 폭넓은 기술 비교를 통해 피처 셀렉션과 피처 준비를 더 효과적으로 할 수 있는 학습 기술을 사용할 수 있게 됐다. 8장에서는 앙상블 기법ensemble methods을 이용해 기존 툴셋을 더욱 향상시켜 보고자 한다. 앙상블 기법은 실제 문제를 해결하는 데 여러 가지 다른 모델을 한꺼번에 결합해 사용하는 기술이다.

앙상블 기술은 데이터 과학자가 보유해야 하는 툴셋의 기본 요소가 됐다. 앙상블을 사용하는 것은 경쟁력 있는 머신 러닝 환경에서 공통적인 관행이 됐으며, 앙상블은 이제 많은 상황에서 필수 도구로 인식되고 있다. 8장에서 개발하는 기술은 모델의 성능을 향상시키는 동시에 기본 데이터의 로버스트니스robustness를 높이는 역할을 한다.

특히 일련의 앙상블 옵션을 살펴보고, 이들 기법에 대한 코드와 애플리케이션을 모두 다룰 계획이다. 8장에서 설명하는 내용에 캐글러[Kaggler]들이 잘 만들어 놓은 모델을 포함해 실제 애플리케이션에 대한 지침과 참고 사항들을 가지고 세련미를 더하고자 한다.

이 책에서 다룬 모든 모델의 개발을 통해 여러 분야의 데이터 관련 문제 해결이 가능하다. 하지만 모델을 프로덕션 환경에 적용할 때 추가적인 문제가 일어날 수 있다. 이 책에서 만드는 솔루션은 여전히 관측 데이터가 달라지는 경우에 취약한 단점을 지니고 있다. 이것이 다른 개인의 모집단이든, 시간적 변화(예를 들면 수집하는 현상에 대한 계절상의 변화)든, 또는 근본적인 조건의 다른 변화든 간에 최종 결과는 대개 동일하다. 학습 돼 있는 환경에서 잘 동작하는 모델은, 시간이 갈수록 일반화가 잘 안되는 경향이 있다.

8장의 마지막 절에서는 이 책의 기술을 운영 환경으로 옮기는 방법론과 의도한 애플리케이션을 변경하기 위해 복원력이 있어야 하는 경우 고려해야 할 추가 모니터링 및 지원해야 할 사항을 설명한다.

█ 앙상블의 소개

"ML 경진대회 우승 비법: 다른 사람들의 작품을 가지고 앙상블 모델을 만들면 된다."

– 비탈리 쿠즈네초프Vitaly Kuznetsov NIPS 2014

머신 러닝의 맥락에서 앙상블 기법은 공유된 문제를 해결하는 데 사용되는 일련의 모델이다. 앙상블 기법에는 두 가지 구성 요소가 있다. (1) 모델 세트와 (2) 이러한 모델 각각의 결과를 단일 출력으로 어떻게 결합할지를 결정하는 일련의 결정 규칙이다.

앙상블은 데이터 과학자에게 주어진 문제에 대한 여러 솔루션을 구성한 다음,

각 입력 솔루션에 대해 가장 좋은 요소를 가져와서 하나의 최종 결과로 결합하는 기능을 제공한다. 이것은 노이즈에 대한 로버스트니스를 제공한다. 이는 (1) (오버 피팅과 학습 과정에서 오류를 낮추게) 초기 데이터셋에 대해, 또는 (2) (앞에서 설명한) 여러 데이터상의 변경 사항에 대해 효과적인 학습이 반영된다는 점에서 그렇다.

앙상블은 머신 러닝 분야에서 가장 중요한 최신 기술이라고 해도 과언이 아니다.

또한 앙상블은 주어진 문제를 해결하는 방법에 유연성을 더해준다. 즉, 데이터 과학자가 (1) 솔루션의 다른 부분을 테스트하고, (2) 입력 데이터의 서브셋 또는 사용 중인 모델의 일부에서 나타나는 문제를 해결할 수 있게 해준다. 전체 모델을 모두 보정하지 않으면서도 말이다. 뒤에서 학습하면서 계속 보겠지만, 이를 통해 문제 해결이 훨씬 수월해진다!

앙상블은 (일반적으로 사용되는) 결정 규칙의 성격에 따라 여러 클래스 중 하나에 해당된다고 본다. 주요 앙상블 유형은 다음과 같다.

- **평준화 기법**(Averaging methods) 모델을 병렬로 만든 다음, 이들을 조합해 추정치를 얻을 수 있게 평균을 내거나 선출^{voting} 기술을 이용한다.
- **스태킹(또는 블렌딩) 기법**(Stacking(or Blending) methods) 다음 단계 레이어의 모델에 입력으로 여러 개의 분류기에서 얻은 (가중치가 반영된) 결과를 이용한다.
- **부스팅 기법**(Boosting methods) 추가된 각 모델이 결합 평가 모듈의 스코어를 향상시키게 순서대로 모델을 만든다.

앙상블 기법의 클래스에 대한 중요도와 활용도를 고려해 (1) 이론적 배경, (2) 알고리즘 옵션, (3) 실제 문제를 하나씩 순서대로 처리한다.

평준화 기법

평준화 기법 기반 앙상블은 물리학, 통계 모델링에서 유구한 역사가 있으며, 분자 역학^{molecular dynamics}과 오디오 신호 처리^{audio signal processing} 같은 분야에서 공통된 적용 사례를 확인할 수 있다. 이러한 앙상블은 일반적으로 주어진 시스템에 대해 거의 정확하게 복제된 케이스로 인식된다. 이 시스템의 경우 평균^{average}(통계학 관점에서는 mean) 값과 분산이 시스템 전체의 핵심에 해당하는 주요 통계량이다.

머신 러닝 관점에서 평준화 기법 기반 앙상블은 동일한 데이터셋을 이용해 여러 가지 모델을 학습하고, 이 결과를 다양한 방식으로 집계한 일종의 '모델 컬렉션'이라고 볼 수 있다. 어떻게 구현할 것인지에 따라 평준화 기법 기반 앙상블은 여러 가지 장점을 얻을 수 있다.

평준화 기법 기반 앙상블을 이용해 모델 성능의 가변성을 줄일 수 있다. 많이 사용하는 방법으로 여러 가지 다른 파라미터 서브셋을 입력으로 받도록 여러 개의 모델 환경설정 변수를 만드는 것이 있다. 이러한 방법을 적용한 기술을 보통 배깅^{bagging} 알고리즘이라고 한다.

배깅 알고리즘을 이용

여러 가지 배깅 기법은 각각의 동작 방식은 다르지만, 피처 스페이스에서 무작위로 선택한 서브셋의 공통 속성은 공유한다. 배깅 기법은 크게 4가지 유형으로 구분할 수 있다. 페이스팅^{pasting}은 교체^{replacement} 없이 (무작위로 생성한) 샘플의 서브셋을 이용한다. 여기에 교체 기법을 적용한 것을 배깅이라고 한다. 페이스팅 기법은 보통 계산 작업에 시간, 컴퓨팅 자원이 배깅보다는 많이 들지 않으며, 그에 따라 단순한 애플리케이션에서 유사한 결과를 낸다.

샘플 데이터가 피처의 특성을 고려해 선별됐다면 이 기법은 랜덤 서브스페이스^{random subspace} 기법이라고 한다. 랜덤 서브스페이스 기법은 약간 다른 기능을 제공한다. 이들은 본질적으로 광범위하고 고도로 최적화된 피처 셀렉션을 위해 필요한 사항을 줄여준다. 이렇게 하면 일반적으로 최적화된 입력을 지닌 단일 모델을 유도하는 경우 랜덤 서브스페이스 기법은 여러 개의 환경설정을 동시에 사용할 수 있게 해주며, 솔루션의 편차를 낮춘다.

 모델 성능의 가변성을 낮추기 위해 앙상블을 사용하면 성능이 저하될 수 있다(자연스러운 결과일 수 있지만, 왜 앙상블에서 가장 좋은 성능을 보이는 모델이 선택되지 않았을까?). 하지만 이렇게 하는 데는 큰 장점이 있기 때문이다.

첫째, 앞에서 설명한 것처럼 평준화 기법은 알려지지 않은 노이즈에 적응할 수 있게 모델 세트의 능력을 향상시킨다(즉, 오버피팅을 줄여준다). 둘째, 앙상블을 사용해 효과적으로 모델링하기 위해 입력 데이터셋의 다른 요소를 분석 대상으로 지정할 수 있다. 이는 경쟁력 있는 머신 러닝 관점에서는 일반적인 접근법이라고 할 수 있다. 데이터 과학자는 앙상블 기법을 계속 반복적으로 조정할 것이기 때문이다. 분류 결과 및 특정 유형의 실패 사례를 기반으로 해서 말이다. 경우에 따라 이는 모델의 결과를 검사하는 것과 관련된 철저한 프로세스지만(일반적인 반복 수행 모델 개발 프로세스의 일부로 볼 수 있는) 많은 데이터 과학자는 (우선 구현할) 기술 또는 솔루션을 더 선호한다.

랜덤 서브스페이스 기법은 대단히 강력한 방법이다. 여러 개의 서브스페이스를 사용하고 피처들의 조합을 꼼꼼하게 모두 검토해야 할 경우 특히 그렇다. 랜덤 서브스페이스 기법의 계산 비용은 데이터셋의 규모에 따라 비선형적으로 증가한다. 심지어 특정 상태가 넘어가면 여러 서브스페이스에 대한 모든 파라미터 구성을 테스트하는 데 많은 비용이 소요된다.

끝으로 앙상블의 추정치를 샘플 데이터와 피처에서 추출한 서브셋을 기반으로 생성할 수 있다. 이와 관련된 기법을 랜덤 패치^{random patch}라고 한다. 랜덤 패치의 성능은 대개 상당히 작은 규모의 메모리만을 사용해서도 랜덤 서브스페이스 기술과 동일한 수준을 보인다.

앞에서 배깅 기법 기반 앙상블에 대한 이론을 살펴봤으니 이를 어떻게 구현하는지 알아보기로 하자. 다음 코드는 랜덤 패치 분류기 알고리즘을 sklearn의 BaggingClassifier 클래스를 이용해 구현한 것이다.

```python
from sklearn.cross_validation import cross_val_score
from sklearn.ensemble import BaggingClassifier
from sklearn.neighbors import KNeighborsClassifier
from sklearn.datasets import load_digits
from sklearn.preprocessing import scale

digits = load_digits()
data = scale(digits.data)
X = data
y = digits.target

bagging = BaggingClassifier(KNeighborsClassifier(), max_samples=0.5,
        max_features=0.5)
scores = cross_val_score(bagging, X, y)
mean = scores.mean()
print(scores)
print(mean)
```

많은 sklearn 분류기처럼 필요한 핵심 코드는 대단히 이해하기 쉽게 돼 있다. 분류기를 초기화하고 데이터셋의 스코어를 계산한다. (cross_val_score를 통한) 교차 검증에서 의미 있는 복잡성을 추가하지 않는다.

이 배깅 분류기에서는 기본 알고리즘으로 KNN[K-Nearest Neighbors] 분류기를 사용했다(KNeighboursClassifier). 여기에 각 피처와 케이스를 약 50% 수준으로 선별하게 설정했다. 이 알고리즘을 실행시킨 결과는 숫자 데이터셋[digits dataset]에 대해 상당히 좋은 결과를 낸다. 특히 교차 검증 과정을 거치고 나면 평균[mean] 93%의 분류 성공률을 보였다.

```
[ 0.94019934  0.92320534  0.9295302 ]
```

```
0.930978293043
```

랜덤 포레스트를 사용

평준화 앙상블 기술의 대안으로 랜덤 포레스트를 사용할 수 있다. 랜덤 포레스트는 많은 데이터 과학자들 사이에서 최고의 앙상블 기법으로 사용돼 온 기술로, 의사 결정 트리 분류기decision tree classifiers 세트를 한 번에 만들어낸다. 분류기를 생성하는 데 임의성을 지닌 2가지 주요 소스를 도입해서 랜덤 포레스트는 다양한 트리를 포함한 결과를 낸다. 각 트리를 구축하는 데 사용된 데이터는 학습 데이터를 교체해서 샘플링했다. 반면 트리 생성 과정에서는 모든 피처에서 도출한 최적의 피처를 더 이상 사용하지 않는다. 대신 피처에서 무작위로 선택한 서브셋에서 최적의 피처를 선택하는 방법을 이용한다.

랜덤 포레스트는 sklearn에 있는 RandomForestClassifier를 사용하면 쉽게 구현할 수 있다. 다음 예제 코드를 살펴보자.

```python
import numpy as np
from sklearn.ensemble import RandomForestClassifier
from sklearn.datasets import load_digits
from sklearn.preprocessing import scale

digits = load_digits()
data = scale(digits.data)

n_samples, n_features = data.shape
n_digits = len(np.unique(digits.target))
labels = digits.target
```

```
clf = RandomForestClassifier(n_estimators=10)
clf = clf.fit(data, labels)
scores = clf.score(data,labels)
print(scores)
```

앙상블을 통해 얻은 스코어는 0.999다. 이건 거의 완벽한 결과라고 하겠다. 사실 앞에서 사용했던 개별 모델 중 어떤 것도 이보다 더 나은 성능을 보여주지 못했다.

랜덤 포레스트의 변형 버전 중 하나인 ExtraTrees^{extremely randomized trees}는 동일한 피처에서 무작위로 추출한 서브셋을 사용해 트리의 각 브랜치에서 최적의 분할을 선택한다. 그러나 분할 기준에 대해 고정 값을 설정하지는 않는다. 따라서 의사 결정 트리는 클래스들을 가장 효과적으로 분할하는 값을 선택하며, ExtraTrees는 임의의 값으로 분할이 이뤄진다.

의사 결정 트리를 효과적으로 학습시키므로, 랜덤 포레스트 알고리즘은 잠재적으로 (노드 수가 증가할수록 향상되는 분류기의 효과를 지닌) 많은 트리들을 지원할 수 있다. 무작위성을 도입해서 노이즈 데이터나 데이터의 상태가 달라지는 경우에 대한 로버스트니스를 높일 수 있다. 그러나 앞에서 본 배깅 알고리즘처럼 성능은 다소 낮아진다. ExtraTrees의 경우 성능 측정 결과가 향상될수록 (보통 바이어스 값은 감소한다) 로버스트니스는 더 좋아진다.

다음 코드는 ExtraTrees가 실제로 어떻게 작동하는지 설명하고 있다. 랜덤 서브스페이스 구현 코드와 마찬가지로 매우 간단하다. 여기서 ExtraTrees가 트리 및 랜덤 포레스트 방식에 비해 어떻게 트리를 형성하는지 비교할 수 있게 일련의 모델을 개발할 것이다.

```
from sklearn.cross_validation import cross_val_score
from sklearn.ensemble import RandomForestClassifier
```

```
from sklearn.ensemble import ExtraTreesClassifier
from sklearn.tree import DecisionTreeClassifier
from sklearn.datasets import load_digits
from sklearn.preprocessing import scale

digits = load_digits()
data = scale(digits.data)
X = data
y = digits.target

clf = DecisionTreeClassifier(max_depth=None, min_samples_split=1,
        random_state=0)
scores = cross_val_score(clf, X, y)
print(scores)

clf = RandomForestClassifier(n_estimators=10, max_depth=None,
        min_samples_split=1, random_state=0)
scores = cross_val_score(clf, X, y)
print(scores)

clf = ExtraTreesClassifier(n_estimators=10, max_depth=None,
        min_samples_split=1, random_state=0)
scores = cross_val_score(clf, X, y)
print(scores)
```

결과 스코어는 다음과 같다.

```
[ 0.74252492    0.82136895    0.75671141]
[ 0.88372093    0.9015025     0.8909396 ]
[ 0.91694352    0.93489149    0.91778523]
```

전체적으로 트리 기반의 기법을 이용해 작업했을 때 스코어는 정확하게 클래스 레이블이 할당된 데이터의 비율로 계산한다. 이 결과에서 알 수 있는 것은 2개의 랜덤 포레스트 기법 사이에 별 차이가 없다는 것이다. 또한 2가지 기법 모두 평균 스코어가 0.9 정도를 보이고 있다. 이 예를 통해 랜덤 포레스트는 실질적으로 ExtraTrees보다 훨씬 나은 성능을 보이고 있다(0.002 정도 좋아졌다). 반면 이들 기술 모두 보통 의사 결정 트리의 결과(평균 스코어 0.77)보다 성능이 월등히 좋음을 알 수 있다.

랜덤 포레스트로 작업할 때 단점으로는 (특히 포레스트의 크기가 커질 경우) 해당 구현 코드에 대해 효율성을 검토하거나 조정 작업을 하기가 어려울 수 있다는 점이다. 각각의 트리만 갖고는 대단히 쉽게 작업할 수 있다. 하지만 앙상블에서 만들어진 여러 개의 트리와 또 무작위로 분할되는 과정에서 파악하기 어려워지는 것들은 랜덤 포레스트 코드를 정교하게 하는 데 대단히 어려움을 줄 수 있다. 이를 해결하기 위해 각 모델을 생성하는 의사 결정 범위를 살펴보는 방법을 생각할 수 있다. 앙상블 내에 있는 모델을 비교해서 하나의 모델이 다른 모델보다 클래스를 잘 나누는 부분을 파악하기가 쉬워진다.

예를 들어 상세 부분을 자세히 파악하지 않아도 모델이 높은 수준에서 어떻게 수행되는지 쉽게 알 수 있다.

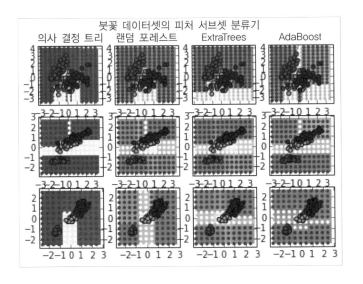

(개념 수준의 플롯과 요약 스코어를 이용해) 단순한 수준을 뛰어넘을 만큼 파악하기엔 무리가 있겠지만, 랜덤 포레스트를 어떻게 구현하는지 잘 알게 됐을 것으로 생각한다. 고난의 과정을 통해 얻는 가치가 있으니 말이다. 랜덤 포레스트는 추가로 계산하는 데 드는 시간/자원을 최소화하면서도 대단히 강력한 성능을 나타낸다. 어떤 것들은 접근을 어떻게 할지 쉽사리 결정을 못 내리는 반면, 이들은 종종 초기 단계에서 문제에 적용하기 좋은 기술이다. 뛰어난 결과를 얻는 능력은 벤치마크 테스트에서도 유용하게 사용될 수 있기 때문이다. 일단 랜덤 포레스트 코드를 어떻게 구현하면 되는지 알았으니 앙상블 기법을 최적화하고 확장시킬 수 있을 것이다.

끝으로 다른 앙상블 기술에 대해 계속 알아보기로 하자. 이를 통해 여러 가지 앙상블을 선택할 수 있는 옵션 툴킷도 만들 수 있을 것이다.

부스팅 기법 응용

앙상블을 생성하는 또 다른 방법으로 부스팅 기반 모델이 있다. 이 모델은 순서대로 여러 개의 모델을 사용한다는 특징을 지니고 있다. 또한 이 과정에서 앙상블의 성능을 반복적으로 '부스트^{boost}'하거나 향상시킨다.

부스팅 모델은 종종 약한 학습 모델^{weak learner}을 사용한다. 여기서 말하는 약한 학습 모델은 아무렇게나 추측한 결과와 비교했을 때 마진으로 볼 만큼만 성능을 제공하는 모델을 말한다. 각 반복 수행 단계에서 새로운 약한 학습 모델은 데이터셋을 조정하는 용도로 학습이 이뤄진다. 여러 차례 반복 수행을 통해 앙상블 모델은 (어떤 트리가 앙상블 성능 스코어를 최적화에 기여하는지를 고려해) 새로운 트리로 확장된다.

부스팅 기법 중 가장 유명한 것을 꼽으라면 AdaBoost일 것이다. 이 알고리즘은 각 반복 단계에서 다음 사항들을 수행해 데이터셋을 조정해 나간다.

- 결정 스텀프^{decision stump}를 선택(낮은, 1 레벨의 의사 결정 트리, 문제에서 주어진 데이터셋에 대한 가장 중요한 의사 결정)한다.
- 올바르게 분류된 사례의 가중치를 줄이면서 결정 스텀프가 잘못 표시되는 케이스의 가중치를 높여 나간다.

이렇게 반복적으로 가중치를 조정하는 작업은 앙상블 모델에 포함된 새로운 분류기 각각이 잘못 클래스 레이블을 부여한 케이스를 우선적으로 학습하게 한다. 모델은 높은 가중치를 지닌 데이터를 대상으로 조정 작업을 수행한다. 이를 통해 최종적으로 스텀프들을 결합해서 최종 분류기를 만든다.

AdaBoost는 분류, 회귀 모두에 사용될 수 있으며, 결과도 상당히 좋게 나온다. 다음 예제 코드를 통해 heart 데이터셋을 대상으로 어떻게 AdaBoost를 구현했는지 살펴보자.

```
import numpy as np

from sklearn.tree import DecisionTreeClassifier
from sklearn.ensemble import AdaBoostClassifier
from sklearn.datasets.mldata import fetch_mldata
from sklearn.cross_validation import cross_val_score

n_estimators = 400
# A learning rate of 1. may not be optimal for both SAMME and SAMME.R
learning_rate = 1.

heart = fetch_mldata("heart")
X = heart.data
y = np.copy(heart.target)
y[y==-1]=0

X_test, y_test = X[189:], y[189:]
X_train, y_train = X[:189], y[:189]
```

```
dt_stump = DecisionTreeClassifier(max_depth=1, min_samples_leaf=1)
dt_stump.fit(X_train, y_train)
dt_stump_err = 1.0 - dt_stump.score(X_test, y_test)

dt = DecisionTreeClassifier(max_depth=9, min_samples_leaf=1)
dt.fit(X_train, y_train)
dt_err = 1.0 - dt.score(X_test, y_test)

ada_discrete = AdaBoostClassifier(
    base_estimator=dt_stump,
    learning_rate=learning_rate,
    n_estimators=n_estimators,
        algorithm="SAMME")
ada_discrete.fit(X_train, y_train)

scores = cross_val_score(ada_discrete, X_test, y_test)
print(scores)
means = scores.mean()
print(means)
```

여기서 n_estimators 파라미터는 약한 학습 모델을 몇 개나 사용할지 설정하는 값이다. 앞에서 배운 평준화 기법의 경우 추정치를 추가하면 모델의 바이어스가 항상 감소할 것이다. 하지만 학습 데이터에 대해 모델이 오버피팅을 일으킬 확률이 증가한다. base_estimator 파라미터는 다른 약한 학습 모델을 정의하는 데 사용된다. 의사 결정 트리가 기본 값으로 설정돼 있다(약한 트리를 학습시키는 것이 쉽고 스텀프와 낮은 수준의 트리를 사용할 수 있기 때문에). 예제와 같이 heart 데이터셋에 적용했을 때 AdaBoost는 79% 정도 정확한 클래스 레이블 할당 결과를 낸다. 첫 번째 시도치고는 꽤 괜찮아 보인다.

```
[ 0.77777778  0.81481481  0.77777778]

0.79012345679
```

부스팅 모델은 평준화 모델보다 훨씬 더 좋은 점이 있다. 부스팅 모델은 문제 유형 또는 문제의 케이스를 파악하고 이를 다루는 앙상블 모델을 훨씬 쉽게 만든다. 또한 부스팅 모델은 대개 첫 케이스를 예측하기 제일 쉬운 것을 대상으로 삼는다. 틀리게 예측된 나머지 케이스의 서브셋에 대해 피팅 작업을 수행하는 추가된 모델을 이용해서 말이다.

결과를 통해 나타날 수 있는 위험 요소로는 부스팅 모델이 학습 데이터셋에 대해 오버피팅이 일어난다는 점이다(가장 극단적인 경우 특정 경우에 맞는 앙상블 구성 요소를 상상해볼 수 있다!). 앙상블 구성 요소의 규모를 정확하게 유지하는 건 상당히 까다로운 문제지만, 다행히 이를 해결하는 데 앞에서 살펴본 기술을 적용할 수 있을 것 같다. 1장에서 엘보우 기법elbow method이라는 시각화 형태의 휴리스틱 기법을 설명했다. 이 기법에서는 클러스터링 구현 코드에 대한 성능을 측정하기 위해 (평균의 개수인) K개의 플롯을 결과로 만든다. 또한 추정치의 개수(n으로 표시)와 앙상블에 대한 바이어스 또는 에러율(e로 표시한다)을 사용해 처리하는 것에도 이용할 수 있다. 다양한 부스팅 기법 추정치에 대해 다음과 같이 결과를 표현할 수 있다.

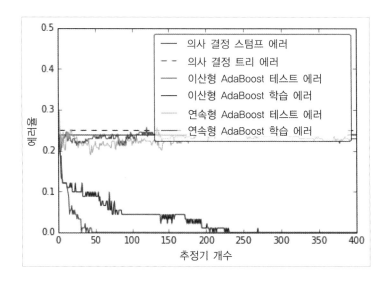

그래프상의 커브가 수평에 가까워지는 시점을 확인해서 모델에 오버피팅이 일어나는 위험을 줄일 수 있다. 오버피팅은 커브가 수평에 가까워질수록 점점 커질 수 있기 때문이다. 좀 더 자세히 설명하면 다음과 같다. 커브의 수준에 따라 새로운 추정치 각각에서 얻은 이득이 증가할수록 정확한 분류가 이뤄지는 케이스는 점점 더 줄어들기 때문이다!

이런 종류의 시각화 도움을 받으면 현재 솔루션에서 오버피팅이 일어날 가능성에 대해 훨씬 더 잘 파악할 수 있다. 가능한 경우 어디에서나 유효성 검증 기술을 적용할 수 있겠지만(경우에 따라 모델 구현을 위해 특정 MVP 목표를 달성하려고 할 때 또는 캐글 리더보드상에 나타난 스코어의 분포 내지는 유스케이스를 통해 정보를 얻고자 할 때) 좋은 성능을 나타내는 코드를 이용해 작업을 진행할 수 있다. 오버피팅의 위험성을 이해하는 데 새로운 추정치를 추가할 경우 이를 통해 얻는 이득이 얼마나 약할지 정확하게 파악하는 것이 중요하다.

XGBoost를 이용

2015년 중반, 구조화된 머신 러닝 문제를 해결하는 새로운 알고리즘인 XGBoost가 데이터 과학계를 강타했다. XGBoost$^{Extreme\ Gradient\ Boosting}$는 범용적으로 적용 가능한 부스팅 알고리즘(그래디언트 부스팅)을 제공하는 뛰어난 성능을 지닌 라이브러리다.

XGBoost는 AdaBoost와 매우 유사하게 동작한다. 다만 모델을 개선시키는 방식에서 약간 차이가 있다.

각 반복 단계에서 XGBoost는 해당 앙상블의 (대상과 레이블 간의 예측 값 차이인) 잔차^{residual}를 줄여서 기존 모델 세트의 성능을 향상시킨다. 각 반복 단계에서 추가된 모델은 기존 앙상블의 잔차를 가장 많이 줄일 수 있는지를 보고 선택된다. 이는 (함수가 손실 그래디언트에 따라 반복적으로 최소화되는 경우인) 그래디언트 하강 방식과 유사하다. 따라서 그래디언트 부스팅^{Gradient Boosting}이라는 이름을 사용한다.

그래디언트 부스팅은 최근 캐글 대회에서 높은 성공을 거뒀다. 또한 Crowd Flower 경진대회와 마이크로소프트 Malware Classification 대회의 우승도 거머쥐었다. 이 외에도 2015년 하반기에 여러 가지 구조화된 데이터 대회에서도 우수한 성과를 냈다.

XGBoost를 적용하기 위해서는 XGBoost 라이브러리를 확보해야 한다. 가장 좋은 방법은 pip을 이용하는 것으로, `pip install xgboost` 명령어를 사용하면 된다. 윈도우 사용자의 경우 윈도우에서 (2015년 하반기 현재) pip을 통한 설치가 불가능하다. 이 책의 깃허브 저장소에서 Chapter 8 폴더를 보면 XGBoost의 복사본을 얻을 수 있을 것이다.

XGBoost를 적용하는 건 상당히 간단하다. 여기서는 UCI Dermatology 데이터셋을 이용해 멀티클래스 분류 작업에 이 라이브러리를 적용하려고 한다. 이 데이터셋은 연령 변수와 많은 수의 카테고리형 변수를 포함하고 있다. 각 데이터는 다음과 같은 형태를 띤다.

```
3,2,0,2,0,0,0,0,0,0,0,0,1,2,0,2,1,1,1,0,0,0,1,0,0,0,0,0,0,0,1,0,10,2
```

나이 데이터 값(페널티와 관련된 피처)이 일부 누락됐는데, 이들은 ?로 인코딩돼 있다. 이 데이터셋을 갖고 수행할 작업의 목표는 6개의 서로 다른 피부 상태를 올바르게 분류하는 것이다. 이들 각각의 데이터 분포는 다음과 같다.

```
Database:   Dermatology

Class code:   Class:                Number of instances:
```

1	psoriasis	112
2	seboreic dermatitis	61
3	lichen planus	72
4	pityriasis rosea	49
5	cronic dermatitis	52
6	pityriasis rubra pilaris	20

이 문제에 XGBoost를 적용해보자. 우선 데이터를 불러서 테스트 케이스와 학습 케이스를 70/30 비율로 나눈다.

```python
import numpy as np
import xgboost as xgb

data = np.loadtxt('./dermatology.data', delimiter=',',converters={33:
    lambda x:int(x == '?'), 34: lambda x:int(x)-1 } )
sz = data.shape

train = data[:int(sz[0] * 0.7), :]
test = data[int(sz[0] * 0.7):, :]

train_X = train[:,0:33]
train_Y = train[:, 34]

test_X = test[:,0:33]
test_Y = test[:, 34]
```

이제 모델을 초기화하고 파라미터 값들을 설정한다. eta 파라미터는 단계의 규모를 줄이는 정도를 정의한다. 그래디언트 하강 알고리즘에서는 크기에 대한 업데이트 값을 줄이는 축소 파라미터로 보통 사용한다. 그래디언트 하강 알고리즘은 (특히 수렴할수록) 지그재그를 보이며, 최적 값에 도달하는 경향이 있다. 변경 규모를 줄이게 축소 파라미터를 사용하면 더 정확한 그래디언트 하강 결과를 얻을 수 있다. 보통 (기본 값으로) 0.3으로 설정한다. 이 예제에서는 정확도를 높이기 위해 eta 파라미터를 0.1로 설정했다(아마도 더 많은 반복 실행이 필요하겠지만).

max_depth 파라미터는 약간 직관적인데, 이 예제에서 트리의 최대 깊이^{depth}를 정의한다. 6개의 클래스가 주어졌으므로, 여기서는 6으로 시작하는 것이 좋다. num_round 파라미터는 그래디언트 부스팅 알고리즘의 실행 횟수를 정의한다. 다시 말하지만 더 많은 클래스를 분류하기 위해서는 더 많은 반복 횟수가 필요하다. 한편 nthread 파라미터는 얼마나 많은 CPU 스레드가 코드를 실행시키는지를 정의한다.

여기에 사용된 DMatrix 구조체는 순전히 학습 속도를 높이고 메모리를 최적화하기 위해서다. 대개 XGBoost를 사용하는 동안 이 구조체를 사용하는 것이 좋다. DMatrix 구조체는 numpy.arrays를 통해 만들 수 있다. DMatrix를 사용하면 watchlist 기능을 이용할 수 있다. 이를 통해 고급 기능의 사용도 가능하다. 특히 watchlist 기능을 통해 제공된 목록에 해당하는 모든 데이터를 대상으로 한 평가 결과를 모니터링할 수 있다.

```
xg_train = xgb.DMatrix(train_X, label=train_Y)
xg_test = xgb.DMatrix(test_X, label=test_Y)

param = {}

param['objective'] = 'multi:softmax'

param['eta'] = 0.1
param['max_depth'] = 6
param['nthread'] = 4
param['num_class'] = 6

watchlist = [ (xg_train,'train'), (xg_test, 'test') ]
num_round = 5
bst = xgb.train(param, xg_train, num_round, watchlist );
```

초기 예측 결과를 생성하기 위해 모델인 bst를 학습시킨다. 다음으로 (multi: softprob를 통해), softmax를 이용해 예측 결과를 생성하기 위한 학습 프로세스를 반복한다.

```
pred = bst.predict( xg_test );

print ('predicting, classification error=%f' % (sum( int(pred[i]) !=
    test_Y[i] for i in range(len(test_Y))) / float(len(test_Y)) ))

param['objective'] = 'multi:softprob'
bst = xgb.train(param, xg_train, num_round, watchlist );

yprob = bst.predict( xg_test ).reshape( test_Y.shape[0], 6 )
ylabel = np.argmax(yprob, axis=1)

print ('predicting, classification error=%f' % (sum( int(ylabel[i]) !=
    test_Y[i] for i in range(len(test_Y))) / float(len(test_Y)) ))
```

스태킹 앙상블 사용

8장의 앞부분에서 살펴본 전통적인 앙상블 기법은 모두 공통된 디자인 철학을 바탕으로 하고 있다. 이들은 일련의 대상 레이블에 맞게 학습된 여러 분류기를 포함하고 있으며, 모델 선출voting 및 부스팅 등의 전략을 통해 메타 기능을 생성하는 데에 앙상블 모델 자체를 적용했다.

앙상블을 생성하는 또 다른 디자인 철학으로 스태킹stacking 또는 블렌딩blending 기법이 있다. 스태킹은 어떤 레이어의 모델 출력이 다음 레이어에서 모델을 위한 학습 데이터로 사용되는 형태의 다중 레이어 모델이다. 수백 가지의 다른 모델을 문제없이 성공적으로 혼합할 수도 있다.

스태킹 앙상블은 또한 여러 개의 서브블렌드(혼합 블렌드blend-of-blends라고도 함)로부터 얻은 각 레이어의 결과에서 혼합된 피처 세트를 구성할 수도 있다. 재미를 더하기 위해 스태킹 앙상블 모델에서 특히 효과적인 파라미터를 추출해 다양한 레벨의 혼합 또는 서브블렌드 내에서 메타피처로 사용할 수도 있다.

이 모든 것은 스태킹 앙상블을 매우 강력하고 확장 가능한 기술로 만들어준다. (상금 1백만 달러가 걸린) 캐글 넷플릭스^{Kaggle Netflix} 대회의 수상자는 수백 가지 피처를 대상으로 스태킹 앙상블 기법을 사용해 큰 효과를 거뒀다. 또한 예측 분석의 효과를 높이기 위해 몇 가지 추가 트릭을 사용했다.

- 일부 데이터를 유지하면서 앙상블 모델을 학습시키고 최적화했다. 그런 다음, 유지한 데이터를 사용해 재학습하고 테스트 데이터셋에 모델을 적용하기 전에 다시 최적화 과정을 수행했다. 이렇게 하는 것이 일반적이지는 않지만, 좋은 결과를 산출하므로 기억해두면 좋다.

- 그래디언트 하강과 RMSE를 성능 함수로 사용해 학습을 수행했다. 결정적으로 어떤 모델과 달리 관련 성능 지표(잔차의 척도)로 앙상블의 RMSE를 사용했다. 앙상블을 사용할 때 이는 상당히 좋은 방법으로 고려할 필요가 있다.

- 다른 모델의 잔차를 개선하는 것으로 알려진 모델 조합을 사용했다. 예를 들어 (이 책의 앞부분에서 살펴본) KNN 같은 네이버후드^{Neighborhood} 기반 접근 방식은 RBM의 잔차를 개선해준다. 머신 러닝 알고리즘의 상대적 강점과 약점을 알면 이상적인 앙상블 구성을 찾을 수 있다.

- 이 책의 앞부분에서 살펴본 기법인 k-fold 교차 검증 기법을 사용해 블렌드의 잔차를 계산했다. 이를 통해 결과 블렌드와 동일한 데이터셋을 사용해 블렌드의 구성 모델을 학습한다는 점을 극복할 수 있었다.

넷플릭스 상을 획득하는 데 사용된 프래그머틱 카오스^{Pragmatic Chaos} 모델의 고도로 맞춤화된 특성을 제거하는 주요 포인트는, 첫 번째 클래스 모델을 대개 집중적인 반복과 창의적인 네트워크 구성 변경을 적용해 만들어냈다는 점이다. 스태킹 앙상블의 기본 아키텍처 패턴 관련 기타 사항은 다음과 같다.

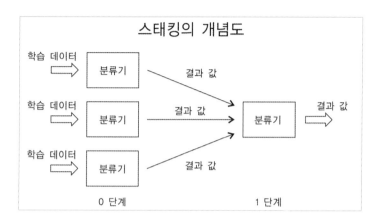

스태킹 앙상블의 기본 원리를 배웠으니 이제 데이터 문제를 해결하기 위해 스태킹 앙상블 기법을 적용해보자. 우선 8장의 깃허브 저장소에서 제공하는 blend.py 코드를 사용한다. 이 블렌드 코드는 여러 콘테스트에서 높은 점수를 얻은 캐글러 Kaggler들이 사용한 버전이다.

우선 실제 데이터 과학 문제 해결을 위해 스태킹 앙상블 기법을 어떻게 적용할 수 있는지 검토한다. 캐글 경진대회에서 'Predicting a Biological Response'의 주요 목표는 (화학적 속성이 주어졌을 때 분자의 생물학적 반응을 예측하기 위해) 가능한 한 효과적인 모델을 구축하는 것이다. 스태킹 앙상블이 실제로 어떻게 동작하는지 이해하기 위해 이 대회에서 특히 성공적인 결과를 낸 사례를 살펴본다.

이 데이터셋에서 각 행은 분자를 나타낸다. 반면 1,776개 피처는 각각 해당 분자의 특성을 나타낸다. 목표는 이러한 특성이 주어졌을 때 문제의 분자에서 반응 결과(있다/없다)를 예측하는 것이다.

여기에 적용할 코드는 토너먼트에서 사용된 것으로, 5개의 분류기를 조합해 스태킹 앙상블 모델을 만들었다. 2개의 서로 다른 랜덤 포레스트 분류기, 2개의 추가 의사 결정 트리 분류기, 그리고 이 4개의 구성 요소가 약간씩 다른 예측을 내는 데 도움이 되게 하는 그래디언트 부스팅 분류기로 구성돼 있다.

중복된 분류기의 경우 서로 다른 분할 기준이 적용된다. 하나는 지니 불순도^{Gini Impurity}(gini)를 사용했는데, 이는 (잠재적으로 브랜치가 일어나는 레이블의 확률 분포에 따라) 무작위로 클래스 레이블이 할당될 경우 임의의 레코드에 잘못된 레이블이 할당되는지를 측정하기 위한 것이다. 다른 트리에는 정보 이득^{Information gain}(엔트로피) 측정 기준이 적용됐다. 잠재적으로 브랜치가 일어나는 정보 콘텐츠는 (정보 이론^{information theory}에 의해) 인코딩에 필요한 비트 수로 측정할 수 있다. 적절하게 분할을 결정하기 위한 측정 기준으로 엔트로피를 사용할 경우 다양성은 점점 감소하지만 엔트로피 및 지니(gini) 측정 기준이 매우 다른 결과를 만들어 낼 수 있다는 점이 중요하다.

```
if __name__ == '__main__':

    np.random.seed(0)

    n_folds = 10
    verbose = True
    shuffle = False

    X, y, X_submission = load_data.load()

    if shuffle:
        idx = np.random.permutation(y.size)
        X = X[idx]
        y = y[idx]

    skf = list(StratifiedKFold(y, n_folds))

    clfs = [RandomForestClassifier(n_estimators=100, n_jobs=-1,
        criterion='gini'),
```

316

```
        RandomForestClassifier(n_estimators=100, n_jobs=-1,
            criterion='entropy'),
        ExtraTreesClassifier(n_estimators=100, n_jobs=-1,
            criterion='gini'),
        ExtraTreesClassifier(n_estimators=100, n_jobs=-1,
            criterion='entropy'),
        GradientBoostingClassifier(learning_rate=0.05,
            subsample=0.5, max_depth=6, n_estimators=50)]

print "Creating train and test sets for blending."

dataset_blend_train = np.zeros((X.shape[0], len(clfs)))
dataset_blend_test = np.zeros((X_submission.shape[0], len(clfs)))

for j, clf in enumerate(clfs):
    print j, clf
    dataset_blend_test_j = np.zeros((X_submission.shape[0],
        len(skf)))
    for i, (train, test) in enumerate(skf):
        print "Fold", i
        X_train = X[train]
        y_train = y[train]
        X_test = X[test]
        y_test = y[test]
        clf.fit(X_train, y_train)
        y_submission = clf.predict_proba(X_test)[:,1]
        dataset_blend_train[test, j] = y_submission
        dataset_blend_test_j[:, i] =
            clf.predict_proba(X_submission)[:,1]
        dataset_blend_test[:,j] = dataset_blend_test_j.mean(1)

print
print "Blending."
clf = LogisticRegression()
clf.fit(dataset_blend_train, y)
y_submission = clf.predict_proba(dataset_blend_test)[:,1]
```

```
print "Linear stretch of predictions to [0,1]"
y_submission = (y_submission - y_submission.min()) /
        (y_submission.max() - y_submission.min())

print "Saving Results."
np.savetxt(fname='test.csv', X=y_submission, fmt='%0.9f')
```

비공개 리더보드에 이 결과를 제출한 결과, 전체 669명 중 12등이라는 의미 있는 성과를 올렸다! 당연히 이미 끝난 경진대회에서 많은 결론을 낼 수는 없지만, 코드가 상당히 단순하다는 점을 감안했을 때 이는 상당히 인상적이라고 할 수 있다!

실제 문제에 앙상블 응용

앙상블 기법을 적용하는 동안 유의해야 할 중요한 퀄리티 중 하나로, 앙상블을 구성하는 모델보다는 앙상블의 성능을 조정하는 것이 있다. 따라서 개별 모델의 성과 중 가장 좋은 것보다는 강력한 앙상블 성능 스코어를 만드는 데 집중해야 한다.

앙상블 내 모델에 대해 주의해야 할 사항은 매우 다양하다. 한 가지 유형(예를 들면 랜덤 포레스트)으로 모델에 대해 서로 다르게 환경설정을 하거나 초기화할 경우 앙상블 모델과 이를 구성하는 메타파라미터의 성능에 거의 모든 역량을 집중하는 것이 좋다.

훨씬 더 어려운 문제에 대해서는 앙상블 모델 내의 개별 모델에 대해 더 많은 관심을 기울일 필요가 있다. 훨씬 더 어려운 문제에 대해 더 작은 앙상블 모델을 만들려고 할 경우 이는 당연한 사항이다. 하지만 진정 좋은 성능을 지닌 앙상블 모델을 만들기 위해서는 기본 파라미터와 알고리즘을 반드시 고려해야 한다.

이렇게 하면 앙상블 내의 모델의 성능은 물론 앙상블의 성능도 항상 확인할 수

318

있다. 각 모델이 수행한 작업 결과를 검토할 수 있고, 모델이 잘 동작했는지도 확인할 수 있다. 한편 앙상블 모델의 성능에 영향을 미치는 다소 모호한 요소들, 특히 모델 예측의 상관관계가 궁금할 것이다. 일반적으로 좀 더 효과적인 앙상블 모델은 좋은 성능을 보여주지만 관련성이 없는 구성 요소를 포함할 수도 있다.

이에 대해 좀 더 자세히 알아보려면 데이터셋 변수에 있는 정보 콘텐츠의 규모를 측정하는 데 사용 가능한 상관관계 측정 결과 및 PCA 같은 기술을 고려해보기 바란다. 마찬가지로 각 모델의 성능과 모델들 간의 상관관계를 이해하기 위해 피어슨^{Pearson} 상관 계수를 이용해 각 모델의 예측 결과와 비교할 수 있다.

특히 스태킹 앙상블 기법을 다시 생각해 보면 앙상블의 모델은 다음 단계 레이어의 모델 입력으로 사용되는 메타피처^{metafeature}를 출력으로 만들어낸다. 좀 더 전통적인 신경망에서 사용된 피처를 확인하는 것처럼 앙상블 모델의 구성 요소가 만들어내는 피처가 데이터셋으로 잘 작동하는지 확인하고자 한다. 모델 출력에서 피어슨 상관 계수를 계산하고, 모델 선택에서 결과를 사용하는 것부터 시작해 보자.

단일 모델 문제를 처리할 때 보통 문제를 조사하고 적절한 학습 알고리즘을 확인하는 데 거의 모든 시간을 들인다. 적당한 양의 피처(10개 정도)와 학습 사례로 분류된 2 클래스 분류를 수행해야 할 경우 상황에 맞는 회귀, SVM, 또는 그 외의 적절한 알고리즘을 선택하면 된다. 여러 가지 해결 방법을 여러 다른 문제에 적용하고, 그에 따른 시행착오, 병렬 테스트, (개인적인 경험이든 온라인에 있는 것이든) 경험도 당연히 수반된다. 이를 통해 특정 입력 데이터가 주어졌을 때 특정 목표에 대한 적절한 접근 방식을 파악할 수 있게 된다.

비슷한 논리를 앙상블 모델 생성에도 적용할 수 있다. 하나의 적절한 모델을 만들기보다는 데이터셋 전체를 적절하게 설명하는 방식으로 입력 데이터셋의 여러 요소를 효과적으로 설명하는 모델의 조합을 파악해야 한다. (1) 앙상블 구성 요소 모델의 강점과 약점을 이해하고, (2) 데이터셋을 탐색 분석하고 시각화함으로써 여러 차례 반복 수행을 거쳐 효과적으로 앙상블 모델을 어떻게 개발하는지에 대한 결론을 도출할 수 있다.

궁극적으로 이 수준에서 데이터 과학은 많은 기술이 망라돼 있는 분야다. 최고 수준의 실무자는 자신의 알고리즘 및 옵션에 대한 지식을 적용해 여러 차례 반복을 통해 매우 효과적인 솔루션을 개발할 수 있다.

이러한 솔루션에는 알고리즘 및 모델의 조합, 모델 파라미터 조정, 데이터셋 변환 및 앙상블 모델 조작에 대한 지식 등이 포함돼 있다. 중요한 것은 한계를 두지 않은 창의적인 사고방식이 필요하다는 것이다.

이에 대한 좋은 예로 캐글에서 유명한 알렉산더 구스친^{Alexander Guschin}의 결과물을 생각할 수 있다. Otto Product Classification 경진대회와 같은 특정 사례를 집중적으로 살펴보면 자신감 있고 창의적인 데이터 과학자가 사용할 수 있는 다양한 옵션에 대한 아이디어를 얻을 수 있을 것이다.

대부분의 모델 개발 프로세스는 먼저 문제에 다른 솔루션을 시도해보고, 데이터의 기초가 되는 트릭을 찾아내고, 동작 원리를 파악하는 것에서부터 시작한다. 알렉산더는 스태킹 모델을 기반으로 메타피처를 만들 수 있게 설정했다. 보통은 XGBoost를 앙상블 모델 그 자체로 봤지만, 이 경우에서는 최종 모델에서 사용되는 일부 메타피처를 생성하기 위해 스태킹 앙상블의 구성 요소로 XGBoost를 사용했다. 신경망이 그래디언트 부스팅 트리에 추가로 사용됐는데, 두 알고리즘 모두 좋은 결과를 만들어내는 데 도움이 되기 때문이다.

혼합^{mixture} 모델과 비교할 수 있게 알렉산더는 KNN을 추가했다. KNN에 의해 생성된 결과(결국 메터파라미터)가 이미 포함돼 있는 모델과의 큰 차이를 나타내는 경향이 있기 때문이다. 출력 결과가 차이를 만들어내도록 다른 구성 요소를 선택하는 이런 식의 접근법은 효과적인 스태킹 기반 앙상블 모델(대부분의 앙상블 유형도 해당)을 만드는 데 있어 매우 중요하다.

이 모델을 더 개선하기 위해 알렉산더는 모델의 두 번째 레이어에 맞춤 요소를 추가했다. 그는 XGBoost와 신경망 기반 예측을 결합하는 과정에 이 레이어에 배깅 기법을 추가했다. 여기서 8장에서 설명한 대부분의 기술들이 이 모델에 적용됐음을 알 수 있다. 모델 개선 외에도 일부 피처 엔지니어링(특히 학습용 데이터 및 테스트 데이터의 절반에 TF-IDF를 사용하는 등)과 클래스 차별화를 위한 플로팅 기술 사용도 전반적으로 사용됐다.

가장 중요한 데이터 과학에서 해결하기 어려운 문제를 풀 수 있는 성숙한 모델은 이 책 전반에 걸쳐 배운 기술을 결합한 것이라고 하겠다. 즉, 기본 알고리즘에 대한 확실한 이해와 이러한 기술이 서로 상호작용할 수 있는 가능성을 이용해 만든 모델 말이다.

이 책은 지금까지 실무자가 갖춰야 하는 많은 기본 지식(실용 지식의 기초)을 설명해왔다. 많은 사례와 실제 예제를 통한 폭넓은 지식을 통해 어려운 문제를 효과적으로 해결하기 위한 솔루션을 만들 수 있는 역량을 강화할 수 있음을 확인했다.

데이터 과학자로서 필요한 것은 먼저 이러한 광범위한 기술을 적용하는 것이다. 이를 통해 어떻게 이 기술을 실행시킬 수 있는지, 어떤 것을 할 수 있는지에 대한 경험을 쌓아 나가는 것이다. 최고의 데이터 과학자가 되기 위해 창의력과 실험적 사고방식을 만드는 것은 전적으로 각자에게 달려 있다.

▮ 다이내믹 애플리케이션에서 모델 사용

8장에서는 이상적으로 볼 수 있는 상황에서 모델의 성능을 관리하는 기술을 어떻게 사용하는지 설명했다. 여기서 말하는 이상적인 상황을 구체적으로 설명하면 모든 데이터를 미리 사용할 수 있어서 모델이 모든 데이터에 대해 학습될 수 있는 조건을 말한다. 이러한 가정은 연구 상황이나 일회성 문제를 다루는 경우에 종종 유효하지만, 많은 경우에 있어서는 결코 안전하지 않은 가정 사항이다. 이렇게 안전하지 않은 상황은 데이터가 단순히 사용 불가한 정도를 넘어선다. 이를테면 데이터 과학 경진대회에서 최종 순위를 결정할 때 한 번도 공개하지 않았던 데이터를 처음 사용하는 식 등이다.

8장의 앞부분에 있는 주제로 돌아가서 넷플릭스 상$^{\text{Netflix prize}}$을 수상한 프래그머틱 카오스 알고리즘을 떠올려보자. 넷플릭스가 이 알고리즘을 평가할 당시에는 비즈니스 컨텍스트와 요구 사항이 모두 심하다 싶을 정도로 변경됐다. 이로 인해 해당 알고리즘의 정확도 향상 수준은 구현에 들인 노력에 비하면 터무니없는 수준이었다. 1백만 달러짜리 알고리즘은 쓸모없어졌고 프로덕션 환경으로는 전혀 구현되지 않았다! 이 사례를 통해 알아야 할 점은 상업적 관점에서 봤을 때 이 책에서 구현한 모델이 제공할 수 있는 만큼의 적응력을 갖는 것이 중요하다는 것이다.

머신 러닝에서 진정 어려운 문제로 실제 데이터 변경이 시간(또는 다른 차원)에 따라 발생하는 것이다(기존 방법론의 가치가 점점 하락하기 때문이다). 이러한 맥락에서 실질적인 데이터 변경이 일어나며, 기존 모델이 이러한 데이터 변경에 적응하게끔 학습하는 것이 쉽지 않다는 것을 알고 있다. 따라서 새로운 기술 외에도 새로운 정보도 필요하다.

이 정보를 수정하고 수집하려면 데이터 변경이 발생할 가능성이 있는 방식을 더 잘 예측할 수 있어야 한다. 이 정보를 이용해 모델 구축 및 앙상블의 내용을 변경할 수 있다. 예상되는 가장 가능성 있는 데이터 변경 시나리오를 다룰 수 있게 말이다. 이렇게 적응하는 과정을 통해 데이터 변경을 선점하고, 모델 조정에 필요한 시간을 단축시킬 수 있다. 8장의 뒤에서 보겠지만, 실제 애플리케이션에서는 데이터 변경을 기반으로 피벗을 수행하는 데 걸리는 시간을 줄이는 것이 중요하다.

다음 절에서는 데이터 변경에 대한 모델을 좀 더 강력하게 만드는 데 사용할 수 있는 툴에 대해 알아본다. (1) 모델의 성능을 저하시키지 않으면서, (2) 또 하나 내지 여러 개의 데이터 변경 시나리오도 동시에 고려하면서, 다양한 모델 옵션을 유지할 수 있는 방법에 대해 설명한다.

모델 로버스트니스 이해

중요한 것은 문제가 무엇인지, 언제, 어떻게, 언제 제시되는지 정확히 이해하는 것이다. 이와 관련해 두 가지 정의를 기억하자. 첫째, 머신 러닝 알고리즘에 적용되는 로버스트니스^{robustness}다. 두 번째는 (당연히) 데이터 변경이다. 이 절의 앞부분에 있는 내용 중 일부는 단순 소개 수준이지만, 경험이 풍부한 데이터 과학자는 해당 절에서 나름의 가치 있는 내용을 얻을 수 있을 것이다.

학문적 관점에서 머신 러닝 알고리즘의 로버스트니스는 학습용 데이터셋이 아닌 다른 데이터셋을 적용했을 때 알고리즘이 얼마나 효과적인지를 나타내는 속성이다.

로버스트니스 테스트는 모든 상황에서 머신 러닝 방법론의 핵심 요소다. (1) k-fold 교차 검증 같은 검증 기술이 중요하다는 점, 그리고 (2) (가장 단순한 상황이라 해도) 모델 개발 과정에서 테스트를 사용하는 것 등은 데이터 변경에 대해 머신 러닝 알고리즘이 취약하다는 일종의 방증이라 하겠다.

대부분의 데이터셋에는 일반 데이터와 노이즈 데이터가 모두 포함돼 있다. 노이즈 데이터는 (쉽게 관리될 수 있는 수준으로) 예측 가능하거나 스토캐스틱 속성을 지니고 있어서 처리가 어려울 수 있다. 데이터셋에는 다소의 노이즈가 포함될 수 있다. 일반적으로 예측 가능한 노이즈가 있는 데이터셋은 이 노이즈가 제거된 (따라서 테스트를 쉽게 할 수 있음) 동일한 데이터셋에 비해 학습이나 테스트 작업이 더 어렵다.

주어진 데이터셋에서 모델을 학습시키면 이 모델이 정상 데이터와 노이즈 데이터를 기반으로 학습이 이뤄질 수밖에 없다. 오버피팅의 개념은 보통 주어진 데이터셋에 대해 모델이 지나치게 많이 맞춰진 상태를 의미한다. 이로 인해 정상 데이터 및 노이즈 데이터 모두를 대상으로 예측하게 학습이 돼 있다. 이는 결과적으로 다른 샘플을 대상으로 했을 때 정확도가 덜한 다른 모델보다 성능이 오히려 좋지 않다.

모델을 학습시키는 목표 중 하나로, 가능한 한 학습에 대해 특정 노이즈 데이터의 영향을 줄이는 것이 있다. 테스트할 데이터셋을 유지하는 유효성 검증 기술의 목적은 학습 중 노이즈 데이터에 대한 학습이 해당 학습 데이터셋에 국한된 노이즈 데이터에 대해서만 발생하게 보장하는 것이다. 학습과 테스트 오류의 차이는 모델 구현 간의 오버피팅 정도를 이해하는 데 사용될 수 있다.

1장에서 교차 검증에 대해 알아봤다. 오버피팅을 위한 모델을 테스트하는 또다른 유용한 방법으로 지터^{Jitter}의 형태로 (임의로) 노이즈 데이터를 직접 학습 데이터셋에 추가하는 방법이 있다. 이 기술은 2015년 10월 알렉산더 미누쉬킨 Alexander Minushkin이 캐글 노트북을 통해 처음 소개했으며, 매우 흥미로운 테스트를 제공한다. 개념 자체는 간단하다. 지터를 추가하고 학습 데이터의 예측 정확도를 살펴본다. 여기서 잘 맞지 않거나 적합하지 않은 오버피팅된 모델을 (지터를 추가할 때 학습 오류가 더 빨리 증가한다) 구분할 수 있다.

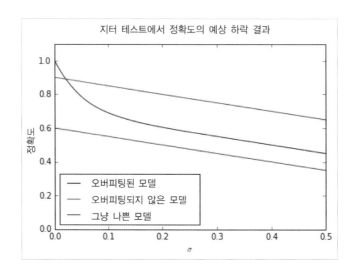

이 경우 지터 테스트의 결과를 플롯해 모델에 오버피팅이 있는지 쉽게 식별할 수 있다. 아주 강한 초기 위치에서 오버피팅된 모델은 일반적으로 적은 양의 지터가 추가돼도 성능이 급격히 떨어진다. 모델이 데이터에 더 잘 맞는 경우 지터가 추가되는 데 따른 성능 저하가 훨씬 작으며, 지터가 추가되는 수준이 낮으면 모델의 오버피팅 정도가 특히 현저하게 나타난다(잘 맞는 모델은 오버피팅된 모델 대비 성능이 우수함).

오버피팅을 위한 지터 테스트를 구현하는 방법을 살펴보자. 정확하게 예측된 클래스 레이블의 비율로 정의된 익숙한 스코어인 accuracy_score를 테스트 스코어 기준으로 사용한다. 지터는 구성 가능한 scale 파라미터에 의해 정의된 노이즈 데이터의 양을 사용해 데이터에 임의의 노이즈(np.random.normal 사용)를 단순히 추가해 정의한다.

```python
from sklearn.metrics import accuracy_score

def jitter(X, scale):
    if scale > 0:
        return X + np.random.normal(0, scale, X.shape)
    return X

def jitter_test(classifier, X, y, metric_FUNC = accuracy_score, sigmas
        = np.linspace(0, 0.5, 30), averaging_N = 5):

    out = []

    for s in sigmas:
        averageAccuracy = 0.0
        for x in range(averaging_N):
            averageAccuracy += metric_FUNC( y, classifier.
                predict(jitter(X, s)))

        out.append( averageAccuracy/averaging_N)
```

```
    return (out, sigmas, np.trapz(out, sigmas))

allJT = {}
```

jitter_test 자체는 분류기, 학습 데이터 및 대상 레이블 집합이 주어졌을 때
표준 sklearn 분류에 대한 래퍼로 정의된다. 그리고 나면 분류기는 해당 데이터
를 대상으로 호출 했던 jitter 연산이 있는 데이터 버전을 대상으로 예측을 수행
하기 위해 호출된다.

이제 지터 테스트를 실행하기 위해 여러 데이터셋을 만들어보자. 여기서는
sklearn의 make_moons 데이터셋을 사용한다. 이 데이터셋은 클러스터링 및 분류
알고리즘의 성능을 시각화하기 위한 데이터셋으로 많이 사용되며, 서로 교차하
는 반원half-circle 형태의 영역을 생성하는 두 개의 클래스를 만든다. 다양한 크기
의 노이즈 데이터를 make_moons에 추가하고 다른 양의 샘플을 사용하면 지터
테스트를 실행하는 사례를 만들 수 있다. 다음 예제 코드를 살펴보자.

```
import sklearn
import sklearn.datasets

import warnings

warnings.filterwarnings("ignore", category=DeprecationWarning)

Xs = []
ys = []

#low noise, plenty of samples, should be easy
X0, y0 = sklearn.datasets.make_moons(n_samples=1000, noise=.05)
Xs.append(X0)
ys.append(y0)

#more noise, plenty of samples
X1, y1 = sklearn.datasets.make_moons(n_samples=1000, noise=.3)
```

```
Xs.append(X1)
ys.append(y1)

#less noise, few samples
X2, y2 = sklearn.datasets.make_moons(n_samples=200, noise=.05)
Xs.append(X2)
ys.append(y2)

#more noise, less samples, should be hard
X3, y3 = sklearn.datasets.make_moons(n_samples=200, noise=.3)
Xs.append(X3)
ys.append(y3)
```

이 작업을 완료했으니 다음으로 plotter 객체를 생성한다. 입력 데이터에 대해
모델의 성능을 바로 확인할 수 있다.

```
def plotter(model, X, Y, ax, npts=5000):

    xs = []
    ys = []
    cs = []
    for _ in range(npts):
        x0spr = max(X[:,0])-min(X[:,0])
        x1spr = max(X[:,1])-min(X[:,1])
        x = np.random.rand()*x0spr + min(X[:,0])
        y = np.random.rand()*x1spr + min(X[:,1])
        xs.append(x)
        ys.append(y)
        cs.append(model.predict([x,y]))
    ax.scatter(xs,ys,c=list(map(lambda x:'lightgrey' if x==0 else
        'black', cs)), alpha=.35)
    ax.hold(True)
    ax.scatter(X[:,0],X[:,1],
        c=list(map(lambda x:'r' if x else 'lime',Y)),
```

```
         linewidth=0,s=25,alpha=1)
    ax.set_xlim([min(X[:,0]), max(X[:,0])])
    ax.set_ylim([min(X[:,1]), max(X[:,1])])
    return
```

지터 테스트를 위한 기본 모델로 SVM 분류기를 이용한다.

```
import sklearn.svm
classifier = sklearn.svm.SVC()

allJT[str(classifier)] = list()

fig, axes = plt.subplots(nrows=2, ncols=2, figsize=(11,13))
i=0
for X,y in zip(Xs,ys):
    classifier.fit(X,y)
    plotter(classifier,X,y,ax=axes[i//2,i%2])
    allJT[str(classifier)].append (jitter_test(classifier, X, y))
    i += 1
plt.show()
```

지터 테스트는 모델의 오버피팅을 평가하는 효과적인 수단을 제공하며, 교차 유효성 검증과 유사한 방식으로 수행된다. 사실 알렉산더 미누쉬킨은 이것이 모델의 적합도 관련 퀄리티를 측정하는 툴로 교차 유효성 검사보다 성능이 우수하다는 결과를 제공하고 있다.

오버피팅을 효과적으로 완화하는 이러한 도구는, (1) 알고리즘이 일회성 기반 하에서 또는 (2) 데이터를 통해 실행되거나 기본 추세가 크게 변하지 않는 상황에서 모두 잘 동작한다. 이는 (대부분의 학술 데이터 또는 웹 저장소 데이터셋 같은) 단일 데이터셋 문제, 또는 변화가 느린 데이터 문제 대부분이 해당된다.

그러나 모델링에 관련된 데이터가 (하나 또는 여러 차원 상에서 시간의 흐름에 따라)

변할 수 있는 많은 상황이 있다. 이는 데이터를 캡처하는 방법이 변경되기 때문에 이러한 현상이 발생할 수 있다. 새로운 기법 내지는 기술이 사용되기 때문이다. 예를 들어 일반적으로 사용 가능한 장치로 캡처한 비디오 데이터는 2005년 이래 10년 동안 해상도가 크게 높아졌으며, 이러한 데이터의 퀄리티(및 크기!)도 증가했다. 비디오 프레임 자체를 사용하든 파일 크기를 파라미터로 사용하든 관계없이 피처의 특성, 퀄리티 및 데이터 분포가 눈에 띄게 달라진다.

한편 데이터셋 변수가 바뀌는 것 역시 기본 트렌드의 차이로 인해 발생할 수 있다. 여기에 측정 기준과 차원에 대해 고전적인 데이터 스키마를 다시 적용한다. 이렇게 하는 이유는 측정치에 영향을 미치는 차원을 고려하면 데이터 변경이 어떻게 영향을 받는지 더 잘 이해할 수 있기 때문이다.

중요한 예로 시간을 생각해볼 수 있다. 상황에 따라 많은 변수는 요일, 월, 계절에 따라 달라질 수 있다. 대부분의 경우 이러한 변수를 파라미터화하는 방법이 특히 유용할 수 있다(7장에서 설명한 것처럼 원핫 인코딩 같은 기법은 이 책에서 구현한 알고리즘이 이러한 경향을 분석하는 데 도움이 될 수 있다). 다만 여기에는 한 가지 조건이 있다. 예측을 쉽게 할 수 있어야 하고 모델링도 쉽게 할 수 있어야 한다 (예를 들면 특정 지역에서 스카프 판매에 대한 월간 영향처럼).

일정한 주기를 보이지 않으면서 변화가 일어나는 것은 해결이 쉽지 않은 유형의 시계열 추세 중 하나다. 앞의 비디오카메라 예제처럼 시계열 추세의 일부 유형은 복원이 불가능하고, 예측이 쉽지 않은 방식으로 바뀐다. 소프트웨어를 이용한 원격 측정은 원격 측정법이 생성된 시점에 실시간으로 소프트웨어 빌드의 품질과 기능에 영향을 받는 경향이 있다. 시간이 갈수록 빌드가 바뀌므로, 원격 측정값과 그 값에서 생성된 변수는 예측하기 힘든 방식을 통해 예전 상태를 알아보기 어려운 수준으로 바뀔 수 있다.

많은 데이터셋에서 인간 행동은 매우 중요하다. 주기적으로 또는 비주기적으로 유용하게 변화한다. 사람들은 계절과 휴일을 중심으로 쇼핑을 더 많이 하지만, 새로운 사회 또는 기술 발전에 따라 쇼핑 습관을 영구적으로 바꾼다.

여기에 추가된 복잡성 중 일부는 단일 변수와 그 데이터 분포가 시계열 추세의 영향을 받는다는 사실뿐만 아니라 관련 요인과 관련 변수 간의 관계가 어떻게 변하는가에 기인한다. 변수 간의 관계는 정량화가 가능한 용어로 변경될 수 있다. 예를 들어 인간의 키와 체중이 시간과 위치에 따라 변하는 두 가지 변수인 방법을 들 수 있겠다. 이 관계를 추적하는 데 사용할 수 있는 BMI^{체질량 지수} 피처는 일정 기간 또는 위치 간에 샘플링할 때 서로 다른 분포를 보여준다.

또한 변수는 또 다른 방법을 통해 바뀔 수 있다. 즉 성능이 뛰어난 모델링 알고리즘에 대한 중요도가 시간에 따라 달라질 수 있다는 것이다! 특정 기간에 높은 연관성을 보이는 변수들은 다른 변수들과는 연관도가 적을 것이다. 예를 들어 기후와 날씨 변수가 농업 시장에 미치는 영향을 생각해보자. 일부 작물과 이를 다루는 회사의 경우 이 변수는 일 년 중 대부분 기간 동안 별로 중요하지 않다. 그러나 작물 재배 및 수확 시에는 대단히 중요하다. 이를 더욱 복잡하게 만들기 위해 이러한 요소의 중요도는 위치(및 지역 기후)와 관련해 더 클 수 있다.

모델링에서 목표로 하는 것은 명확하다. 한 번 학습이 이뤄진 후 새로운 데이터를 갖고 다시 실행하는 모델의 경우 데이터 변경 관리는 심각한 문제를 일으킬 수 있다. 새로운 입력 데이터를 기반으로 다이내믹하게 다시 계산하는 모델에 대해 데이터 변경으로 인한 문제는 언제든 발생할 수 있다. (1) 변수의 통계 분포 및 관계가 바뀌고, (2) 사용 가능한 변수가 효과적인 솔루션을 생성하는 데 있어 가치가 높아질 수도 있고 낮아질 수도 있기 때문이다.

머신 러닝의 애플리케이션에서 데이터 변경을 성공적으로 관리하기 위한 핵심 요소 중 하나는 (1) 변화가 발생할 가능성이 있고, (2) 피처의 분포, 상관관계 및 피처의 중요도에 영향을 줄 수 있는 차원이 무엇인지 알아내는 것이다.

데이터의 오버피팅에 영향을 미칠 수 있는 요인에 대해 이해했다면 이러한 요인을 효과적으로 관리하는 솔루션을 개발하는 것이 좋다.

이렇게 보면 잠재적인 문제를 해결할 수 있는 단일 모델을 만드는 것은 여전히 엄청 어려울 것 같다. 이에 대해 간단한 답을 하자면 심각한 데이터 변경 문제가 발생하는 경우 단일 모델을 갖고 이 문제를 해결하려고 하지는 말라는 것이다! 다음 절에서 이보다 더 나은 답을 얻을 수 있게 앙상블 메소드를 자세히 살펴보자.

위험 요소 모델링 파악

많은 경우에서 시간이 경과함에 따라 어떤 요소가 모델에 위험을 일으키는지 파악하는 것은 상당히 쉽긴 하지만, 파악하는 과정에서 구조화된 프로세스를 사용하는 것이 도움이 될 수 있다. 이 절에서는 데이터 변경의 위험을 감안해 모델을 스크리닝하는 데 사용할 수 있는 몇 가지 휴리스틱 및 기술에 대해 짧게 설명하고자 한다.

대부분의 데이터 과학자들은 일반용도 또는 자동화된 애플리케이션을 위해 필요한 데이터셋에 대해 데이터 딕셔너리를 유지한다. 특히 데이터 또는 애플리케이션이 복잡하지만 데이터 딕셔너리를 유지하는 것은 일반적으로 좋은 방법이다. 위험 요소를 파악할 때 가장 효과적인 작업 중 일부는 이러한 피처를 테스트하고 다른 위험 유형에 따라 태그를 지정하는 것이다.

내가 보통 사용하는 태그는 다음과 같다.

- **세로 방향 변형(Longitudinally variant)** 파라미터가 세로 방향 트렌드로 인해 오랜 시간에 걸쳐 변화가 일어난다고 할 수 있는가? 특히 사용 가능한 학습용 데이터의 범위 내에서 전체를 파악하기 어려운 경우라면? 이와 관련해 가장 확실한 예로 계절 변화를 들 수 있다. 인간의 행동뿐만

아니라 (기후 변화에 따라 달라지는) 여러 가지 것들에 큰 영향을 주기 때문이다. 또 다른 세로 방향 트렌드로 회계 연도와 근속 연한 등도 있지만, 잘 찾아보면 다른 많은 세로 방향 트렌드도 찾을 수 있을 것이다. 새로운 아이폰^{iPhone} 모델의 수명주기 또는 인구의 흐름 등은 작업의 성격에 따라 중요한 세로 방향 요소가 될 수 있다.

- **느린 변화(Slowly changing)** 카테고리형 파라미터가 시간이 경과함에 따라 새로운 값을 얻을 가능성이 있을까? 이 개념은 데이터 웨어하우스의 모범 사례에서 따온 것이다. 고전적인 의미에서 천천히 바뀌는 차원은 새로운 파라미터 코드를 얻는다(예를 들면 새로운 상점이 열리거나 새로운 사례가 파악되는 경우). 이들은 적절하게 관리되지 않거나 대량으로 나타날 경우 모델이 완전히 망가질 수 있다. 천천히 변화하는 데이터의 또 다른 문제는 피처의 통계 분포에 영향을 끼칠 수 있다는 점이다. 이로 인해 다루기가 더 어려워질 수 있다. 또한 이는 모델의 효율성에 상당한 영향을 줄 수 있다.

- **핵심 파라미터(Key parameter)** 데이터 값 모니터링과 의사 결정 경계의 재계산, 회귀 방정식 재계산 등은 종종 천천히 변화하는 데이터와 계절상의 변화 등을 일정 수준에 맞춰 처리하지만, 예기치 않게 많은 양의 새로운 케이스 내지는 케이스 유형이 나타나면 적절한 조치가 필요하다. 특히 모델에 의해 크게 달라지는 변수에 영향을 줄 경우 더욱 그렇다. 이러한 이유로 솔루션에서 어떤 변수를 가장 신뢰할 수 있는지도 파악하고 있어야 한다.

이러한 방식으로 태그를 지정하는 프로세스는 다음과 같은 작업을 수행하는 데 도움이 된다(자체 메모리로 내보내는 데 유용할 뿐만 아니라).

- 예상하는 결과를 체계화하고 준비 상태를 모니터링하는 일종의 체크리

스트를 만든다. 세로 방향 변형과 천천히 변화하는 파라미터 변수의 변경 사항을 추적할 수 없을 경우 재계산할 때 선호하는 파라미터의 변경과 (천천히 변화할 가능성이 있는) 성능 측정 기준 외에 모델의 모든 출력에 대해 사실상 파악이 불가능해진다.

- 완화되는 상태를 조사한다(예를 들면 데이터가 변형된 차원을 코드화하는 향상된 정규화 또는 추가 파라미터 같은). 다양한 방법을 통해 완화 및 파라미터를 추가하는 것이 데이터 변경을 처리하기 위해 추가할 수 있는 최상의 해결 방안이라 하겠다.

- 데이터 변경을 시뮬레이션하기 위해 위험 요소가 의도적으로 바뀌는 기존 데이터셋을 사용해 로버스트니스 테스트를 만든다. 이러한 조건에서 모델에 대해 스트레스 테스트를 수행하고, 허용되는 편차가 얼마나 되는지 정확히 확인한다. 이 정보를 이용해 모니터링 값을 조기 경보 시스템으로 사용할 수 있게 쉽게 설정할 수 있다. 일단 데이터 변경이 특정 임계치를 초과하면 모델에서 예상되는 성능 저하 정도를 파악할 수 있다.

모델 로버스트니스 관리 전략

이제까지 성능이 좋고 로버스트니스를 갖춘 모델에서 모두 필요한 사항을 균형 있게 조정할 수 있는 효과적인 앙상블 기술에 대해 설명했다. 그러나 이러한 기술을 배우고, 어떻게 사용하는지 익히는 과정에서 로버스트니스를 개선하기 위해 모델의 성능을 언제, 어떻게 줄일 것인지를 결정해야 했다.

실제로 8장의 전반적인 주제는 일종의 모순된 목표에 대해 어떻게 균형을 유지하는가에 대한 것이었다. 말하자면 지나치게 유연해서 데이터 변경에 대응이 잘 되지 않는 상황을 피하면서도 동시에 효과적이고 성능 좋은 모델을 만드는 것이다. 지금까지 보아온 솔루션의 대부분은 이상적인 것보다는 다른 하나에 대한 결과에 어느 정도 절충안을 찾아야 했다.

이 시점에서 옵션에 대해 약간 더 넓은 관점을 취하고 보완적인 기술을 사용하는 것이 좋다. 진화하는 비즈니스 환경에서 견고하고 성능이 좋은 통계 모델의 필요성은 새로운 것도 아니고, 굳이 다룰 필요도 없다. 신용 리스크 모델링과 같은 분야는 변화하는 영역에서 적용된 통계 모델링의 오랜 역사를 갖고 있으며, 성공을 위한 효과적인 의사 결정 관리 방법론을 개발했다. 데이터 과학자는 이러한 기존 기술 중 일부를 자체 모델 구성에 도움을 줌으로써 우리에게 도움이 되는 이익으로 바꿀 수 있다.

효과적인 방법론 중 하나로 여러 개의 병렬 모델 구성을 실행하는 테스트 중심 방식인 챔피언/챌린저$^{Champion/Challenger}$가 있다. 챔피언/챌린저는 출력이 적용되는 모델 외에도 (비즈니스 활동을 지시하거나 리포팅을 통해 알리기 위해) 하나 이상의 대체 모델 구성 학습이 필요하다.

여러 모델을 유지 관리하고 모니터링해서 현재 모델을 대체할 수 있다. 이는 일반적으로 모든 모델에 대한 성능 스코어링 프로세스를 유지하고 결과를 관찰함으로써 챌린저^{Challenger}로 전환할 것인지 여부와 언제 전환할 것인지에 대한 결정을 수동으로 호출하는 방식으로 수행된다.

가장 단순한 구현 형태로 주 모델을 능가하는 즉시 챌린저로 전환하는 것을 생각할 수 있지만, 특정 챌린저 모델 주변의 국소 최소치$^{local\ minima}$ 문제(예, 주중 또는 월간 지역별 동향)에 노출될 위험이 있으므로 이런 식으로는 거의 하지 않는다. 특히 민감한 애플리케이션보다 먼저 챌린저 모델을 평가하는 데 상당한 시간을 소비하는 것이 일반적이다. 복잡한 실제 사례의 경우 유망한 챌린저에 대한 처리 케이스 샘플을 제공해 추가 테스트를 수행할 수 있게 함으로써 챔피언에 비해 상당한 양의 성능 향상이 발생하는지 여부를 판단할 수도 있다.

간단하면서도 기대 이상의 창의성을 발휘할 수 있는 방법으로, '챌린저 교체' 승계 규칙이 있다. 선출 기반 접근 방법은 매우 흔한데, 숙련된 앙상블의 최상위 서브셋은 사례별로 스코어를 제공하고 이 스코어는 (가중치를 부여하거나 또는 부여하지 않은) 투표로 처리된다. 또 다른 접근 방법으로는 보다 개수[Borda count]를 사용하는 것이 있다. 선출 시스템은 각 유권자가 선호하는 순서대로 후보 솔루션의 순위를 지정한다. 앙상블과 관련해 대개 각 개별 모델의 예측에 대한 역 순위와 동일한 포인트 값을 할당한다(각 모델을 분리해 유지). 그런 다음 이 투표를 조합해 결과를 생성할 수 있다(일반적으로 다양한 가중치의 범위로 실험).

선출은 많은 수의 모델에서 상당히 잘 수행할 수 있지만, 특정 모델링 컨텍스트와 여러 유권자의 유사성과 같은 요인에 따라 달라질 수 있다. 8장의 앞에서 설명했듯이 피어슨 상관 계수와 같은 테스트를 사용해 모델 세트가 성과가 좋고 상관관계가 없는지 확인하는 것이 중요하다.

(이를 테면 특정 세그먼테이션 태그를 지닌 사용자처럼) 입력 데이터의 특정 클래스는 (1) 주어진 챌린저를 통해 더 효과적으로 처리되고, (2) (여러 챔피언이 서로 다른 사용자 서브그룹을 처리하는) 케이스 라우팅 시스템을 구현할 수도 있다. 이러한 접근 방법은 앙상블을 증폭시키는 이점과 다소 중복되지만, 우려 사항을 분리해 생산 환경에서 도움을 줄 수 있다. 그러나 여러 개의 챔피언을 유지하면 데이터 팀의 모니터링 및 모니터링 부담이 커지므로 이 옵션은 꼭 필요하지 않으면 피하는 것이 가장 좋다.

해결해야 할 주요 사항 중 하나로, 모델을 어떻게 스코어링해야 하는지의 문제가 있다. 적어도 즉각적이고, 실질적인 어려움이 있기 때문이다. 특히 실제 상황에서 여러 모델을 비교하는 것은 대단히 어렵다. (정확성을 위한) 클래스 레이블이 일반적으로 사용 불가하기 때문이다. 예측 상황에서 챔피언 모델의 예측이 일반적으로 예측된 이벤트를 변경하는 동작을 수행하는 데 사용된다는 것이 이 문제에 추가됐다. 이럴 경우 챌린저 모델의 예측이 수행된 방법에 대한 주장을 하기가 매우 어려워진다. 챔피언의 예측을 바탕으로 조치를 취함으로써 현재 모델의 결과를 확인할 수 없게 된다!

가장 일반적인 구현 프로세스는 각 챌린저 모델에 통계적으로 실행 가능한 입력 데이터 샘플을 제공한 다음 각 접근 방식에서 리프트를 비교하는 것이다. 이 접근 방법은 일부 모델링 문제를 지원할 수 있는 챌린저의 수를 본질적으로 제한한다. 또 다른 옵션으로 모든 처리 과정에서 통계적으로 실행 가능한 샘플 하나만 남겨두고 단일 회귀 테스트를 만드는 데 사용하는 것을 생각할 수 있다. 이 테스트는 챔피언 및 챌린저 모델 전체에 적용돼 비교할 수 있는 근거로 사용할 수 있다.

이 접근 방식의 단점은 데이터 변경에 따라 모델이 항상 효과적으로 변경되지만, 테스트 케이스에 대해 올바른 클래스 레이블을 생성하는 데 많은 시간이 걸린다는 점이다. 많은 경우에 있어 이것이 그리 절박한 것은 아니지만(챔피언 모델은 정확한 모델을 생성하는 데 걸리는 시간 동안 그대로 유지된다), 근본적인 조건이 모델의 학습 시간에 비해 빠르게 변하는 상황에서는 문제를 야기할 수 있다.

 모델의 학습 시간과 데이터 변경 빈도 사이의 관계에 대해 간단히 알아볼 필요가 있다. 항상 명확하게 설명되는 것은 아니지만, 적용된 머신 러닝 관점에서 일반적인 목표는 데이터 변경 빈도에 대해 가능한 한 가장 작은 값으로 학습 시간 요소를 축소시키는 것이다. 최악의 경우 모델을 학습하는 데 걸리는 시간이 모델이 정확하다고 할 시간보다 길면 모델은 (실제 동작과 연계되는) 결과를 만들지 않는다. 일반적으로 비율이 높으면 재검토 및 조정 작업 등이 일어날 수 있다(예를 들면 낮은 신뢰도로 빠른 스코어 전달이 더 많은 가치를 제공하거나, 또는 제어 가능한 환경 변수가 변경되는 비율에 대한 조정 등).

이 비율이 작을수록 모델의 결과에 특정 액션이 일어나게 하고, 값을 생성하게 하는 등의 기능을 적용해야 한다. 모델링 관점에서 이 비율을 어떻게 변형하고 정량화 할지에 따라 (자동화된 모델링 솔루션을 위한 측정 기준으로) 조직 내에 이를 활성화하는 것이 유용할 수 있다.

이러한 대안 모델은 단순히 2번째로 우수한 성능을 나타내는 앙상블 모델일 수도 있다. 이러한 모델은 관측 데이터를 위해 유지되고 있는 구형 모델일 수도 있다. 정교한 작업에서 일부 챌린저는 다른 what-if 시나리오를 처리할 수 있게 구성된다(예를 들면 이 지역의 온도가 예상치보다 섭씨 2도 정도 낮은 경우(what if), 또는 판매가 예상보다 훨씬 낮은 경우(what if)). 이러한 모델은 (1) 주 모델과 동일한 데이터 내지는 (2) (what if 시나리오를 시뮬레이션 하는) 의도적으로 왜곡되거나 준비된 데이터를 기반으로 학습이 이뤄질 수 있다.

더 많은 챌린저가 (향상된 로버스트니스와 성능 제공하는 식으로) 좀 더 향상될 수 있다. 챌린저가 동일한 주제에 대해 모든 미세한 변형이 일어나지 않는다면 말이다. 챌린저 모델은 또한 혁신과 테스트를 위한 안전한 장소를 제공한다. 동시에 효과적인 도전자를 관찰하면 챔피언 앙상블이 가능한 환경 변화의 범위에 얼마나 강력한지에 대해 유용한 통찰력을 제공할 수 있다.

이 절에서 적용하기 위해 배운 기술을 통해 환경 발전에 도움이 되는 관점에서 실제 애플리케이션에 대해 기존 모델 툴킷을 적용할 수 있는 툴을 확보했다. 또한 머신 러닝 모델을 프로덕션에 적용할 때 발생할 수 있는 복잡성에 대해서도 설명했다. 샘플 간 또는 차원 간 데이터 변경으로 인해 모델이 점차 비효율적으로 변할 수 있다. 데이터 변경 개념을 철저하게 풀어냄으로써 이 위험을 특성화하고, 그것이 어디서 어떻게 나타날 수 있는지를 인식할 수 있게 됐다.

8장의 나머지 부분에서는 향상된 모델 로버스트니스를 제공하는 기술에 집중했다. 기본 데이터를 살펴봄으로써 모델의 성능 저하 위험을 파악하는 방법을 설명하고, 이를 위해 유용한 경험적 방법을 알아봤다. 기존 의사 결정 관리 방법을 적용한 머신 러닝을 포함해 오랜 기간 널리 알려진 프로세스인 챔피언/챌린저에 대해 배우고 사용하는 방법을 익혔다. 챔피언/챌린저는 공정한 경쟁에서 여러 모델을 구성하고 테스트할 수 있게 도와준다. 효과적인 성능 모니터링과 함께 모델 교체를 위한 사전 예방적 전술 계획을 통해 모델 수명주기 및 품질 관리를 좀 더 빠르고 유연하게 관리할 수 있을 뿐만 아니라 풍부한 운영 통찰력도 얻을 수 있다.

▌ 참고 문헌

앙상블과 앙상블 유형에 대한 광범위하고 유익한 자료는 캐글의 주요 사용자인 트리스켈리온^{Triskelion}의 자료를 참고하기 바란다.

http://mlwave.com/kaggle-ensembling-guide/

넷플릭스 대회 수상 모델인 Pragmatic Chaos가 궁금하다면 다음 자료를 참고한다.

http://www.stat.osu.edu/~dmsl/GrandPrize2009_BPC_BellKor.pdf

변화하는 비즈니스 컨텍스트를 어떻게 중복된 $1M 모델에 반영시키는지에 관해 넷플릭스에서 어떻게 설명하고 있는지 궁금하다면 다음 넷플릭스 기술 블로그를 참고한다.

http://techblog.netflix.com/2012/04/netflix-recommendations-beyond-5-stars.html

랜덤 포레스트 앙상블을 상업용으로 적용한 사례가 궁금하다면 아르샤빌 블랙웰 ^{Arshavir Blackwell}의 블로그를 참고하기 바란다. 중요한 차트와 설명을 풍부하게 제공하고 있다.

https://citizennet.com/blog/2012/11/10/random-forests-ensembles-and-performance-metrics/

랜덤 포레스트에 관한 더 자세한 정보는 scikit-learn 자료를 참고하면 매우 유익할 것이다.

http://scikit-learn.org/stable/modules/generated/sklearn.ensemble.RandomForestClassifier.html

그래디언트 부스팅 트리는 XGBoost 자료를 참고한다.

http://xgboost.readthedocs.io/en/latest/model.html

알렉산더 구스친의 Otto Product Classification과 관련해 궁금한 사항은 캐글의 No Free Hunch 블로그를 참고하기 바란다.

http://blog.kaggle.com/2015/06/09/otto-product-classification-winners-interview-2nd-place-alexander-guschin/.

알렉산더 미누쉬킨이 작성한 오버피팅을 위한 지터 테스트는 다음 자료를 참고하기 바란다.

https://www.kaggle.com/miniushkin/introducing-kaggle-scripts/jitter-test-for- overfitting-notebook.

▌요약

8장에서는 중요한 내용을 대단히 많이 다뤘다. 경쟁력 있는 머신 러닝 관점에서 가장 강력하고 인기 있는 기술인 앙상블 기법의 일부를 소개했다. 전문 지식과 실제 예를 적절하게 조합해서 머신 러닝 프로젝트에 앙상블 기법을 적용하는 데 필요한 이론과 실제 코드를 모두 다뤘다.

또한 8장에서는 한 번에 몇 주, 몇 달 동안 모델을 실행할 경우 발생하는 고려 사항을 알아봤다. 데이터 변경이 의미하는 것이 무엇인지, 어떻게 식별할 것인지, 그리고 이를 어떻게 막을 것인지에 대해 생각할 수 있었다. 병렬로 실행되는 모델 세트를 만드는 방법에 대한 의문 사항들을 구체적으로 살펴봤다. 이를 통해 모델 세트에서 계절 또는 성능이 변하더라도 이에 기반을 두고 모델을 변환할 수 있게 했다.

이러한 기술을 검토하는 동안 창의적인 사고방식과 최고의 데이터 과학자에게 요구되는 폭넓은 지식에 대해 더 많이 배우고자 하는 구체적인 목표를 갖고 실제 사례를 이용해 많은 시간을 들여 학습했다.

이 책 전반에 걸쳐 소개한 기술을 바탕으로 기술 관련 지식, 재사용 코드 및 확률에 대한 이해 등을 갖추면 어떤 데이터 모델링 문제가 주어지더라도 제대로 해결할 수 있을 것이다.

9

파이썬 머신 러닝
관련 추가 툴

지금까지 다양한 애플리케이션을 위한 데이터를 풍부하게 확보하고 이를 모델링하는 기술에 대해 폭넓게 검토하고 적용해봤다.

주요 내용에 NumPy와 시아노 같은 파이썬 라이브러리를 이용했다. 다른 라이브러리는 특정 알고리즘에 필요한 경우 도입했다. 툴에 다른 옵션으로 어떤 것들이 있는지, 이들 툴이 제공하는 고유한 기능은 무엇이 있는지, 왜 여기에 관심을 가져야 하는지 등에 대해서는 많이 다루지는 못했다.

이 책의 마지막 장인 9장의 목표는 현재 사용 가능한 주요 라이브러리와 프레임워크에 대해 집중적으로 살펴보는 것이다. 이들 툴은 모델을 생성하고 적용하는 프로세스를 매끄럽고 단순하게 만들어준다. 9장에서는 이들 툴을 소개하고, 어떤 적용 사례가 있는지, 그리고 참고 문헌을 통한 풍부한 해설을 제공한다.

데이터 과학에서 소위 어려운 문제를 해결하고 데이터 과학자로 성공하기 위해서는 최신 알고리즘이나 라이브러리에 대해 잘 이해할 필요가 있다. 전문가로서 데이터 과학자는 사용하는 데이터의 퀄리티에 상당히 연관돼 있다. 하지만 가장 좋은 툴을 사용하는 것도 그에 못지않게 중요하다.

9장에서는 데이터 과학자가 사용할 수 있는 최신 툴 중 가장 좋은 것을 알아보려고 한다. 이를 통해 어떤 장점을 얻을 수 있는지, 그리고 (이 책의 앞에서 설명했던) 툴과 기술에 맞춰 어떻게 적용할 수 있는지 등을 함께 살펴본다.

▌ 대안 개발 툴

지난 몇 년간 워크플로우 관점에서 여러 가지 장점을 제공하는 많은 머신 러닝 프레임워크가 새롭게 등장했다. 대개 이들 프레임워크는 특정 유스케이스 내지는 목적에 초점이 맞춰져 있다. 이들은 상당히 유용하고, 심지어 반드시 갖춰야 하는 툴로 인식되고 있다. 그러나 여러 가지 워크플로우를 향상시키는 데 활용되는 라이브러리를 사용해야 할 수도 있다는 얘기도 된다.

특정 워크플로우 과제를 해결하기 위해 시작된 새로운 파이썬 ML^Python ML 프로젝트가 지속적으로 증가하고 있는 상황에서 기존 워크플로우에 추가할 2개의 라이브러리에 대해 알아두면 매우 좋을 것이다. 특히 이들은 8장에서 다룬 작업을 가속화하거나 향상시키는 데도 유용하다. 9장에서는 라자냐^Lasagne와 텐서플로^TensorFlow를 소개하고, 각 라이브러리의 코드와 기능에 대해 알아보기로 한다. 또한 각 프레임워크를 툴 세트의 일부로 고려해야 하는 이유에 대해서도 설명한다.

라자냐 소개

우선 현실을 알아둘 필요가 있다. 간혹 파이썬으로 모델을 만들려고 하면 생각했던 것보다 훨씬 오래 걸린다. 하지만 더 복잡한 모델에 대해서는 효율적일 수도 있고, (GPU 가속기와 관련 환경설정처럼) 큰 장점을 지닌 라이브러리를 제공하기도 한다. 마치 시아노가 단순 문제에 대해 동작할 경우 상대적으로 더 복잡해질 수 있는 것처럼 말이다. 이는 매우 안타까운 일이다. 벤치마크 테스트를 하려고 할 때 보통은 단순한 모델을 갖고 작업하고자 하기 때문이다.

라자냐는 딥러닝 및 음악 데이터 마이닝 연구원들이 팀을 이뤄 시아노의 인터페이스로 작업할 수 있게 개발한 라이브러리다. (새로운 모델을 빠르고 효율적으로 프로토타이핑할 수 있게 하는) 특정 목적을 위해 특별히 설계됐다.

라자냐로 어떻게 모델을 생성하는지 집중적으로 알아보자. 주요 주제는 다음과 같다. (1) 시아노 함수 호출 방법, (2) 시아노 표현식 또는 numpy 데이터 형식을 리턴하는 방법이다. 이를 통해 기본 시아노 코드로 작성된 동일한 연산보다 덜 복잡하고, 더 쉽게 이해할 수 있게 해준다.

이 절에서는 라자냐의 개념 모델을 살펴보고, 라자냐 코드를 적용하고, 기존 라이브러리에 어떤 내용이 추가됐는지 알아보기로 한다.

라자냐 학습

라자냐는 머신 러닝에서 익숙한 개념 중 하나인 '레이어^{layer}' 개념을 이용해 동작한다. 레이어란 뉴런의 집합을 의미한다. 레이어는 여러 가지 룰^{rule}을 운용하는데, 보통 다음과 같은 것들이 해당된다. (1) 입력 데이터 확보, (2) 스코어, 레이블, 기타 변환 사항들의 생성이다. 신경망은 일반적으로 최종 단계에 입력 데이터를 전달하고, (보통 이런 식으로 통용되지만) 다른 곳에 대해서는 출력 값을 푸시하는 레이어 세트 기반에서 동작한다.

첫 번째 단계로 각각의 레이어를 따로따로 처리하기 시작하는 방식은 딥러닝 관점에서 가장 많이 활용되고 있다. 전통적으로 이제까지는 머신 러닝에서 네트워크는 (노드 수, 바이어스 값, 가중치 값 등) 단지 일부 파라미터를 설정한 레이어를 바탕으로 구축됐다.

최근 몇 년 동안 첨단 기술을 연구해온 데이터 과학자들은 개별 레이어 구성에 대해 부쩍 많은 관심을 보이기 시작했다. 오늘날 이는 고급 머신 러닝 환경에서 보면 일반적인 것은 아니다. 특히 서브모델과 변환된 입력을 포함하는 레이어를 보면 더욱 그렇다. 요즘은 심지어 일부 피처는 필요에 따라 레이어를 건너뛰기도 하고, 모델을 거치는 과정에서 레이어에 새로운 피처가 추가되기도 한다. 이렇게 미세한 조정 작업의 대표적인 예로 이미지 문제를 해결하기 위해 구글에서 채택했던 컨볼루션 신경망 아키텍처를 생각해보기 바란다. 이러한 네트워크는 성능 향상을 위해 레이어 수준에서 강도 높게 조정 작업이 이뤄진다.

따라서 라자냐는 기본 모델 구성 요소로 레이어를 처리한다. 라자냐에는 모델 생성 과정에서 모델에 다른 레이어를 빠르고 직관적으로 쌓아 올리는 스태킹 기능이 추가됐다. 현재 모델에 클래스를 쌓아 올리고 싶으면 lasagne.layers를 불러 쓰기만 하면 된다.

```
l0 = lasagne.layers.InputLayer(shape=X.shape)

l1 = lasagne.layers.DenseLayer(
     l0, num_units=10, nonlinearity=lasagne.nonlinearities.tanh)

l2 = lasagne.layers.DenseLayer(l1, num_units=N_CLASSES,
     nonlinearity=lasagne.nonlinearities.softmax)
```

이상의 3줄짜리 코드로 간단하게 구성 가능한 기능을 사용해 네트워크의 기본 구조를 만들었다.

이 코드는 3개의 레이어를 사용해 모델을 만든다. 레이어 l0은 모델의 입력 레이어 역할을 담당하고 있으며, InputLayer 클래스를 호출하고 있다. 이 레이어는 (shape 파라미터를 사용해 정의된) 예상되는 입력의 형태를 바탕으로 입력 데이터 셋을 시아노 텐서로 변환한다.

344

다음 레이어인 l1과 l2는 각각 전체가 연결된 (고밀도) 레이어다. 여기서는 레이어 l2를 출력 레이어로 정의했다. 클래스 수와 동일한 수만큼 유닛이 있다. 반면 레이어 l1은 동일한 DenseLayer 클래스를 사용해 레이어 10 유닛의 히든 레이어를 생성한다.

DenseLayer 클래스에서 사용 가능한 (가중치, 바이어스, 유닛 수, 비선형 타입 등) 표준 파라미터의 환경설정에 외에도 다른 클래스를 사용해 완전히 다른 네트워크 유형을 활용할 수도 있다. 라자냐는 고밀도, 컨볼루션 및 풀링 레이어, 리커런트 레이어, 정규화 및 노이즈 레이어 등 다양한 형태의 레이어에 대한 클래스를 제공하고 있다. 또한 폭넓은 추가 기능을 제공하는 특수 용도의 레이어 클래스도 있다.

물론 이러한 클래스가 제공하는 것보다 더 많은 것이 필요할 경우 각자 필요한 레이어 유형을 쉽게 정의하고 다른 라자냐 클래스와 함께 사용할 수 있다. 그러나 대부분의 프로토타이핑 및 신속하고 반복적인 개발 환경에서는 이를 위해 많은 준비가 필요하다.

라자냐는 네트워크에 대한 손실 값을 정의한 것과 유사한 간결한 인터페이스를 제공한다.

```
true_output = T.ivector('true_output')
objective = lasagne.objectives.Objective(l2, loss_function=lasagne.
    objectives.categorical_crossentropy)

loss = objective.get_loss(target=true_output)
```

여기서 정의한 loss 함수는 현재 사용 가능한 함수가 얼마나 되는지를 나타낸다. 예를 들면 (1) 제곱 오차 함수, (2) 이진 클래스/다중 클래스 케이스에 대한 힌지hinge 손실 함수, (3) crossentropy 함수 등이 있다. 유효성 검증을 위한 정확도

스코어링 함수도 제공한다.

loss 함수와 네트워크 아키텍처라는 두 가지 구성 요소를 바탕으로 네트워크를 학습시키는 데 필요한 모든 것을 다시 준비한다. 이를 위해 다음과 같은 코드를 더 작성한다.

```
all_params = lasagne.layers.get_all_params(l2)
updates = lasagne.updates.sgd(loss, all_params, learning_rate=1)
train = theano.function([l0.input_var, true_output], loss,
        updates=updates)

get_output = theano.function([l0.input_var], net_output)

for n in xrange(100):
    train(X, y)
```

이 코드는 예제 네트워크 학습을 위해 theano 기능을 활용하고 있다. 또한 주어진 입력 데이터셋을 분류하기 위한 반복 학습에서 loss 함수를 사용한다.

텐서플로 소개

4장에서 구글의 컨볼루션 신경망을 학습할 때 대단히 복잡하고 컨볼루션돼 있으며, 여러 레이어로 구성된 괴물을 봤다. 이러한 네트워크를 어떻게 생성하고 모니터링해야 하는지는 점점 더 중요해지고 있다. 점점 더 복잡한 문제를 해결하기 위해 네트워크의 규모가 레이어 수, 복잡도가 커짐에 따라 말이다.

이러한 어려운 문제를 해결하기 위해 구글의 머신 인텔리전스^{Machine Intelligence} 연구 팀은 텐서플로^{TensorFlow}라는 라이브러리를 개발, 배포했다. 텐서플로 라이브러리는 복잡한 머신 러닝 모델을 쉽게 세분화하고 모델링할 수 있게 해준다.

텐서플로는 다음과 같은 2가지 주요 장점을 제공한다. (1) (NumPy 객체 같은) 익숙

한 구조상에서 명확하고 간단한 프로그래밍 인터페이스(이 경우는 파이썬 API),
(2) (텐서보드^TensorBoard 같은) 강력한 진단 툴 및 그래프 시각화 툴이다. 이를 통해
데이터 아키텍처의 정보에 기반을 둔 조정 작업을 수행이 가능해진다.

텐서플로 학습

텐서플로를 사용해서 데이터 과학자가 데이터 변환 작업을 설계할 수 있다. 이는
그래프 구조상에서 어떤 흐름 형태로 나타난다. 이 그래프는 확장 및 수정이
가능하며, 개별 노드는 광범위하게 조정할 수 있으므로 개별 레이어 또는 모델
구성 요소를 세분화할 수 있다. 텐서플로 작업의 흐름에는 일반적으로 두 가지
단계가 포함돼 있다. 그중 첫 번째는 구축 단계^construction phase라고 하며, 그래프가
조립되는 과정이라고 할 수 있다.

구축 단계에서 텐서플로용 파이썬 API를 사용해 코드를 작성할 수 있다. 라자냐
와 마찬가지로 텐서플로는 네트워크 레이어를 작성하는 비교적 간단한 인터페이
스를 제공한다. 따라서 레이어를 만들기 전에 가중치와 바이어스만 지정하면
된다. 다음 예제를 통해 컨볼루션 레이어와 간단한 최대 풀링 레이어를 만들기
전에 가중치 및 바이어스 변수의 초기 설정을 어떻게 하는지 보자(각각 한 줄의
코드를 사용한다). 또한 `tf.placeholder`를 사용해 입력 데이터에 대한 플레이스홀
더^placeholder 변수를 생성한다.

```
x = tf.placeholder(tf.float32, shape=[None, 784])
y_ = tf.placeholder(tf.float32, shape=[None, 10])

W = tf.Variable(tf.zeros([5, 5, 1, 32]))
b = tf.Variable(tf.zeros([32]))

h_conv = tf.nn.relu(conv2d(x_image, W) + b)
h_pool = max_pool_2x2(h_conv)
```

이 구조는 softmax 출력 레이어를 포함시키기 위해 확장 가능하다. 앞에서 라자냐를 갖고 했던 것처럼 말이다.

```
W_out = tf.Variable(tf.zeros([1024,10]))
B_out = tf.Variable(tf.zeros([10]))

y = tf.nn.softmax(tf.matmul(h_conv, W_out) + b_out)
```

다시 정리하면 시아노^{Theano}와 파이썬 라이브러리에 직접 작성하는 것보다 반복되는 시간이 크게 개선됐음을 알 수 있다. C++로 구현된 텐서플로는 파이썬과 비교해 성능이 훨씬 좋으며, 실행 시간에 있어서도 우위에 있다.

다음으로 현재의 모델을 학습시키고 평가해야 한다. 여기서는 학습을 위한 loss 함수(여기서는 cross_entropy), 유효성 확인을 위한 **accuracy** 함수 및 최적화 방법(이 경우는 가장 경사도가 높은 그래디언트 하강 기법)을 정의한 코드를 작성해야 한다.

```
cross_entropy = tf.reduce_mean(-tf.reduce_sum(y_ * tf.log(y),
        reduction_indices=[1]))

train_step = tf.train.GradientDescentOptimizer(0.5).minimize(cross_
        entropy)

correct_prediction = tf.equal(tf.argmax(y_,1), tf.argmax(y_,1))

accuracy = tf.reduce_mean(tf.cast(correct_prediction, tf.float32))
```

이렇게 해서 모델을 반복 수행할 수 있는 준비가 끝났다. 나머지 작업은 매우 간단하다.

```
sess.run(tf.initialize_all_variables())
for i in range(20000):
  batch = mnist.train.next_batch(50)
  if i%100 == 0:
      train_accuracy = accuracy.eval(feed_dict={
          x:batch[0], y_: batch[1], keep_prob: 1.0})
      print("step %d, training accuracy %g"%(i, train_accuracy))
  train_step.run(feed_dict={x: batch[0], y_: batch[1], keep_prob:
      0.5})

print("test accuracy %g"%accuracy.eval(feed_dict={
  x: mnist.test.images, y_: mnist.test.labels, keep_prob: 1.0}))
```

모델을 반복적으로 향상시키기 위한 텐서플로 사용

앞 절에서 살펴본 예에서도 그렇지만, 텐서플로가 테이블에 무엇을 불러오는지 알고 있어야 한다. 복잡한 아키텍처와 학습 방법을 개발할 수 있는 간단한 인터페이스를 제공하므로 이 책의 앞부분에서 배웠던 알고리즘도 쉽게 이용할 수 있다.

그러나 이미 알고 있듯이 초기 모델을 개발하는 것은 모델 개발 프로세스의 일부일 뿐이다. 일반적으로 성능 향상을 위해 모델을 반복적으로 테스트하고 결과를 상세하게 해석해야 한다. 그러나 관련 툴이 단일 라이브러리 또는 기술 형태로 통합돼 있지 않고, 여러 모델에 대한 테스트 및 모니터링 솔루션들 간에도 일관성이 떨어지는 경향이 있다.

텐서플로는 모델에 대한 통찰력을 반복 수행 과정에서 어떻게 얻는지에 대한 문제를 해결한다. 여기서 반복 수행 과정을 보통 모델 개발의 실행 단계라고 한다. 실행 단계 수행 과정에서 텐서플로 팀이 제공하는 툴을 사용해 모델을 탐색하고 개선할 수 있다.

이러한 툴 중 가장 중요한 것은 텐서보드^{TensorBoard}라고 할 수 있다. 구축된 모델에 대해 탐색^{exploration}과 시각화^{visualization}를 제공한다. 텐서보드는 기본 모델 정보 (테스트 및/또는 학습을 위한 각 반복 수행 과정에서 성능 측정 포함)를 보여주는 대시 보드를 비롯한 여러 가지 기능을 제공한다.

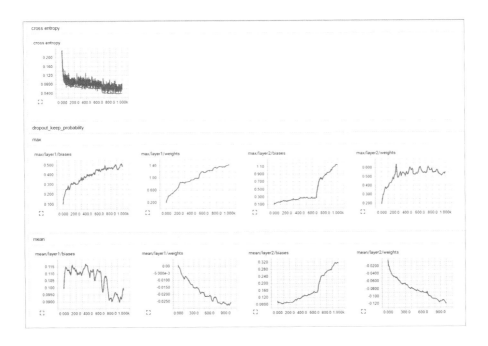

또한 텐서보드 대시보드는 (모든 모델 레이어에서 가중치, 바이어스 및 활성화^{activation} 값에 대한 범위의 플롯을 포함해) 상세 수준의 정보를 제공한다. 여기에는 반복 수행 과정에서 대단히 유용한 진단 정보 등도 포함된다. 이 데이터에는 별로 어렵지 않게 액세스할 수 있으며, 즉시 활용할 수 있다.

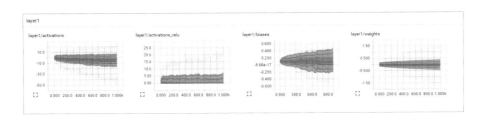

또한 텐서보드는 주어진 모델에 대한 텐서 흐름의 상세한 그래프도 제공한다. 텐서는 n차원의 데이터 배열이다(이 경우 n개의 피처로 구성돼 있다). 입력 데이터 셋이라는 용어를 사용할 때 보통 연상되는 것이 있다. 텐서에 적용되는 일련의 연산은 텐서의 흐름을 통해 설명되며, 텐서플로에서 이는 기본 개념과 같다(간단하고 강력하기 때문이다). 머신 러닝 모델을 정제하고 디버깅할 때 중요한 것은 상세 수준의 모델 및 운영에 대한 정보를 확보하는 것이다.

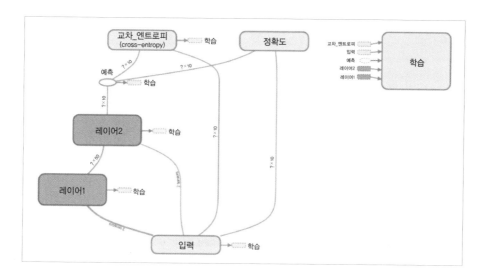

텐서보드 그래프는 모델의 구조를 다양한 형태로 상세하게 보여준다. 처음 보면 모델의 각 구성 요소와 연속적인 하위 요소를 상세하게 파헤쳐가며 분석할 수 있다. 이 예제의 경우 두 번째 네트워크 계층의 드롭아웃 기능 내에서 발생하는 특정 작업을 확인할 수 있다. 무슨 일이 일어나는지 볼 수 있고, 다음 반복 수행을 위해 무엇을 조정하면 되는지도 알 수 있다.

이 정도로 투명한 경우는 상당히 드물다. 특히 모델 요소나 레이어의 성능이 좋지 않은 경우(이는 예를 들어 (1) 레이어 메타파라미터 값을 보여주는 텐서보드 그래프, 또는 (2) 전체 네트워크 성능 등을 통해 확인할 수 있다) 모델 구성 요소를 조정할 때 매우 유용하다.

텐서보드는 이벤트 로그에서 생성돼 텐서플로가 실행될 때 생성될 수 있다. 따라서 텐서플로를 사용해 매일 개발이 이뤄지는 과정에서도 텐서보드의 장점을 쉽게 얻을 수 있다.

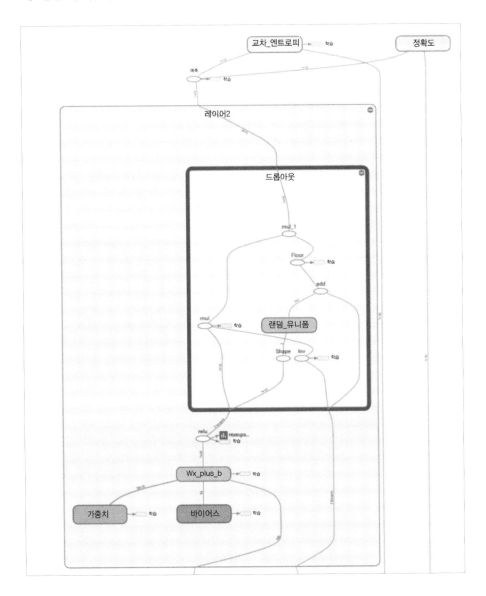

2016년 4월 말부터 구글 브레인^{Google Brain} 팀과 텐서플로를 사용하는 다양한 연구원, 개발자들이 구글 딥마인드^{Google Deepmind} 팀에 합류했다. 텐서플로를 오픈소스로 공개하고 자유롭게 사용할 수 있게 하는 식으로, 구글은 텐서플로를 모델 개발 및 개선을 위한 강력한 툴로 계속 지원하고 있다.

라이브러리 사용 시 알아둘 점

9장의 일부 내용에서 다음과 같은 의문이 들었을 것 같다. "뭐, 다 좋아. 이해할 수 있어. 그런데, 왜 처음부터 이 라이브러리를 갖고 배우지 않은 거지?"라고 말이다. 시아노 함수를 포함해서 낮은 수준의 정보에 대해 대부분의 시간을 보냈는지 충분히 의문을 제기할 만하다. 9장은 삶이 더 나아지게 완벽할 정도로 좋은 인터페이스를 제공하고 있다.

당연히 최고 수준의 툴을 사용하는 것이 좋다. 특히 프로토타입 개발 작업에서 그렇다(일반적으로 이해할 수 있는, 또는 특정 문제에 대한 클래스를 파악하는 데 있어 높은 가치를 지닌 프로토타입을 의미한다). 이 라이브러리 중 하나를 사용해 이 책의 앞부분에서 이 내용을 왜 소개하지 않았는지 이유를 알아보자.

첫 번째 이유는, 이 툴들은 지금까지는 여기서만 얻을 수 있다는 것이다. 도메인과 도메인의 문제의 성격에 따라 이 툴들은 여러 가지 작업을 할 수 있다. 일부 데이터 과학자는 대부분의 딥러닝 요구 사항에 이 툴을 사용할 수 있다. 당연히 특정 수준의 성능과 문제의 복잡성을 넘어 시아노에서 모델을 구성하는 데 필요한 것이 무엇인지 이해하고, 처음부터 직접 스코어링 함수를 만들거나 이 책에서 설명하는 다른 기술을 활용해야 한다.

상세 수준^{Low level}의 구현에 중점을 두기로 결정한 또 다른 부분은 관련 기술의 성숙도 개발에 관한 것이라고 말하고 싶다. 이 시점에서 라자냐와 텐서플로는 확실히 어떤 기술인지 다루고 사용을 권할 만한 충분한 가치가 있다. 그 전에 대다수의 책이 쓰여졌을 때 9장에서 라이브러리를 다루는 데 있어 모험 정도가 훨씬 컸다고 생각한다. 시아노에 기반을 둔 많은 프로젝트가 있다(9장에서 다루지 않은 더 중요한 프레임워크로 Keras, Blocks 및 Pylearn2 등이 있다).

지금도 1년에서 2년 만에 다양한 라이브러리와 도구가 토론 대상이 되거나 기본 작업 환경이 될 수 있다. 이 분야는 상당히 변화가 빠르다. 예전 툴이 활용 면에서 한계에 직면했을 때 새로운 툴을 계속 만들어내는 주요 회사와 연구 그룹의 영향력이 매우 크기 때문이다. 어쩌면 이를 통해 더 나은 작업을 수행하는 방법이 명확해지기도 한다.

더 낮은 수준에서 학습했던 또 다른 이유는 솔직히 말하면 이와 관련된 책이라는 것이라 하겠다. 책에서는 보통 코드와 함께 이론을 세우고, 각 이론을 배울 수 있게 코드를 활용한다. 알고리즘 작동 방식을 추상화하고 특정 예제를 해석할 수 있게 알고리즘을 적용하는 방법을 간단하게 논의하고 싶은 유혹이 없는 것은 아니다. 9장에서 설명하는 툴을 사용하면 실무자는 호출되는 함수를 이해하지 않고도 일부 문제에 대해 매우 우수한 스코어를 얻을 수 있다. 하지만 나는 이것이 데이터 과학자를 양성하는 데 있어 좋은 방법이 아니라고 생각한다.

미묘하고 까다로운 데이터 문제를 다루는 경우 자체 알고리즘을 수정하고 정의할 수 있어야 한다. 적절한 솔루션을 선택하는 방법도 이해해야 한다. 이 작업을 수행하려면 이 책에서 제공하는 세부 사항과 공간 및 시간제한으로 인해 제공하지 않은 매우 구체적인 정보가 필요하다. 결국 딥러닝 알고리즘을 유연하고 세련되게 적용할 수 있을 것이다.

마찬가지로 이러한 툴이 잘 작동하는지 또는 아닌지를 인식하는 것이 중요하다. 현재 라자냐의 경우 새로운 모델을 벤치마킹하거나 조기에 통과할 수 있게 개발하는 사례에 적합하다. 특히 여기서는 반복 속도와 결과에 중점을 둬야 한다.

반면 텐서플로는 유지 보수를 고려한 모델의 개발에 적합하다. 쉽게 얻을 수 있지 않고, 모델을 디버깅하고 개선하는 데 많은 시간을 할애해야 하는 경우 텐서플로가 제공하는 (비교적) 빠른 반복 수행이 확실한 장점일 수 있다. 하지만 특히 텐서보드에서 제공하는 진단 도구의 장점은 가히 압도적이라 하겠다.

따라서 두 라이브러리 모두를 툴 세트에 포함시킬 수 있다. 문제의 성격에 따라 이러한 라이브러리 등은 가치 있는 자산이 될 것이다.

▌ 참고 문헌

라자냐 사용자 가이드를 꼼꼼히 살펴보기 바란다.

http://lasagne.readthedocs.io/en/latest/index.html

마찬가지로 텐서플로 소개 자료도 참고하기 바란다.

https://www.tensorflow.org/versions/r0.9/get_started/index.html

▌ 요약

9장에서는 8장과는 약간 다른 내용을 다뤘다. 즉, 딥러닝 알고리즘을 구현할 때 경험을 향상시킬 수 있는 툴을 고려하기 위한 알고리즘, 환경설정, 진단 등에 대해 알아봤다.

시아노의 인터페이스인 라자냐를 사용할 경우 모델의 초기 프로토타입을 가속화 시킬 수 있고 단순화할 수 있다는 장점을 알 수 있었다. 한편 구글에서 개발한 라이브러리인 텐서플로도 살펴봤다. 텐서플로는 딥러닝 모델을 조정하고 최적화 과정에서 많은 것을 지원하고 있다. 텐서플로는 최소한의 노력을 들이면서도

(1) 모델의 성능에 대한 가시성을 얻을 수 있는 결과를 제공하고, (2) 복잡하면서도 심도 있는 모델 구조를 훨씬 어렵지 않게 진단하고 디버깅할 수 있게 해준다.

두 가지 툴 모두 프로세스에서 고유한 역할을 지니며, 각 프로세스는 특정 문제에 적합하다.

이 책 전반에 걸쳐 광범위한 고급 머신 러닝 기술을 살펴보고 검토했다. 근본적인 알고리즘과 개념을 이해하는 것부터, 현재 강력하고 폭넓게 사용되는 툴 세트를 사용하기도 했다.

이러한 기술을 넘어 이 책은 가르치고 배우는 데 있어서는 훨씬 어렵지만, 머신 러닝에서 최고의 성능을 뒷받침하는 개념을 소개하기 위해 많은 노력을 기울였다.

머신 러닝 분야는 매우 빠르게 발전하고 있다. 이는 각종 학술지 또는 관련 업계의 다양한 백서에 매주 새롭게 게재되고 있는 향상된 성능 평가 스코어 등을 통해 확인할 수 있다. MNIST 같은 학습 예제를 붓꽃iris 데이터셋의 딥러닝 버전인 아주 단순한 문제와 비교하면 얼마나 빠르게 의미 있는 도전 과제로 빠르게 대상이 이동하고 있는지 느낌이 올 것이다. 이런 와중에도 이 분야에서는 CIFAR-10, CIFAR-100 같은 다음 단계의 큰 도전 과제로 계속 달려가고 있을 것이다.

동시에 이 분야는 일정한 주기를 갖고 발전하고 있다. 얀 르쿤Yann LeCun 같은 학자가 80년대에 처음 소개한 개념은 컴퓨팅 아키텍처와 리소스의 증가를 통해 실제 사용 가능한 데이터를 더 많이 사용할 수 있게 되면서 새롭게 부활했다. 많은 최신 기술을 최대한 활용하려면 수십 년 전에 정의된 개념부터 먼저 이해해야 한다. 이러한 개념도 오래 전에 정의된 다른 개념을 바탕으로 정의된 것이다.

이 책은 적절히 균형을 유지하면서 이러한 걱정을 하지 않게 했다. 최첨단 기술과 기존 기술을 함께 이해하는 것이 중요하다. 2년 내지 3년 후에 새로운 기법 등을 정의할 개념에 대해 이해하는 것도 마찬가지로 중요하다.

그러나 무엇보다도 가장 중요한 점은, 이 책은 이러한 아키텍처와 접근 방법이 얼마나 유연한지를 보여주는 것이라 하겠다. 데이터 과학 실무의 최상단에서 일관되게 볼 수 있는 개념은 특정 문제에 대한 최상의 솔루션은 각각의 문제에 따라 다르다는 것이다.

이는 결국 왜 캐글 경진대회 우승자가 광범위한 피처를 준비하고 아키텍처를 조정하려고 애써왔는지를 말해준다 하겠다. 텐서플로가 사람의 아키텍처의 세부 속성에 대한 명확한 비전을 허용하게 만들어진 이유이기도 하다. 구현한 결과를 조정하거나 알고리즘을 매끄럽게 결합하는 지식과 기술을 보유하려면 머신 러닝 기술에 대해 진정으로 숙달돼 있어야 한다.

이 책에서 검토한 많은 기술과 예제를 통해 데이터 문제에 대해 생각하는 방법과 이러한 알고리즘을 다루고 구성하는 데 대한 자신감을 실무 데이터 과학자로서 얻었을 것이라고 본다. 앞에서 소개한 많은 추가 자료, 참고 자료는 이러한 지식을 더욱 폭넓게 만들어주고, 이 책에서 가르친 기술을 개발하는 데 도움이 될 것이다.

모델을 만들고 환경 구성을 하는 데 있어 큰 행운이 있기를 바란다. 이 분야가 얼마나 재미있고 얻는 게 많은지를 여러분 스스로 직접 터득하기를 진심으로 기원한다!

부록

장별 코드 준비 사항

이 책의 내용 대부분에서 오픈소스 파이썬 라이브러리 및 프레임워크를 비롯해서 공개적으로 사용 가능한 데이터 및 코드를 활용하고 있다. 각 장의 예제 코드에는 README 파일 문서가 있는데, 이는 제공된 코드를 실행시키기 위해 필요한 라이브러리 전체의 문서다. 각 장에서 제공하는 스크립트, 파일의 내용을 편리하게 사용할 수 있게 정리돼 있다.

나중에 각 장의 코드로 작업할 때 이전 장에서 사용했던 라이브러리를 이미 준비해놓으면 여러모로 좋다. 이는 키워드를 통해 파악할 수 있다. 특히 이 책의 뒷부분에서 제공하는 내용은 1장에서 설명한 라이브러리를 대상으로 설정하는 것이 중요하다. 모든 장에서 필요한 사항은 다음 표에 정리했다.

장	준비 사항
1	• Python 3(3.4 recommended) • sklearn(NumPy, SciPy) • matplotlib
2-4	• 시아노(Theano)
5	• Semisup-learn
6	• Natural Language Toolkit(NLTK) • BeautifulSoup
7	• Twitter API account
8	• XGBoost
9	• Lasagne • TensorFlow

| 찾아보기 |

ㅇ

에이콘출판의 기틀을 마련하신 故 정완재 선생님 (1935-2004)

파이썬으로 구현하는 고급 머신 러닝

딥러닝을 포함한 최신 고급 머신 러닝 기술과 파이썬 활용

발   행 | 2017년 8월 17일

지은이 | 존 하티
옮긴이 | 남궁영환

펴낸이 | 권 성 준
편집장 | 황 영 주
편   집 | 조 유 나
디자인 | 박 주 란

에이콘출판주식회사
서울특별시 양천구 국회대로 287 (목동)
전화 02-2653-7600, 팩스 02-2653-0433
www.acornpub.co.kr / editor@acornpub.co.kr

한국어판 ⓒ 에이콘출판주식회사, 2017, Printed in Korea.
ISBN 979-11-6175-035-4
ISBN 978-89-6077-210-6 (세트)
http://www.acornpub.co.kr/book/advanced-machine-learning-python

이 도서의 국립중앙도서관 출판시도서목록(CIP)은 서지정보유통지원시스템 홈페이지(http://seoji.nl.go.kr)와
국가자료공동목록시스템(http://www.nl.go.kr/kolisnet)에서 이용하실 수 있습니다.(CIP제어번호: CIP2017019429)

책값은 뒤표지에 있습니다.